専門家を
目指す人に贈る

24式太極拳精髄

武冬 著

日貿出版社

著者プロフィール

武 冬　Wu Dong

教育学博士。1968 年生まれ、中国山西省出身。
北京体育大学武術学院套路研究室博士課程指導教授。
中国武術学院国際武術発展センター主任。
国家級審判員、中国体育総局「百人計画」養成対象に入選、北京市優秀
名教師。
6 歳から父親に師事し武術を習う。太極拳、形意拳、八卦拳（掌）、翻子
拳、劈掛、通備、戳脚、八極等数十の拳種を修める。
国際太極拳大会第一位、第二位、北京体育大学教育基本功競技第一位取
得歴あり。北京体育大学最高授業プレゼン賞、科学新人賞、北京体育大
学教育成果賞一等賞、北京市教育基本功 A 組二等賞、北京市教育成果二
等賞、全国、国際武術論文一等賞等受賞。武術古典文献、太極拳健身功法、
伝統武術実用防身術の講義を担当。中国政府オンライン教育「武術の歴
史及び文化」の講座を担当。
日本体育大学には一年間、交換留学で来日し在籍。
イタリア、ブラジル、ロシア、アメリカ、ギリシャ、オーストラリア、フラン
ス、カナダ、チリ、ノルウェー、ベナンで太極拳を教える。
著作、教材 16 冊出版（約 240 万字）、論文 17 本、DVD50 種類を出版。
政府の依頼を受けて中国小、中学生武術健身操を制作。
中央テレビ 9、10、12 チャンネル、北京衛星テレビ、湖南衛星テレビ
で武術を講義。
https://wushu.bsu.edu.cn/szdw/wstljys/13481.htm

肩書きは 2021 年 4 月現在のものです。

はじめに

　話さず動かない一冊の本を前にして、24式太極拳を習得できるだろうか。その問いに対する答えは「ノー」に違いない。良い武術の本は、功夫者（修練者）と功夫者（修練者を目指す者）同士の対話のようなものでなければならない。しかし、功夫者同士とはいっても、前者が功夫の実践者で、心血を注いで本を書く者であり、後者はその功夫の本を読み、功夫のためによく練習する者である。前者は、後者のために話し動く本を書くように工夫しなければならない。

　本書は、市販の太極拳教科書及び太極拳の特徴を鑑みたうえ、以下のように工夫した。

1. 詳細に説明すること

　本書は、24式太極拳の由来、特徴、伝統太極拳との違いだけではなく、24式太極拳の拳理、動作を説明したうえ、具体的な動作の教え方（指導法）及び練習方法、拳理と拳論等に言及した。各部分に対しては、詳細に説明した。例えば、教え方と練習方法の部分において、「体感学習法」による教え方、練習の方法等を説明した。動作の分解及び動作の用法の部分においては、各動作及び一つの動作がどのように次の動作に移行していくか等、五つの角度から詳細に説明した。

2. 科学的に説明すること

　指導ポイントとして、体で表現し、体で教える方法を採用した。すなわち、人体の各器官、ツボ、関節等を動作位置の客観的な参照物として教える方法である。読者が非常に習得しやすく、先生が傍で教えなくても簡単に覚えることができ、「無師自通」（自主練）できると思う。拳理の部分においては、伝統拳理を現代科学と結びつける方法で説明した。読者はそれを読んで、どうしてこの動作がこうしなければいけないのかがわかる。練習の手順においては、科学的にステップを踏んで、教える部分と練習の部分に分け、教える部分においては、先生が授業で教えているように教え、練習の部分において

は、練習の手段を教え、分解動作と動作用法を詳細に説明している。拳理に関しては、科学的に説明し、浅い意味から深い意味へ導き、初心者向けの一般的知識から徐々に分化、正確化、自動化へと移行していく。初心者向けの一般的知識を教える段階では、動作の細部に注意を払うことができないため、毎回の授業で一通り動作を教え、その中の重要なポイントと難点を説明する。その後、基礎の部分を練習し、最後に套路を練習する。套路の練習は分解動作の名称の説明だけに留め、具体的な内容及び図示については、読者が自身の状況に合わせて第４章の分解動作の説明に進めばよい。

　最後の部分において、読者に太極拳技術の中味を理解して頂くために、太極拳の中核である拳理を科学的に分かりやすく論じた。

3.「動ける」、覚えやすい本を目指すこと

　本を読みながら太極拳を習得するには、最大の問題が二つある。

　一つは、動作の図解は完全ではないことである。一つの動作がどのように次の動作につながるのか、なかなかわからない。この問題を解決するために、本書を作成した時、１秒間の動画から２枚の写真（静止画）を作り、24式太極拳の全過程を動画から合計469枚の写真にした。こうして本書の中の写真が、なんとか動けるようになった。

　もう一つは、実践しにくいことである。何度も、動作の理解が曖昧でどうすればよいかと戸惑ってしまう。例えば、「両手でボールを抱えるように」と言われた時、一体どの程度、抱えて良いかはよくわからない。この時、体で示す、また動画から取った連続写真を見れば、読者はイメージから具体的に各動作を習得することができる。

4. 奥深い内容を分かりやすく書くこと

　本書は、分かりやすい言葉で奥深い太極拳の拳理を表現することに工夫した。拳理の説明とともに練習方法を教えると、初心者にとっても、一定の基礎がある方にとっても本書が読みやすい本になる。本書の内容は浅い知識から深い知識へ、初心者に合う基礎的な内容もあれば、レベルアップしたい方に合う指導的な内容もある。初心者に対しては、動作の教え方と練習方法に重点に置き、動作を分解して動作のやり方と動作の外形的要求を説明した。

ある程度の基礎を持っている練習者に対しては、拳理の学習及び動作の意味、気の使い方を教え、レベルアップしたい読者はそれらを身につければよい。

5. 大胆に試み、改善すること

　初版の 24 式太極拳の本では、「手は目と同じ高さにする」「目は手を見る」「左手の高さは目と平行にする」等の記述をした。しかし、武術理論及び実践の経験からはこのような記述は適切ではない、「一叶障目（1 枚の葉が目を遮った）」と感じたと同時に、「三尖相照（鼻先、前方の手指先、前足先を合わせる）」の要求に合わないと感じた。そのため、「左手の中指先は鼻先と同じ高さにする」に訂正した。具体的な動作は本書の中で説明し、ここでは省略する。

　私たちは何時も、良い本にしたいと努力している。しかし、自分一人には限界があり、本書にも足りない部分やミスは避けられない。是非、読者からのご意見を聞かせて頂きたい。

武　冬

『24 式太極拳精髄』日本語版の出版にあたって

　制定拳・剣を進めていくと、伝統拳・剣ではどうなのか知りたくなる、次には伝統拳の基本功が気になる。何年か前、中国語のブラッシュアップも兼ね、一か月間、北京体育大学で中国語を学びながら、既知の武冬教授をWeChatで予約し、陳式纏絲功を学んだ。その後も継続して教えて頂いており、何時もと変わらぬ日常が続くはずだった。

　ところが、今年は新型コロナウイルスの外出規制が続く中、ほとんど毎日の太極拳生活は一変せざるを得なくなる。

　私はずっと、太極拳は本で学ぶものではなく、身体で学ぶものという気持ちが強かった。しかし、この機会にせっかくの中国語を活用しようと、ずっと前に北京で購入していた本著を中国語でワード入力しながら和訳していた。すると、途中で、自分の中で今まで混沌としたものが自然にはっきりとして来る本著の深遠さに感銘を受けた。自分だけのものにするのはもったいない気持が生まれ、武冬教授に相談した。程なく、翻訳発行の許可が出て、以前から北京合宿でお世話になっている孔暁霞さんと共に翻訳することになった。中国語には独特の言い回しがあり中国人でないと分かりにくい表現も孔さんのお陰で少しずつ理解し、単なる机上の翻訳ではなく、自分が実際に活用する中で生まれた疑問点は武冬教授とWeChatでやり取りし、一つずつ解決しながら、絶妙のチームワークで翻訳が終わった。

　やっと完成した日本語版ではあるが、太極拳についての自分の見識はまだまだ浅い。読者の皆さんの解釈と異なる部分や、翻訳の誤りが随所にあると思う。武冬教授も、読者の皆さんのご意見を頂いて本著をより良いものにしたいと考えている。是非、皆さんの貴重なご意見を遠慮なくお寄せ頂きたい。

　最後に、本著を通して、太極拳愛好家が益々増え、読者の皆さんの健康増進にも役立つことを、願っています。

追記：本書を読んで頂くと、運動は苦手と言う方も自分が今まで学んできた生理学、医学、物理学、哲学等の知識を活かすことができ、自分にも合っていると感じられると思います。

坂元　勇
2020 年 8 月吉日

目次

第1章　太極拳の基礎知識　15

第2章　太極拳の基本原理　29

第4章　24式太極拳詳細解説 135

第6章 24式太極拳動作連続写真 299

第7章　太極拳練功要論解説及び実践　357

第8章　太極拳実用問答——指導者と練習者のために　401

第1章
太極拳の基礎知識

1.1 太極拳の歴史

1.1.1 太極拳という拳名の由来

太極拳は、最初、「長拳」「綿拳」「十三勢」と呼ばれ、また、「哲拳」と言う人もいた。

「長拳」という名は、最初に明の戚継光が書いた『紀効新書』巻十四『拳経捷要篇』にある。即ち、「古今拳家，宋太祖三十二勢長拳（古今の拳家、宋太祖三十二勢長拳なり）」である。王宗岳の『十三勢歌』では、「長拳者，如長江之水，滔滔不絶也」と言う。ここで言う長拳こそ、太極拳である。太極拳の動作は、長江の流れの如く、絶えることなく滔滔たるものである故に長拳と言う。また、太極拳の動作は力が切れず、綿々たるものである故に「綿拳」と言う人もいた。さらに太極拳は八法（八種類の勁力）、五歩（五種類の歩・身・眼の変化）を含み、五行八卦は十三の数字を暗示するため、十三勢とも呼ばれた。一方、太極拳には哲理が満ち溢れていることから哲拳とも呼ばれた。太極という単語は、『易経・系辞』に由来し、その中に「易有太極、是生両儀（易には太極があり、それから両儀が生まれる）」とあるが、その両儀こそ、太極のことである。太極の理といえば、陰陽の対立、統一、相互転化である。太極拳はこれを以て、拳術の「剛・柔」「虚・実」「動・静」「開・合」「攻・守」の変化を解釈する故に太極拳という名を得た。

清の乾隆帝（1735 年〜 1796 年）の時代に、王宗岳は『太極拳論』で初めて、「太極」「陰陽」の哲理で拳意を解釈した。以来、太極拳の名が一般的に広がった。

1.1.2 太極拳の起源及び発展

太極拳の起源及び創始者については諸説がある。

概して、梁朝の程霊洗説、唐の許宣平説、唐の李道子説、唐の胡鏡子説、張三豊創拳説（歴史上、張三豊創拳説が一番多く、争いも多い。多くの人が張三豊を太極拳元祖と呼ぶ）、陳王庭創拳説（一時期、この説は権威的になっ

ていた。その説は武術検証学者唐豪に由来したものである。唐豪は陳家溝を考察して陳王庭の遺詩作「嘆当年，披堅執鋭，掃蕩群氛，幾次顛険。蒙恩賜，往徒然，到如今，年老残喘，只落得黄庭一巻随身伴。閑来造拳，忙来耕田，趁余閑，教下弟子児孫，成龍成虎任方便（往年を嘆くや、鎧をまとい、武器を持って匪賊を掃蕩し、幾たびも危険の目に遭った。恩賜を蒙ったにも関わらず、徒に流された。今や、おいぼれの我に伴うのは『黄庭経』のみ。退屈時に拳を研鑽し、忙しい時には田を耕す。暇つぶしに弟子や子孫を教え、龍になり虎になり、なり行きに任せる）」を根拠としている）があり、この他、老子説、王宗岳説、蒋発説等もある。

　太極拳の起源問題の詳細な研究は、新中国設立以降、主に二つの観点に分かれた。一つは、陳王庭説である。陳王庭は、太極拳を創立し、陳家溝で始まった。もう一つは、陳王庭より随分前に太極拳があったとする説である。その説によると、大体、南朝時代の韓拱月、程霊洗から始まり、唐の許宣平、李道子、宋の程鉍、元の張三豊、明・清の王宗岳、蒋発、陳長興の発展により継承されてきた。

　実際には今でも、一体誰が何時、太極拳を創立したかは断定できない。ただ、太極拳は決して一挙にできたものではなく、芽生えから発展、成長、壮大、成型までの過程があり、数世代の人々の努力により形成されたものに違いない。これこそ、太極拳は起源が遠ければ、流れも長い、広大で奥深いことを物語っている。太極拳の起源については、さらに研究する必要がある。

1.1.3 太極拳の特徴及び運動形式
1. 太極拳の特徴

(1) 太極拳の中味

　太極拳には伝統文化が色濃く含まれている。創立当初から太極拳は伝統の哲学、医学、拳学及び多くの古典文化の基礎の上に根付いた。哲学が太極拳に全面的に浸透するに伴い、独特の拳術運動思想を成した。それと共に古代の医学、兵学、美学等が太極拳に融合され、長い年月をかけ、拳理、哲理、医理の三理を一体化した、攻防や健身等多重機能を持つ優れた伝統運動になった。

①拳理

　太極拳は、一種の拳術運動であり、拳理に合い、攻防の機能を有する。ここで言う拳理とは、太極拳の動作自身が攻防の法則に合い、攻防の意味があり、実際に一定の攻防効果があることを指す。これは、太極拳運動が体操、舞踊、導引等その他の運動と本質的に違うところである。太極拳は、その攻防の機能が衰退したと言われているものの、ある一点だけは否定できない。即ち、動作の属性から太極拳は必ず攻防の動作を練習する手段であり、健身、攻防等多重の機能を持ち、太極拳動作の攻防の特性は套路に残されなければならない。これこそ太極拳が他の運動と本質的に区別できる特性であり、太極拳動作が正しいかどうかを判断する不可欠な原則である。言い換えれば、太極拳の動作は拳理に合わなければならない、これこそ、太極拳が「拳」といわれる所以である。

②哲理

　太極拳には、奥深い哲理が含まれ、弁証法の思想に溢れている。哲学の角度から太極拳を見る場合、太極拳を「哲拳」という。これは太極拳の「哲拳」という名に濃厚的哲学の意味、また太極拳の動作に奥深い哲学の思想が含まれているのみならず、伝統的な哲学思想が太極拳に全面的に浸透することにより太極拳に独特の運動思想、特殊な技術要求、突出した価値機能を持たせた特殊な拳術だからである。楊澄浦は、「中国の拳術は、派別が繁多であるが、その要は皆、哲理のある技術が含まれている。……太極拳は、その柔に剛が含まれ、正に綿に針が隠されている芸術である。技術的にも、生理的にも、力学的にも相当な哲理が含まれている」と言っている。哲学による各拳術への影響には太極拳への影響が最も全面的、体系的、深刻なものであり、恐らくどの拳術も太極拳とは比べものにならない。歴史が古い『周易』から宋と明の時代の古典哲学まで程度の差こそあるものの、太極拳に影響を与えた。

③医理

　太極拳は、伝統医学の経絡、ツボ、気血、導引、藏象等の理論を吸収し、医理に符合しているため、健身性を備えている。太極拳は、伝統医学の導引・吐納術をそのまま吸収し、「形与神倶，不可分離（形と精神は一体であり、

切り離せない）」「独立受神, 肌肉若一（我の"虚"、"空"、"無"、"谷"を守り、身心一体となる）」の医理を太極拳に取り入れ、「形と精神を持ち合わせ」「内面と外面を修練し」「意念で動作を導く」特徴を備えている。

(2) バランスのとれた身心運動

　運動の視点から見た太極拳の特徴は、意識（心）、呼吸（息）、動作（身体）の三者がバランス良く統一された運動である。簡単な機械的周期運動と異なり、また相対的に静止した純粋な気功運動とも異なる。さらに攻防の中味がない導引運動とも異なる。運動の際に意識で動作を導く（ここでは特に攻防の動作を指す）ことを重視し、いわゆる「内不動, 外不発（内面＜意識＞が動かなければ外へ発しない）」、同時に呼吸を合わせて、身心共に動かし、高度にバランスのとれた精緻な運動を生み出す。「神為主帥, 身為駆使（精神＜意識＞が主宰し、体は動かされる側である）」、「動之則分, 静之則合（動けば離れ、静止すれば合わさる）」、「一動無有不動, 一静無有不静（一動すれば全てが動く。一静にして全てが静止する）」、「動中求静（動の中に静を求める）」、「気如車輪, 腰如車軸（気は車輪の如く、腰は軸の如く）」、「如環無端, 綿綿不断（端のない環のように連綿不断）」、「専気致柔, 純任自然（気を集中すれば柔になり、自然に任せる）」、「静如山岳, 動若江河（静かなること山の如く、動けば川の流れの如く）」等、全ての運動過程は陰陽が対立する統一体である。

2. 運動形式
　太極拳の運動形式は、技術体系と運動の属性に従って次のように分けられる。

(1) 功法運動

　必要な基本功（例えば、柔功）と特殊功法（例えば、站椿功、意功、勁功等）を含む。功法運動は、太極拳練習の基礎であり、心理と生理の両面の準備である。通常、椿功の練習から始めれば必要な身心能力を獲得することができる。

(2) 套路運動

　徒手、器械の二種類の套路を含む。通常、先に徒手套路を練習し、その後、器械套路を練習する。現在、套路の練習は太極拳練習の主要内容となっている。多くの拳家は、「盤架子（套路の練習）」を重視し、套路自身が基本功であり、樁功（活樁）だと認識している。拳論でも「走架（套路の練習）」が「打手（実戦）」であり、その後の内容を習得するための重要な基礎だと主張している。

(3) 推手運動

　歩法から、定歩、活歩、自由歩に分けられる。また、手の参加数から、片手の単推手と両手の双推手に分けられる。推手運動は、套路が正しいかどうかをチェックし、「相手を知る」能力を身につけ、太極拳の「用」の機能を実現する手段である。

(4) 散手運動

　太極拳特有の散手方法及びその他の功夫の方法を含む。例えば、点穴、抓閉等の技術方法を含む。散手運動は、各運動の基礎がなければ、太極拳の散手方法及び特徴を習得することは難しい。

　以上の各種運動形式は、相互に独立し、また相互に関連づけられ、完全に切り離すことができない。練習時に入れ替えて練習すれば良い。例えば、套路を練習したり、推手を練習したりすれば、相互に検証でき、拳の技術をさらに高めることができる。

1.1.4 太極拳の主要流派及び特徴

　太極拳の流派について、伝説上、唐の許宣平が伝えた太極拳術の「三世七」、李道子が伝えた「先天拳」、（韓拱月から受け継いだ）程霊洗の程式太極拳（その後「小九天」と改名した）、殷利が伝えた「後天法」太極拳等がある。伝説中のこれらの流派は、現代は既に継承者がいない。現在の太極拳は、代表的に五大流派、即ち、陳式、楊式、呉式、武式、孫式等である。この五大流

派は代を経て伝わり、師匠が変わると、変化もあった。例えば、陳式には老架、新架、趙堡架（陳式太極拳に該当しないとする見方もある）がある。この五大流派の特徴は以下の通りである（以下、敢えて中国語のままの部分あり）

陳式太極拳　河南省陳家溝に起源し、明末清初の陳王庭が創立した。
主な特徴：　纏絲旋転、頓足跳躍、松活弾抖
動作の外形：纏絲旋転、頓足跳躍
動作の勁力：剛柔外顯、松活弾抖
動作の気勢：静如山岳、動似雷霆
動作の過程：丹田内転、絲絲入扣
動作の速度：快慢相間、勢断意連

楊式太極拳　河北省永年県人、楊福魁(字　禄禅)及び楊澄甫等が創立した。
主な特徴：　舒展大方、中正圓満、渾厚凝重
動作の外形：舒展大方、中正圓満
動作の勁力：剛柔内含、深藏不露
動作の気勢：恢宏大度、渾厚凝重
動作の過程：和順自然、簡潔連貫
動作の速度：柔和緩慢、連綿不断

武式太極拳　河北省永年県人、武禹襄が創立した。
主な特徴：　起承開合、節序清晰、法度厳謹
動作の外形：拳勢緊湊、古朴簡潔
動作の勁力：勢勢貫勁、勁力完整
動作の気勢：中正雅致、勢不可侵
動作の過程：起承開合、節序清晰
動作の速度：舒緩適中、一気貫串

呉式太極拳　楊式太極拳の拳式から発展してきた。呉鑑泉が創立した（全佑説もある）
主な特徴：　小巧玲瓏、斜中寓正、川字歩型

動作の外形：開展適中、緊湊有度

動作の勁力：以柔為主、兼有内勁

動作の気勢：端庄典雅、小巧霊活

動作の過程：細膩入微、軽松自然

動作の速度：均匀和緩、綿綿不断

孫式太極拳 孫禄堂が形意拳、八卦と太極（武式太極拳）の三者の精髄を融合して創立した。

主な特徴： 架高歩活、中正舒展、進退相随

動作の外形：架高歩活、中正舒展

動作の勁力：内勁飽満、柔中寓剛

動作の気勢：活溌自然、敏捷軽霊

動作の過程：進退相随、開合相接

動作の速度：柔和平穏、行雲流水

1.2 24 式太極拳の概説

1.2.1 24 式太極拳の由来

1954 年、当時の国家体育委員会は、一般国民の健康運動として太極拳を広げるため、武術の「発掘、整理、研究、向上」の方針を打ち出し、武術研究室を設立した。先ず太極拳から着手し、武術を普及するための武術教科書の編制を計画した。

国家体育委員会は、一部の太極拳名家を集め、太極拳の簡略化した初稿をまとめた。簡略化した太極拳の初稿は、太極拳各流派の代表的動作で構成されていた。初稿が公表された後、内容が簡潔ではない、普及しにくいとの意見があった。

1956 年、国家体育委員会武術処は、市民の中で一般的に行われている楊式太極拳（楊澄甫の太極拳套路）を基に内容の簡潔さ、簡単⇒難しいという

漸進の原則に基づいて再編制した。太極拳中の伝統的な内容を保留し、太極拳の大衆化、健身という目的に合わせて武術の教科書『簡化太極拳』を編制した。それは、24 の動作がある故に、「24 式太極拳」とも呼ばれた。その後、楊式太極拳（88 式）と推手を編制し、楊式太極拳を改編し、太極拳伝統理論の資料も編纂した。1958 年、『太極拳運動』三冊を出版し、1962 年、人民体育出版社はこの三冊を『太極拳運動』という一冊の本にまとめて出版した。以降、『24 式太極拳』を何回も再版したが、その内容はほとんど変わらなかった。

　24 式太極拳は、1956 年、正式に発表されて以来、その簡潔さ、覚えやすさにより一般市民に受け入れられた。今日、『24 式太極拳』は、中国国内だけでなく、世界各国に広がり、世界各国の太極拳愛好者に愛読される教科書となり、太極拳の世界への広がりに積極的な貢献をし、第十一回アジア大会の開幕式において日中両国千五百名の太極拳愛好者が素晴らしい 24 式太極拳を表演した。その後、天安門広場、海南省三亜市等で、一万人が 24 式太極拳の表演を行った。

1.2.2　24 式太極拳の特徴

1. 表演・練習風格の特徴

　24 式太極拳には基本的に楊式大架（楊澄甫太極拳の套路）の特徴がそのまま残されている。

　1962 年に出版された『太極拳運動』の前書きに「楊澄甫の太極拳套路に基づいて簡化太極拳を編纂した」と明確に書かれている。楊澄甫が晩年に確定した太極拳は、通常、楊式大架太極拳と呼ばれ、その主な特徴については前述の通りで、その特徴は 24 式太極拳の風格・特徴そのものだと言える。

2. 套路の特徴

　内容から見ると、伝統楊式太極拳の套路は半数以上が重複動作であるため、24 式太極拳の動作は、すべて伝統楊式太極拳の套路から選んだものの、重複動作を省き、伝統套路の 1 ／ 4 〜 1 ／ 3 に短縮した。練習時間は、4 〜6 分間と短く、朝の体操、職場の体操に適するものとなった。編纂時に、伝

統套路の枠を破り、簡単な動作から煩雑な動作へ、易しい動作から難しい動作への原則に従って動作の構成を工夫し、直進、後退、横移動等の順に簡単な動作から、蹬脚、下勢、独立と、複雑な転換動作へと、浅いところから深いところへ順次入って行くよう、套路を構成した。重点動作には左右対称の練習を追加した。例えば、伝統套路には左下勢と右攬雀尾しかなかったが、学習者が全面的で、かつバランスの取れた運動効果が得られるように、左右下勢、左右攬雀尾といった左右勢対称の套路を追加した。

1.2.3 24 式太極拳と伝統太極拳の違い

1. 套路構成の違い

　伝統套路（楊澄甫が確定した套路を指す）は、ほとんどが難しい動作から易しい動作への順番で構成されている。最初の動作は「攬雀尾」が多く、その中に太極拳八法中の四法が含まれ、動作の構成及び勁力が複雑である。それに対して 24 式太極拳は最初に左右野馬分鬃の動作を入れ、比較的、覚えやすい。24 式太極拳と比べて伝統套路は動作及び段落が多く、重複動作が多い。これは伝統太極拳では、攻防でよく使う動作を反復することにより、構成上、難しい動作から入り、運動量を多くし、練功を重視する証であり、攻防及び運動量の視点では参考になる。

2. 套路と拳勢の違い

　24 式太極拳の套路と拳勢は、伝統楊澄甫太極拳の套路と拳勢に比べ、定型、拳勢及び作法上、異なる点がある。例えば、24 式太極拳は、連続的に「進歩」する際、一旦「後座翹足（後ろへ座り、前足先を浮かせる）」して、「進歩」する動作が多い。それに対し、伝統楊式大架太極拳は、はっきりした「後座翹足」の動作がない。「翹起脚尖慢思量（足先を浮かせてゆっくり考える）」として、この練習方法に反対する人もいる。実は 24 式太極拳がこうなったのには、初心者及び集団練習の時に練習しやすいようにという理由がある。套路と拳勢の違いについては、以降の動作説明の中で詳細に説明する。

1.2.4 24 式太極拳の健身効果

　太極拳古代拳譜『十三勢歌』に「詳推用意終何在，延年益寿不老春（意を用い、十三勢を行って、そこに何があるか問われれば、寿命が延び、永遠に春の如く）」とあり、太極拳の健身機能を強調している。また、多くの事実及び科学的実験の結果により太極拳が身心に有益な健身運動だと証明されている。

　太極拳の健身効果は主に、その独特な技術的要求及び特有の運動形式により決定される。太極拳は心理活動によって生理的な変化を引き起こし、身心とも修練し、健康な身体に導く効果がある。

1. 心を静めて意念を使い、心を強くし脳を健康にする

　太極拳の練習で一番大切なことは、心を静め、意念を使うことである。すなわち、練習の過程において心理活動のバランスをとり、意識のコントロール下で動作を導くことを求める。雑念や不愉快な心理活動を排除し、心理活動を拳に集中させ、意識で神経系統をコントロールし、筋肉のリズミカルな収縮・伸長運動を伴って大脳神経の活動バランスと柔軟性を保ち、神経の伝達速度や正確性を高め、大脳の機能を改善し、大脳皮質の興奮と抑制活動を調整する。最終的にこれらの活動は神経衰弱、不眠症、めまい、疲労困憊等の疾病に対する明らかな治療効果がある。

2. 自然に全身を緩め、沈め、血液の流れを活発にし、健康効果を得る

　太極拳は、筋肉、関節を含め、全身を緩めることを要求する。全身を緩めることにより血管の詰まりが減り、血液循環が良くなり、心臓の負担が軽くなる。特に胸郭をリラックスさせ、開くことは、心筋周辺の圧力を小さくし、胸郭の容積を大きくする。収縮・伸長差の増大により、血液の排出量が増え、人体組織や器官に運ばれる養分も増えるため、間違いなく健康に良い。

3. 呼吸を深く、長くし、呼吸の調節により肺臓の機能を高める

　太極拳は腹式深呼吸を採用するが、時々、拳勢に合わせて呼吸する。気を下へ沈め、深く、長く、均一に、ゆっくりと呼吸し、お腹を実にして、胸

郭を広げた状態を維持する。その呼吸運動に横膈膜も参加するので横膈膜が下がり、胸腔が拡大して肺へ送る酸素量が増える。測定の結果、横膈膜が1cm下がる毎に、酸素量は300ml増加するため、肺臓の通気及び換気機能が増強され、心肺の健康を維持し、五臓六腑をマッサージする効果がある。

4. 腰を原動とし、腎臓を強固にして寿命を延ばす

太極拳は、「腰為主宰（腰が主宰）」「丹田内転（丹田を内転させる）」「両腎抽提（両腎臓を引き上げる）」等の技術的要求がある。これらは、腰部・腹部を十分に鍛える運動である。腰の両側には腎臓があり、腎臓は「先天の本」と言われる。腰部運動は、腎臓の機能を高め、精力を増強し、寿命を延ばす役割がある。腹部運動は、「内動」とも言うが、肝臓、胃腸の運動であり、胃腸の蠕動を促進し、胃腸の消化・吸収機能を高め、新陳代謝や循環を良くし、食欲を増進させ、健康水準を高めることができる。

5. 気を骨に斂め、骨髄を増やし、骨を丈夫にする

太極拳は、「気を骨に斂める」要求があるが、実際には意識に導かれて全身を緩め、沈め、あたかも「気」を骨に斂めたような感じである。特に下肢は気を運んでいる最中、沈め、安定的に、軽快に行う要求がある。両腿及び全身の骨骼は、正常な重力下で、骨細胞の成長及び骨髄中の造血機能の向上を助ける。太極拳の動作は、緩慢であり、猫足で一歩出す時、片方の足で全身の体重を支える。すなわち、虚実をはっきりさせる要求がある。そうすれば下肢の骨が体重を支える時間が長く、さらに「三合」の技術的要求があるため、骨が正常に体重を支えることで骨髄を増やし、骨を丈夫にする効果がある。それに加えて太極拳は弧形の回転運動中、筋肉が骨骼に働きかけることにより骨骼が鍛えられ、足の老化を遅らせて青春を保つ秘訣となる。

6. 太極を胸に収めれば、修身養性に繋がる

太極拳の拳理は、中国古代の太極、陰陽、中庸等多くの文化に根を下ろしている。清の楊氏老譜に曰く「天地は大太極、人体は小太極」であり、天人合一には、過ぎたることなく、及ばざることなし。無為で治め、道を求める。練習中の動作は「中正不偏、緩和連貫、不急不躁、剛柔並済」を求める。攻防では「引進落空，舎己従人，四両撥千斤（引き入れて空にする。己を捨て

相手に合わせる。四両で千斤を動かす)」を求める。長期間、太極拳を練習すれば、その奥深い中身を悟り、性格、修養、処世に良い効果を発揮し、修身養性にも積極的な影響を与える。また、「胸懐寛広、大度謙譲、堅靭不抜、自強不息、厚徳載物」等の品格を身につけ、健康な心理状態の形成を促す。

太極拳の健身機能は人体に総合的に影響を与え、技術的要求の違いがあっても、健身の重点の違いに過ぎず、お互いに切り離せない。正しい技術的要求に従って科学的に練習すれば、人体の呼吸、消化、神経、血液循環及び経絡等のシステムに良好な治療と健康効果に繋がる。

太極拳は今後も、健身機能を益々、発揮すると期待される。

本書に登場する主なツボ

　以下は日本語版発刊に際して、ツボに不案内な日本の読者向けに本書に登場する主なツボを示したものです。いずれも大凡の位置が分かるように用意されたものですので、より正確な位置を知りたい方は専門書を参照されることをお勧めします。

　なお、ツボは体の中心以外のものは左右対称に存在しますが、ここでは片側のみの記載となっています。

作図：日貿出版社

天庭（神庭：前髪際）

印堂（眉の間）

上丹田（目の間）

人中（鼻と唇の間）

天突（左右鎖骨の間）

廉泉（舌骨の上）

中丹田（乳首の間）

曲池（肘の外側）

帯脈（臍の高さ、第11肋骨の端）

内関（手首の付け根から2寸入った所）

魚際（親指の付け根）

神闕（臍の中央）
陰交（臍下1寸）
石門（臍下2寸）
丹田（臍下3寸）

会陰（恥骨と肛門の間）

労宮（握った際に中指の先が当たる部分）

陽陵泉（膝の斜め下）

前頂（頭の一番高い所）

百会（頭頂の真ん中）

後頂（前頂と後頭部の頂点の中間）

太陽（眉尻の斜め後ろ下。窪んだ部分）

耳門（耳の前）

玉枕（後頭部の頂点から指2本外側）

風府（生え際中央の上）

天柱（生え際の上）

大椎（第七頚椎の上）

啞門（第二頚椎の上）

肩井（大椎と肩峰の間）

夾脊（第1胸椎から第5腰椎の両側に片側17ある）

俞穴（第2・3腰椎の間）

命門（第2・3腰椎の間）

腎俞（第2腰椎外側）

腰眼（第4腰椎外側）

環跳（大腿骨の外側）

尾閭（尾骨先端と肛門の間）

湧泉（足の真ん中、土踏まずのやや上）

28

第2章
太極拳の基本原理

2.1 人体の各部位に関する太極拳の技術的要求の原理

太極拳の技術とは、十分かつ合理的で効果的に太極拳の動作を完成させる方法を指す。ここで言う合理的とは、哲理、拳理、医理等伝統の原理及び生理、心理、生物力学等現代科学の原理に適うことである。効果的とは、最大限に身心の潜在的能力を発揮し、最小の工夫で最大の健身と攻防の効果を得ることである。以下では、太極拳の運動状態と動作構成の要素により太極拳を静止の静態（陰性）の身型技術と動態（陽性）の運動技術に分けて説明する。

2.1.1　静態（身型技術）要求の原理

静態の要求とは、人体の各部位が拳術運動、または相対運動の中の、ある静止状態の作法である。伝統太極拳では「身法」という人もいる。人体解剖学の区分基準により人体を頭部、上肢、躯体、下肢の四部分に大きく分ける。ここでは人体の個別部位を省略し、この主要四部位を説明する。なぜなら、人体は統一体であり、隣接する部位に対する要求には既に中間部位に対する要求が含まれているからである。ここでは、主要四部位のあるべき状態について説明する。説明の中で、先に部位の名称、そして状態の要求を説明する方法をとる。例えば、「肩松（肩は緩んでいる）」の要領を説明する時、習慣として動作の過程を強調するために「松肩（肩を緩める）」と言う。

1. 頭部
頭部には、口、歯、舌、顔、鼻、頸、頭頂、耳、目等部位が含まれる。

(1) 技術的要求
「頭頂虚領，項部竪直」

(2) 具体的方法
【主な拳論】

　楊式太極拳初代宗師楊澄甫は、『太極拳術十要』の中で、最初に「虚領頂勁。頂勁，頭容正直，神貫頂，不可用力，用力則項強，気血不能通流，須有虚領自然之意（頭と顔を真っすぐ立て、意念は頭頂へ巡らせ、力を入れない。力を入れると、首が固くなり、気血が流れなくなる。必ず、意念で首を虚にして、自然のまま保つこと）」と言っている。

　陳鑫は、「頭為六陽之首，周身之主，五官百骸，莫不体此為向背。頂勁領過則上悬，領不起則倒塌。至於頭，耳能聴敵来之声，眼能視敵発之色，頭能前後左右触之，且左右手又能上行助之（頭は、経絡で言う六陽の首であり、全身の主である。五器官と百の骨はもちろん、全身は頭に従う。頂勁が過ぎれば上へ吊られ、足りなければ崩れる。頭には耳があり、目がある。耳は敵が攻めてくる音を聴き、目は敵が攻めてくる様子を見る。頭は前後左右に動かすことができ、かつ左右の手は自由に動かすことができる）」と言っている。

　武式太極拳家、武禹襄は、「提頂（頭を頭頂へ引き上げる）」と言っている。

　郝月如は、「頭頸正直、不低不仰、神貫於頂，提起全身（頭と首を真っ直ぐにし、うつむかず、のけぞらず、意念を頭頂へ巡らせ、全身を引き上げる）」と解釈している。

　呉公澡は、『太極拳講義』の中で、「頂勁者，即頂頭悬，頭頂正直（頂勁とは意念で頭が上から吊られ、頭頂まで真っ直ぐである）」と言っている。

　徐致一は、「悬頂弛項（頭頂が上から吊られ、首は弛んでいる）」と言っている。

　『十三勢行功心解』では、「精神能提起,則無遅重之虞。所謂頂頭悬（精神〈意念〉を頭頂へ巡らせると重さを感じさせない。それは頭頂が吊り上げられているようになるからだ）」と記述されている。

　これらは、頭に対する要求を明確に説明するものである。用語の違いはあるものの、意味は同じである。

【実践】

　「頭頂虚領」とは、頭頂の百会のツボ（両耳先の真上の頭頂から両耳の耳たぶまでの接続線の交差する位置にある）が「虚虚上領（虚にして首を立てる）」にして天庭（両眉の間のツボ）から前へ、上へ勁を運ぶことが重要である。

これが、自然に勁を使う状態である。

「項部竪直」とは、頸部の筋肉に弾性を保つことである。頸部の筋肉が硬直し、無理に首が立っている状態ではない。その他、口は軽く閉じ、上下の歯は軽く内側で噛み合わせ、舌は上顎に触れ、耳を澄ませ聞き、顔は自然に、目は一点を見つめる等の要求があるが、ここでは省略する。

【動作のイメージ】

身長を測る時、頭のてっぺんが軽く尺（測定バー）に当たる感じ。または、頭頂の百会のツボを軽く引き上げ、頭頂が紐で吊り上げられたような感じ（図2.1）。あるいは、頭頂に水で満杯のお椀を載せ、その水が揺れ動かないような感じである。百会のツボと会陰のツボを垂直に保ち、「上下一直線」の状態にする。

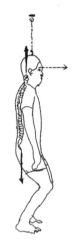

図 2.1 「頭頂虚領，項部竪直」の状態

(3) 健身のメカニズム

中国医学の経絡学説によると、頭は「百脈の宗」であり、12本の経絡のうち、6本の陽経が頭に上り、6本の陰経も「別経路で頭に上り」、陽経と一つになる。頭部は躯体に対して上下1本の線になり、任と督の二脈（経絡の流れ）が自然に繋がり、身体全体の気血の循環を促進し、人体の気血のバランスを調整し、病気を治し、健康長寿にする。

生理学、解剖学では、頭骨内には脳があり、脳は神経系の中枢であり、「司令部」と言われている。太極拳では、頭部を自然に真っ直ぐにし、力を入れずに意念で頭頂へ巡らす勁を要求するが、頭部は精神（意念）に導かれて頭を真っ直ぐ、上へ引き上げた状態では、筋肉は軽く収縮し、頭骨から頸椎への重圧を軽減させ、体全体は軽快に動かせるようになる。特に長い間、頸椎を曲げた状態でデスクワークをしている人にとっては、この動作は間違いな

く有益である。「頭頂虚領，項部竪直」は、意念に導かれているため、脳の中枢神経に良い刺激を与え、脳の血液循環を促進し、中枢神経系を安定させ、神経系の機能を強化することができる。

　頭頂の百会のツボを軽く引き上げることは、頭部を自然に垂直にする以外に、前後左右に傾けず、中枢神経系の全身の各部位および器官の機能の活動を調整し、人体のバランスをコントロールする役割も果たしている。

　「頂勁」では過度でもなく不足もないことが大事である。百会のツボは両頭角の中央にあり、虚にして首を立て、あるようでないような状態にし、無理に上へ挙げないようにする。百会のツボの前には「前頂（頭の一番高いところ）」があるが、「前頂」を無理に上へ挙げると、顎を突き出す（頭をのけぞらせる）誤りを犯す。また、百会のツボの直ぐ後には「後頂」のツボがあり、「後頂」を上へ挙げると、顎を自分の方へ引っ込め過ぎる（頭を下げる）誤りを犯す。「気を丹田に沈める」時、無理に押し下げないことと同様、百会のツボを虚にして首を立てれば、顎は自然に内側へ収まり、「気貼脊背（気は背骨側に貼りつけられる）」と合わせて「大椎（頸椎と胸椎のつなぎ目にある）と廉泉（喉ぼとけの上付近）のツボをやや、後に縮めれば」、脊柱疾患を治療する効果がある。百会のツボは、終始「虚領頂勁」の姿勢を保ち、体全体の状態を改善する「勘所を押さえる」という重要な役割を果たす。そして、顎をやや内側へ収めることは、呼吸及び「内気潜転（内気が体の中を巡る）」にとって大きな助けとなる。

(4) 攻防上のメカニズム

　背中全体は頭から頸部、脊骨、尾骨に至るまでの筋肉を自然に伸ばし、生理的曲線を小さくする。体という弓を長くすれば、発勁の効果を強化することができる。これは、攻める時に欠かせない条件である。首の後ろの両大筋の間には唖門のツボ（その両側付近は天柱のツボ）があり、長強のツボ（尾骨付近にある）と呼応する。唖門のツボ、すなわち、頸椎の第一環椎であるが、環椎の活動を通じて頭骨を安定させてこの "支点" となる。「虚領頂勁」は、頭と脊柱のバランスが取れていることである。太極拳では、脊柱の弾性

運動を「身弓」という形で表現する。腰を弓の弓把（弦と弓の握りまでの間）とし、大椎と尾閭（長強のツボと同じ）を弓梢（弓の上下端）とする人もいれば、上の弓梢を大椎の上の頸椎第一節の唖門のツボとし、調節しながら爆発力を強化できるとする人もいる。推手の時に引化（引き入れて変化させる）と蓄発（溜めて出す）を自由自在に運用できることと関係がある。「虚領頂勁」は、脊柱をバランス良くし、頸椎を調節する作用がある。

　一方、「頭頂虚領，項部竪直」は、元気を出して、精神を高度に集中させ、機敏かつ正確に機を見て反応し、相手を負かすことに役に立つ。

　拳譜にも「虚領頂勁神貫頂，満身軽利頂頭懸（首を虚にして意念を頭頂へ巡らせ、全身を軽く頭を紐で吊られているようにする）」要求がある。また、頸部を端正に立てる時は、緩めて立てることを要求する。無理に力を入れると固くなる。このようにすれば、左右に回す時に自然に機敏に動かせる。推手の実戦においても頂勁を失わなければ、全身の動作は軽快、円滑で落ち着いて、安定して自由自在にできる。力を入れすぎて硬い姿勢、または、その反対で緩めすぎて姿勢が崩れていては、左右に回す時の機敏さや「虚領頂勁、面容正常」という自然の姿勢に影響を与えるに違いない。運動生理学的に見れば、体を回す時は、脳の支配を受けるほか、頸部の筋肉反射にも一定の影響を受ける。例えば、人がのけぞる時、頭部の重量で腹筋が緊張し、頭を下げる時は、背中の筋肉が緊張し、また、真横に体を倒す時は、体側の筋肉が緊張する等、身体全体の勁が崩れ、容易に相手に体を引き動かされ、重心のバランスが崩れ易くなる。

2. 上肢
　上肢で重要なのは、肩、腕、肘、手首、手の五部位である。

（1）技術的要求
「肩松肘垂，腕坐掌撑」

（2）具体的方法
【主な拳論】

　楊澄甫は、『太極拳術十要』の中で、「沈肩者，肩松開下垂也。墜肘者，肘往下松墜也（肩を沈めるとは、肩を緩め、垂らすことである。肘を落とすとは、肘を下へ緩め、落とすことである」と言っている。

　陳鑫は、「打拳全在手領，転関全在松肩，骨節開則肩自松下。肩塌下，不可架起来。両肩要常松下，見之泛起，即将松下；然不得已上泛，聴其上泛，泛畢即松。肘向下，膝蓋与脚尖上下相照。両肘当下沈，不下沈則肩上揚，不適於用（拳で打つ時は、手で導く。関節を回す時は、肩を緩める。関節の間を開けば、肩は自然に緩まる。肩を下げ、上げてはならない。両肩は常に緩め、肩が上がったら、すぐに緩める。知らずに上がっている場合もあるので、上がるのに任せてしまっているのに気付いたら、即、緩める。肘は下へ向け、膝頭と足先を上下で合わせる。両肘を沈めないと、肩が上がってしまい攻防に適さない）」と言っている。

　孫剣雲は、『太極拳総説』の中で、「両肩務要松開，下垂。否則気湧上浮。両肘要向下松垂，両臂自然彎曲（両肩は、必ず下へ緩め開き、垂らす。そうしなければ、気は上へ湧き浮ぶことになる。両肘は下へ緩め、垂らせば、両腕は自然に彎曲している）」と言っている。

　武式太極拳は「松肩，以意松肩，気向下沈，再加一静。沈肘，以意行気両肘，手腕霊活，肘尖下垂之意（肩を緩める時には、意念を使い、気を沈め、更に心を静める。肘を沈める時には、意念で気を両肘に運び、手首を柔軟にし、肘先を下へ垂らす」ことを要求する。

【実践】

　肩を緩めるとは、すなわち、肩先の肩頂骨（肩峰のことで鎖骨の先にある）を下げることである。肩井のツボを緩めると同時に両肩を少し内側へ合わせ、下へ沈める勁を感じる。これらは無理に力を使わず、意を用いて行う。肩を緩めることを前提に肩関節を下へ少し移動させる。（図 2.2）

図 2.2 肩が緩んでいる状態

肘が垂れるとは、すなわち、太極拳を練習する時に、終始、肘はすこし曲がり、下へ沈む勁を保っていることである。腕を上げる時も同じで、意念で終始、肘先を床に向かせる必要がある（図2.3）。

　腕坐は、手首の部分が沈まり、下に落ちていることである。外形上、常に一定の彎曲度を保つが、手の甲と前腕が90°の死角にはならない。

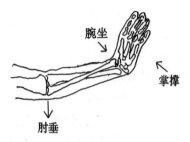

図2.3　肘が垂れ、手首が座り、掌が開き張っている状態

手首の関節を柔軟に良く動かせることが必要である。硬くなく、強くなく、弱くないように沈め、下に落とす感じで手首の支持力を強化する。伝統拳では「坐腕」または「塌腕」と言う。

　手の指は、一般的に、指と指の間に指が入る位の間隔で自然に開き、または、やや寄り添っていて、手の甲は少し弧形か、螺旋形にして内勁を指先に運び、太極拳で言う「手の指に形あり」の状態である。

【動作のイメージ】

　肩松肘垂は、まさに両腕が下へ垂れ、両手を力強く握って、または両手で重い物を持っていて、突然手を緩めた感じである。

　腕坐掌撐は、両手でソファーの肘掛けを押し立ち上がる時の感じ、または手をねばねばした液体の中に入れて、5本の指を開こうとした時の粘着感を想像する。

(3)　健身のメカニズム

　経絡学説によると、手の三陽（手陽明大腸経、手太陽小腸経、手少陽三焦経）等の経絡は全て肩を通る。手首の関節を回すことと手首を座らせることを結合すると、経絡学的に言えば、手首には橈動脈管があり、「気口」と言い、「脈会太淵」の百脈の気が集まる「淵」であり、全身の経脈と通ずる。手の指は

上肢の末端であり、多くの経絡はここで転換する。

　中医の切診（診察）では、まず切脈する。切脈は橈動脈管の脈を診ることである。手から上へは寸・関・尺の三部位があり、これらは体上部にある心臓、肺臓、体中部にある肝臓、胆のう、脾臓、胃、体下部にある腎臓、膀胱の機能の状態を反映している。脈拍を診る部位、脈の速度（遅数）、強度（虚実）、節律（リズムの均一度）、状態（洪、細、緊、弦）等、それぞれの脈象に従い、弁証法的に病名を判断し、治療する。故に、太極拳を練習する時に、常に手首を回し座らせることは「気口」と内臓器官の機能を強化するのに有益であり、病気を予防、治療する効果に繋がる。

　生理解剖学では、肩関節は上肢において極めて重要な関節だとみているが、それは肩関節の活動範囲が広いからである。肩部の三角筋は上腕骨、肩甲骨、鎖骨を繋いでいる。広背筋は腰椎と上腕骨を繋いでいる。大胸筋は上腕骨、肋骨、鎖骨を繋いでいる。肩関節が緩んで沈み、肘関節が垂れれば、胸部と背部等も緩まる。上肢の肩、肘、手首の三大関節を緩める時、まず、肩関節から緩める。太極拳を練習する時は、体で手を導く時も、手で体を導く時も、全て勢いに従って動かす。そのため、腕を伸縮し、回す時には「松、柔、圓、活」が要求される。しかし、腕が「松、柔、圓、活」に回る鍵は、肩関節が緩まっているかどうかである。関節を意念で緩めるには、長期に亘り練習して初めて徐々にできることである。繰り返して練習することが習慣になれば、肩関節は自然に緩み、沈まる。肩関節が十分に緩み、沈んだ後に、腕の伸縮、上げ下ろし、纏繞<rp>（</rp><rt>まといまわし</rt><rp>）</rp>も、柳が風になびくように活発で滞りなく、動くようになる。

　肩関節が緩み、沈み、肘が垂れることにより、経絡の気が滞りなく流れ、関連する筋肉群の伸縮、気血の流れが促進され、肩関節周囲炎等、肩や肘の疾患を治療することができる。また、腕坐は、「気口」と内臓機能の強化に繋がり、病気の予防、治療効果がある。掌には多くの血管と神経があり、指を開き、張ることも指先への血流を良くし、末梢神経のコントロール能力を強化し、指の柔軟性を高め、大脳の動きを活発にする。

(4) 攻防上のメカニズム

　肩松肘垂であれば、全身の力は肩関節を経由して手に伝わり、相手に働く。その理由は、肩関節は上肢の根節であり、仮にこの辺りの筋肉が緊張し、気血に滞りがあれば力を伝達することができなくなり、拳譜に要求される「其根在脚，発於腿，主宰於腰，形於手指……総須完整一気（その根は足にあり、勁は腿から発し、腰が主宰し、勁は指先で形をなす……全て、そのように一気に完成させる必要がある」を満たせないことになる。

　太極拳は、肩を緩めることを前提に「肩を沈める」要求がある。「沈肩垂肘（肩を沈め、肘を垂らす）」ことは自然に「含胸抜背（胸を合わせ、背中を広げる。以降、漢字のままで使う場合もある）」にもなる。仮に、肩が聳え、肘が上がれば、「含胸抜背」の姿勢が崩れ、「気沈丹田（気を丹田に沈める。以降、常用漢字のままで使う場合もある）」には不利となる。「含胸抜背」があっての「気沈丹田」だからである。こうして重心が安定し、負けない状態を保つことができるのである。

　肩部が緩み、沈んだ肩の回転は、肩の靭帯と筋肉を伸ばし、背部両側の筋肉を牽引しながら「気を背中に貼る」役割を果たし、脊柱から発する力を増大させる効果がある。

　最初に練習する時には、先ず、全身を緩めることに努めよう。肩関節も緩めることに努めよう。太極拳を練習する期間が長くなったら、徐々に虚・実の転換を理解し、次に「沈着」のことを考えよう。内勁を使って松、柔から沈着に移り、腕を軽快、円滑、しかも柔らかく、重たく沈められるように。このようにすれば、次第に腕に弾力と柔軟性のある「掤勁」が強化されていく。太極拳の掤勁は極めて重要であり、掤勁の質が高ければ高いほど、推手の時に「粘着連随」の動きに効果を発揮し、肘部と掌で相手の重心を引き動かし、相手のバランスを崩せるばかりか、「引き入れて空にする」役割を果たすことができる。

　「沈肩垂肘」時には、脇下に拳一つを入れる位の空間を持たせなければならないし、肘を肋骨にくっつけてはならない。肘を肋骨にくっつけなければ、腕に旋回の余地をもたせることができる。動作の時も定式の時も、ずっと、

　肩と胯は一垂線にし、両肩は緩み、沈み、僅かに前で合わさり、「含胸抜背」をイメージする。両肩は相互に牽引され、互いに関連づけられ、一本線で「両腕が繋っている」ようにと言われる。こうすれば、腕を伸ばし開く時にも合わさる意を含み、掤勁と合力の二つの機能を強化することができる。

　太極拳を練習する時は、肘関節は終始やや曲げ、下へ垂れる勁を持たせる。「白鶴亮翅」の動作では、右腕を肩より高く上げた時、肘先はなおも下へ沈める勁がある。仮に、肘先が上へ上がった時、上げる勁となり、太極拳の要求に違反する。肘が躯体を離れて外側へ出る場合、近くを捨て遠くを求めることになり、肩を沈めることを邪魔し、気を沈めることにも影響する。同時に両脇の面積が大きく暴露されることになり、攻防において有害無益となる。

　動作の時も定式の時も、肘先と膝関節は上下に呼応し、肘と膝を合わせなければならない。そして両肘は、前後、左右、上下に勁を保ちながら呼応させなければならない。

　動作の過程では、前進、後退、左旋、右転のいずれの場合にも、肩と胯は上下の垂直線上で、「上下一本線」の要求を満たすことが必要である。両肩は平行でなければならない。体を回転させる時、片方の肩が高く、もう片方が低くなり易いが、「身法端正」の要求に合わないし、バランスが崩れる。「沈肩垂肘」により腕を伸縮、上げ下ろし、纏続させる過程で力を強めることができる。「沈肩垂肘」という前提があって初めて「腕坐」の働きを強化することができる。

　「腕坐」であれば、手首を回す、ねじる柔軟性や力を鍛え、掌を回す時に、内勁が途切れず、失われなくなる。そして、相手と接触する際に相手の勁の向かう方向を変化させることができる。手首が落ちていることは、また、内勁が掌根、掌心、指先に注ぎ、腕の勁力を強化し、攻撃力を高め、八法を活かして、捕らわれの身から逃れることができる。

　「腕坐」ができたら、「掌撐」と合わせて、勁力を指先に運び、掌、または拳、あるいは勾手等多くの手法で攻防に用いることができ、攻防の効果を高めることができる。

3. 躯体

躯体には、胸部、肋骨、背中、腹部、腰部、臀部等の部位が含まれる。

（1）技術的要求

「胸含背抜，腰松臀斂」

（2）具体的方法
【主な拳論】

徐致一の著書『呉式太極拳』では「弓腰収臀」が言われている。弓のような腰とは、いわゆる腰を座らせる、腰を落とすことである。それは座るように腰を下へ緩め、外側へ弓状の姿勢にすることであり、一般的に腰を上に伸ばす時、腰部を内側へ凹ませていく（腰にカーブを作る）のと反対の状態を指す。収臀とは、弓のような腰にしたら、臀部が自然に収まっていく姿勢である。

郝月如は、「両肩中間脊骨処，似有鼓起之意，謂之抜（両肩中央の背骨に少し外に膨らみを持たせるのが抜である）」と言っている。

『太極拳術十要』では、「含胸者，胸略内涵，使気沉於丹田也……胸忌挺出，……抜背者，気貼於背也，能含胸自然能抜背，能抜背則力由脊発，所向無敵也（含胸とは胸を、やや内側へ合わせ気を丹田に沈めていることである。……胸が突き出てはいけない。……抜背とは、気を背中に貼っていることで、含胸にすれば、自然に抜背ができる。抜背すれば背骨から発勁することができ、向かうところ敵なしとなる）」と説明している。

楊澄甫は、「腰為一身之主宰，能松腰然後両足有力下盤穏定，虚実変化皆由腰転動（腰は体全体の動きを主宰し、腰を緩めれば両足に力が入り、下盤が安定する。虚実の変化は皆、腰の回転の動きによる」と言っている。

拳譜にも「刻刻留心在腰間（片時も心〈意念〉を腰に留めることを忘れず）」「腰為一身之主宰（腰が体全体の動きを主宰する）」の要求がある。

孫式太極拳は、「胸要含蓄，不可挺出。胸含則気沉丹田。胸挺則気湧胸際上重下軽，脚跟漂浮，為拳家所忌。胸含則気貼於背，力由脊発是為真力。以上既為含胸抜背（胸に含みを持たせる時に胸を突き出してはならない。胸含

とは気を丹田に沈めることである。胸が突き出れば気は胸に湧き上がり、上が重く、下が軽く、踵が浮き漂う。これは拳家の禁忌である。胸含で気を背中に貼っていることで、背骨から発する勁が真の力となる。以上が「含胸抜背」の意味である）」と要求している。

陳鑫は、「胸要含住勁。中間胸腹自天突穴至臍下陰交，気海，石門，関元，如磬折如鞠躬形，是謂含住胸，是為合住勁，要虚（胸に勁を保ち、中間の胸と腹にある天突のツボから臍下の陰交、気海、石門、関元の全ツボまでを意識しながら、しなやかに腰をほんの少しかがめ、軽くお辞儀するようにすれば（頭は下げない）、胸に含みがあり、勁を持った、虚の状態になる）」と言っている。

【実践】

胸は、頸下部から腹上部の部位を指し、胸と背は相対する。拔背は必ず含胸となる。含胸は胸部と背中及び肋骨間の筋肉が意念に導かれて自然に緩まり、張った胸廓が少し内側に収まることである。胸を内側に凹ませ、または力を入れて猫背にしてはならない。

背中とは、ここでは肩から腰までの脊柱両側の部分をいう。脊骨は、脊柱（頸椎、胸椎、腰椎、仙椎、尾椎に分けられる）のことをいう。脊柱を適度に伸ばし、真っ直ぐにし、骨関節（椎間板）を正しい位置にする。太極拳を練習する時には、背中の筋肉を緩め、縦方向と横方向へそれぞれ伸ばし、拔背で、背中を広げる姿勢をとり、気を背中に貼っている感じである。この動作は、「頭頂項竪」と協調させて行うことが必要である。

腰は、ここでは左右二つの腎臓、左右の腰及び前側の腰（腹部）を含んでいる。腰を緩めるとは、前（腹部側）に尾閭（長強）のツボを引き上げ、背側の腰の腎俞のツボと命門のツボを後ろに落とすことである。ここで言う「塌腰」（ターヤオ）は長拳の「塌腰」とは全く異なり、腰を後ろに落とすことである。腰を落とした勁は収臀抱胯（臀部を収め胯を抱く）の動作を通して、腰椎間周辺の筋肉を収縮させ、尾閭のツボに沈み、脊柱の尾骨根が前の丹田を持ち上げるようにして椎骨の "S" 字状の生理曲線を小さくし、腰を後ろに落とし、「尾閭中正」（びりょちゅうせい）にする。ここで重要なのは意念で腰部を緩めることにより、そ

れが可能になるということである（図2.4）。

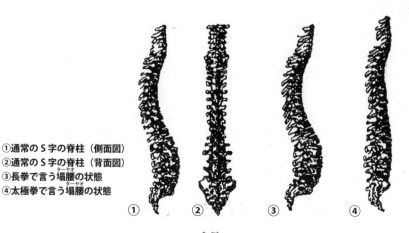

①通常のＳ字の脊柱（側面図）
②通常のＳ字の脊柱（背面図）
③長拳で言う塌腰の状態
④太極拳で言う塌腰の状態

図 2.4　通常の脊柱と塌腰した脊柱

　腰部を緩め、沈める過程で臀部を突き出さず、内側へ収めることを「斂臀」と言う。「吊襠（股下／股間を吊る）」との言い方もある。肛門括約筋を引き上げ収縮させると、便を我慢する感じがあるが、これと収臀動作を合わせて「斂臀」が完成する（図2.5）。

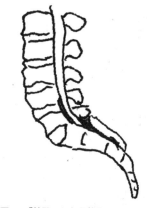

図 2.5「斂臀」した尾椎図

【動作のイメージ】

　含胸は、疲れた時、一息入れて息を長く吐き出し、自然にリラックスした状態と似ている。「含胸で気の流れが良くなった」、その感じである。背抜は、背中の皮膚をピンと張っている、湿布を貼っている、またはマッサージカップでカッピングされている（吸い込まれている）ような感じがある。腰を緩めることは、腰を丸椅子、またはソファーに預けている感じである。斂臀は、タイトフィットパンツを履く時の臀部の感じである。

(3) 健身のメカニズム

　中国医学では、督脈は、下の仙骨尾部末端の長強のツボから、督脈に沿って上の頸部背面の大椎のツボまでとする。しかし、腧穴のいわゆるツボも背部にある。腧穴は人体の気血全てが集まるところであり、臓腑を経た気は全て腧穴を巡り、胸部と背部の間の主要な臓腑である心臓、肝臓、脾臓、肺臓に集まり、任脈と督脈はここを通る。従って、太極拳は胸部と背部に対する技術的要求がとても重要なのである。

　腰部で重要なのは腎臓で、中医では「腎臓は先天の本」と言われる。前側の腰は腹部で、「気海」のツボがあり、同じように重要である。

太極拳の胸と背に対する技術的要求：

　第一に、横隔膜が下がって胸腔の容積が大きくなると、肺胞の換気率を高め、新陳代謝を促進し、肺組織の保養と肺病の回復に利する。

　第二に、隔膜筋の昇降幅の増大により、胃腸等内臓器官と膵臓の消化腺体に一種のリズミカルなマッサージ作用が生じ、消化、吸収を促進する。

　第三に、胸腔容積の増大により胸内圧が下がり、外周静脈の血液が下腔の静脈に戻り、心臓の血液循環を促進する。これらの作用は現代科学の実験によって実証されている。北京運動医学研究所の調査結果によると、太極拳をやる人の平均血圧は 134 ／ 81mmHg であるのに対し、太極拳をやらない人の平均血圧は 153 ／ 83mmHg である。また、動脈硬化率についても、太極拳をやる人は 39.5% であるのに対して、太極拳をやらない人は 46.4% である。

　腰部を緩め、沈めることは、腰椎の生理曲線を変え、腰のカーブを減らし、脊柱の弾性を強化し、震動を緩衝させ、脳を保護する機能がある。脊髄神経及び植物性神経（自律神経）を刺激する作用があり、腹部内器官の淤血、腸の蠕動機能を改善し、腰部と腹部の病気を防止、治療する効果がある。

　斂臀は、気沈丹田と、襠部の会陰のツボを引き上げることと合わせ行うことにより、横隔膜の呼吸作用を強化し、腹筋及び大腸、小腸、泌尿器系及び腎臓は規律よく鍛えられ、腹筋の弾性を高めることができる。

（4）攻防上のメカニズム

「含胸抜背」は、相手の力を変化させ、相手の攻撃をかわすことができ、相手が繰り出す力を「胸含」によって緩衝することができる。

「含胸抜背」の動作は、内家拳の推手で相手の力を受ける時、特に重要である。太極拳では、「化勁（相手の力を変化させる）」と言う。同時に背抜の機能は「放（発）勁」である。発勁のポイントは、背抜により、脊椎の生理曲線を変化させ、背部の筋肉に一定の張力を持たせることである。背中の皮膚がピンと張っている感じで、肩と背中の筋肉で協力して発勁すれば、発勁の効果は増大する。すなわち、拳譜で言う「力由脊発（力は脊柱から発する）」、「腰脊為第一主宰（腰と脊柱が第一の主宰である）」である。

腰は、躯体運動のハブである。腰を緩めることにより下肢の力を上に伝え、勁力の伝達を強化することができる。臀部を内側へ斂めることは、脊柱下端の尾閭を内に収め、沈めることであり、脊柱の下端を固定させる。これで上肢全体の支持台として体の中正を維持し、重心が下盤に落ち体が安定する。脊柱の柔軟性と背筋の弾性の強化は相手に向けて発勁する時に有利である。その他、臀部は、攻撃する時の有効な部位にもなり、相手を突き上げたり、相手にぶつけたり、相手の上に座って抑えつけたりすることができる。

4. 下肢

下肢には、胯、襠部／股間、膝、足等が含まれる。

（1）技術的要求

「胯縮襠合，膝屈足抓」

（2）具体的方法

【主な拳論】

太極拳譜には、「束肋下気把襠撑，提頂吊襠心中悬（肋骨を束ね、気を下へ落とし、襠部を張り広げる。頭頂を引き上げ、襠部を吊り上げる）」とある。

孫禄堂は、「縮胯（胯を縮める）」という。

陳鑫は、「襠要圓，圓則稳。襠撑圓，虚虚合住（襠部は円くする。円けれ

ば安定する。襠部を円く張り広げ、虚にして合わせる）」という。

　これらは、全て胯を緩めると同時に内側へ収め、襠部の会陰のツボを半円形にすると、襠勁は自ずと生まれる。「圓襠開胯（襠部を円くすれば胯が開かれる、または圓襠＝開胯」との言い方もあり、実は同じ意味である。

【実践】

　胯は、大腿骨骨頭と寛骨臼（骨盤側で骨頭の受け皿になる深いお椀の形をした臼蓋）及び周辺の筋肉で形成される部位を指す。また、両胯でできたアーチ状の内弧を襠部と言う。即ち、股関節を緩めるとは、その周辺の筋肉群を緩めることである。この基礎の上に、胯根（大腿骨骨頭）を内側へ引き縮めた時の襠部の状態が、襠部を開き、勁を合わせ持たせることになる。ここでは、必ずしも外形上、大きく開くという要求ではなく、内意内勁の要求である。即ち、主動的、受動的な筋肉の協調運動により「松胯圓襠（胯を緩め襠部を丸くする）」が完成する（図2.6）。

図2.6　松胯圓襠

　膝関節を曲げる要求もある。すなわち、両膝が相互に呼応し、胯根を開き、襠部を丸くすることは、拳譜では「合襠勁（襠部に勁を集める）」と言う。膝関節は、基本的に大腿骨滑車部単軸関節であり、上半身の重量を支える重要な関節である。膝関節を曲げ、やや内側に向かせる姿勢を要求する。外側に纏足のような蟹股の膝にしてはならない。終始、膝先と足先の方向を合わせることを要求する。足部は、踝、掌（足の甲／足背と足裏）、踵から構成される。本書で「脚心往上」と言っている時は、太極拳の練習中、脚心（足裏の土踏まずを含む中足部）を空にして足先で床を掴むことを意味している。

【動作のイメージ】

「胯松襠開」は、乗馬で馬に跨っている状態に似ている。膝を曲げ、足先で床を掴むのは、電車の中で立っていて、急ブレーキがかかった時、下肢、特に足趾（足指）に力を入れて踏ん張る感じに似ている。

(3) 健身のメカニズム

　中医によると、人体の足陽明胃経、足太陰脾経、足少陰腎経等の経絡は、全て胯と襠部を経て膝及び足に到達する。襠部の会陰のツボは、任督二脈が出合う地点である。

「胯縮襠合、膝屈足抓」は、一種の自然に任督二脈の接続を良くする鍛錬方法で、気血が経絡に沿い下へ流れるのを助け、下肢の末梢組織に潤いをもたらし、「小周天」と「大周天」を通して気血を調整し、病気を治療し、病を払いのける健身効果が得られる。

　生理解剖学では、股関節は人体の大関節で、膝関節は複雑関節と言い、この両関節は下肢の運動が柔軟であるか否かに関係している。

「屈膝圓襠」は、股関節の隙間を広げ、運動の範囲を広げるので、下肢の腿と足は軽快になり、老化を遅らせることができる。膝関節を内側へ合わせることは、膝蓋骨を固定し、靭帯の弾性を強化することができ、膝関節のすり減りや絞め過ぎを防ぐことができる。足先で床を掴むことは、足裏反射区の反射活動を刺激し、それに対応する臓器の機能を調節することができる。

(4) 攻防上のメカニズム

　胯を引き縮み、襠を丸く張る、及び膝と足の動作に関する要求は、下肢の支持面積を広げ、襠勁を下の足底まで行きわたらせ、膝関節の力を強化することができる。足底をしっかり張ることにより椿歩が安定し、下襠勁を保ち、気を丹田に沈めることと合わせて下腹を充実させ、重心を更に安定させる。

　膝を曲げ、襠を丸くすることにより、床の反発力をうまく利用することができる。足からの勁は一節一節上へ貫き、手に届く。「勁の根は足にあり、……勁は手の指で形になり」打撃力を増大させる。

5. 身型に対する全体的な要求及び文化的側面

　太極拳の身型に対する全体的な要求は、「中正自然、舒暢合度、尖節対応」である。

　太極拳の身型に対する全体的な要求の表現として、外形的には、「左右対称、上下対拉（引っ張り合い）、前後対撑（前後の張り合い）」であり、頭から足先まで中正不偏、自然で、のびのびとした良好な身体状態の要求である。

　身体各部位の空間的な位置関係は、「三尖相対、三節相合」が要求される。三尖相対とは、鼻先、指先、足先の方向を合わせることである。三節相合とは、肩と胯、肘と膝、手と足の各関節が相合していることであり、極めて科学的である。

　太極拳の身型要求を研究する中で、ひときわ我々の注意を引くことがある。それは、太極拳が創造された当初、自然科学は未だ発達していなかったのに、何をもって人々は現代科学にマッチした身型の要求を創立したのか？という点である。これは、伝統文化や思想が拳術に与えた影響に遡り、前述した太極拳の創立当時の理論的基礎に答えを求めなければ得ることができない。即ち、太極拳の拳術は、肢体運動のみならず、奥深い文化的内容を含んでいて、この文化的側面が拳術全体に浸透した。少なくとも、身型の要求は以下のような哲学の内容を含んでいる。

(1)「自然」の思想

　身型に関する全ての要求を総観すると、何はさておき、「自然而然」である。稚拙に力を使わず、である。これこそ、老子の「人法地，地法天，天法道，道法自然（人は、地の法則に従い、地は天の法則に従い、天は道の法則に従い、道は自然の法則に従う）」の思想である。この思想は「返樸帰真（本来の状態や真実の様相に帰る）」、自然を崇め、「天人合一」を求める。すなわち、人が自然を征服するのではなく、自然と融合するのである。従って太極拳の全ての動作で無理に力を使わず、自然に委ねれば、「自然而然」となる。

(2)「中庸」の思想

　太極拳の基本身型を概観すると、その造形が「中」の状態にあることに気

づかれるだろう。頭の「不偏不倚」、脊柱の「対正」、体が俯仰（俯いたり仰いだり）している時も尾閭の中正、勁の中正が求められるのである。

「中」とは、哲学の一概念である。『中庸』には、「中」は一種の処世術であり、「不偏之謂中, 中者, 天下之正道（偏りないことは、中なり、中は天下の正道なり）」とする。この「中」の意味するところが拳術に取り入れられ、それが拳術における身型の重要な要求となっている。

(3)「陰陽」の思想

陰陽は、もともとは哲学の概念である。『周易・系辞』には、「一陰一陽謂之道, 陰陽互用, 天道所藏, 陰不離陽, 陽不離陰（一陰一陽は道なり。陰陽は相互に転化し、天の道であり、陰は陽を離れえず、陽も陰から離れられない）」と言う。太極拳の身型要求は、陰陽思想に満ち溢れている。部位間の要求に陰陽の思想が反映され、相互依存、相互制約、相互対立の関係にある。

例えば、後ろの背中に対する「抜」の要求は、前側の「含胸」の要求になる。頭を頭頂へ伸ばす「領」の要求は、肩を沈める「沈」の要求となる。「開胯」あっての「圓襠」である。これら全ての要求は一種の伝統的な陰陽思想を反映している。

2.1.2 動態（運動技術）要求の原理

動態要求の原理とは、動作を完成させる過程の心理、呼吸、肢体の活動方法及び相互間の協調方法を指す。これらは太極拳運動全体の要求であるが、動態の過程が最も大事である。

1. 運動心理
太極拳を練功している時の心理活動を指す。
(1) 技術的要求
「心静用意」

(2) 具体的方法

【主な拳論】

『十三勢行功歌』では、「勢勢存心揆用意（一つ一つの動作は意念を心に留め、推し量って行う）」と言う。

武禹襄は、「刻刻留意，方有所得。先在心，後在身（片時も意念を心に留めていれば得るものあり。心（意念）が先、体（動作）は後）」と言う。

陳鑫は、「打拳心是主。運化全在一心（拳を打つ時は心が主で、全ての動作は心（意念）で決まる）」と言う。

【実践】

「心静」とは、心理活動を一つのことに傾け、思想（おもい）を集中させ、情緒を安定させることである。「用意」とは、拳の練功に注意を集中させること、即ち、大脳のコントロール下で運動することである。技術習得の難易度により、以下の順番で練功を進めていくのが良い。

①最初に考えるのは、外形の状態である。

太極拳の練功を始めたばかりの時は、上から下まで身型の要求を満たしているか、否かを考える必要がある。ポイントは身体の各部位の位置、本体感、特に外形上の規格要求を満たしていることである。

②次に考えるのは内意の活動である。

①の基礎の上に、肢体間の協調、内勁の伝達、呼吸と動作の関係を考える必要がある。具体的な手段として、意念で関節やツボのことを考え、動作が実現していることである。

③その次に考えるのは技術の変化である。

①と②を基礎として、勁力の伝達過程における変化及び各動作には攻防の意味するところが含まれていることである。

④最後は考えているようで、考えていないことである。

①〜③の基礎があれば、徐々に「自動化」の段階に入る。意念で動く、または一点だけを考える。例えば、丹田のツボを考えているようで考えていないかの状態で、全身を高度にバランス良く動かす。

(3) 健身のメカニズム

「心静用意」は、思考活動を動作に集中させ、他の思考活動を大脳から排除することである。神経系の自己コントロール力を高め、大脳皮質の興奮を運動中枢に集中させ、大脳皮質のその他のエリアが抑制される状態にし、大脳を十分に休息させることにより疲労を解消し、神経系の機能を高め、健康な脳にする効果がある。

(4) 攻防上のメカニズム

「心静用意」は、攻防時の最高の心理状態である。「拳芸以沈着為本（拳の技術は落ち着きが肝心である）」。この状態にいれば、タイミングを掴んで動き、敵の変化に合わせて変化し、適切な対応ができる。「心静用意」は、神経系の機能を改善し、神経系の筋肉に対する支配力を高め、筋肉の運動への参加を調整し、更なる「勁力」を生み出し、攻防時の重要な保証となる。

(5) 練習方法

站樁（意功）体験法を利用する。静樁の練習（第3章第一課の5.身型の練習1参照）を通じて、徐々に「心静」と「用意」を理解し、体得する。

2. 動作の力量

動作中は、全身各部位の関節、靭帯、筋肉を十分に伸び伸びとさせ、最低限の力で遭遇する抵抗を克服しながら練功を行う。

(1) 技術的要求

「体松軽柔」

(2) 具体的方法

【主な拳論】

武禹襄は、『太極拳論』の最初の部分に「一挙動，周身倶要軽霊（動き始めたら、体全体が軽く、軽快を要す）」と言う。

拳譜にも「運勁如抽絲；毎打一勢，軽軽運行；柔運行，剛落点（勁を運ぶ

時は糸をつむぐように、一つ一つの動作は軽く、柔らかく。勁を放つ時は一点に集中)」との要求がある。

【実践】

　動作時には、先ず、頭の中を空にする。そして各大関節を確認する。拳譜には意念で適度に骨と骨の隙(すきま)を開き、胸、背、大腿等の大筋肉群の筋肉を緩め柔らかく、とある。意念で体を導き、最小の力で動作を完成させる。

(3) 健身のメカニズム

　身体をリラックスすることは体全体の気血が流れることに有利で、血液の循環を促進し、体の機能を高め、健康を回復させる作用がある。

(4) 攻防上のメカニズム

　体をリラックスさせることは、「剛力」を生みだす基礎である。いわゆる「極柔軟而極堅剛（柔軟を極めれば、堅剛を極める）」であり、また、体の各関節、筋肉をリラックスさせ、軽快に動けるようにしておくことは、相手に捕まれた時、抜け出す必要条件である。

(5) 練習方法

　伸展運動の練習及び柔功の練習を増やすこと。

3. 動作の速度

　動作中における肢体の各部分及び全身の移動速度のことを指す。

(1) 技術的要求

「緩慢均匀」

　緩慢かつ均一であること。

(2) 具体的方法

【主な拳論】

『十三総勢説略』には「周身節節貫串，勿令絲毫間断（全身を一節一節、貫き、微々たる間断もなし）」とある。

孫式太極拳歌訣では「動作綿綿永相連（動作は連綿と永く連続しているように）」と言う。

拳譜には「運勁如抽絲（勁を運ぶ時は糸をつむぐように）」という。

【実践】

他の武術の動作と比べると、太極拳の動作は緩慢である。しかし、この緩慢は相対的なものであり、各式太極拳により、その緩慢もそれぞれ異なる。

例えば、陳式太極拳は「快慢相間」の要求があるが、太極拳全体について言えば、練習中に緩慢が要求される。24式太極拳も同じで、意を練り、気を運び、勁を強める必要がある。但し、緩慢も条件があり、速度の均一を要求する。即ち、身体の各部位は「等速運動」している（実際には完全に等速ではない。肢体の長短や運動の軌跡がそれぞれ異なるだけではなく、意念の変化もあり、リズムの変化もある。外観上で、等速の運動に見えるだけである）。太極拳を練習する時には、意念で一つ一つの動作について、局部及び全体を支配する。その運動の過程では、等距離の点で一本の点線をつなぎ、各点に緩慢、速度均一の勁力を貫くのである。

(3) 健身のメカニズム

太極拳の動作は緩慢とは言っても、一種の中正の緩慢である。筋肉と関節は、ある特定の角度ではなく、複数の角度で一連の伸縮と回転になっている。故に、骨骼の支持力と筋肉の弾力及び強靭さを向上させれば、力量と耐力を増強し、バランス能力を高めるのである。

緩慢な練習は、内臓器官の機能を高めることができる。内臓の運動を調整する植物性神経（自律神経）の伝導速度は身体運動の躯体神経の伝導速度より遅いため、緩慢な練習は筋肉群が秩序ある協働で神経を調節することができる。緩慢に練習する過程は、また、精神修養や、平静で落ち着きのある心理状態にする有効な方途であり、情操を陶冶する（磨く）目的を達成する。

(4) 攻防上のメカニズム

　緩慢で、均一に練功すると、腿部が身体を支える時間が長くなるので、うまい具合に腿に力が付き、バランス力が増強される。推手または散手で良好な安定性を保てば、相手に負けない。

　太極拳動作の緩慢さは、一途な緩慢ではなく、ゆっくり、均一の中に内力を練っているので、最終的には速くも遅くもでき、「動急急応，動緩緩随（相手の動作が速ければ速い動作で応じ、相手の動作が遅ければそれに従う）」、どうにでも対応できる。

(5) 練習方法

　時間を決めて行うか、号令をかけて練習する。

4. 動作の軌跡

　動作時に肢体の各部分及び体全体が意念に導かれて運行する空間路線である。

(1) 技術的要求

「弧形旋転」
　弧形に回転する。

(2) 具体的方法

【主な拳論】

　拳譜には、「運勁如纏絲（勁の運びは糸をつむぐように）」と規定している。

　陳鑫は、「妙手一着一太極。至於手足運動，不外一圏，絶無直来直去。所画之圏有正斜，無非一圏一太極。越小小到没圏時，方帰太極真神妙（妙手（優れた技の持ち主）の一つ一つの動作はすべて太極そのものである。手足の運動に至るまで円でないものはなく、直線運動は皆無である。描かれる円は、正または斜めであり、円は太極に他ならない。円は小さくなり、なくなっても、太極に帰す。真に神妙である）」と言う。

【実践】

　練功時は、四肢の各大関節及び体の中軸線を円心とし、腰の動きで四肢の弧線運動を行う。同時に、各局部の中軸を回転軸として自身も回転する。即ち、動く源は腰にあり、腕や肩を回し、踝や腿を回して一連の空間螺旋運動、「一動無有不動（一動すれば動かないところなし）」となる。

(3) 健身のメカニズム

　この「一動無有不動，一圏無有不圏（一旦、円ができれば円のないところはない）」は、全身の筋肉は浅い筋肉層から深い筋肉層まで筋肉各層の運動により内臓器官を蠕動させ、マッサージのように経絡を滞りなく、循環を良くし、病気の予防、治療に通じる重要な方法である。

　太極拳の弧形回転運動は、全身各部の筋肉群も参加させ、筋の繊維を伸ばし、骨骼の牽引を促進し、骨への血液供給、代謝を増強させる。また、骨の形態に良い変化をもたらし、骨の変形、損傷、衰え、老化を防止することができる。

(4) 攻防上のメカニズム

　太極拳の「以柔克剛、以小勝大（柔を以て剛を制す。小を以て大を制す）」には弧形の回転がカギとなる。弧線は曲を以て直を破り、回転は小を以て大に変化する。同時に弧線は攻める前に勁を蓄える過程であり、「引進落空，合即出（引き入れて空にし、合わせて打つ）」、相手の力を変化させ、自分の力と一体化させ打つ。

(5) 練習方法

　各関節のひねりまわし運動、または象徴となる代表的な動作を練習する。

5. 動作時の呼吸

　動作過程における勁力、肢体の蓄と発、開合と呼吸との協調を指す。

(1) 技術的要求

「開呼合吸」

　開く時に息を吐き、合わせる時に息を吸う。

(2) 具体的方法

【主な拳論】

　李亦畬の『五字訣』では、「吸為合為蓄，呼為開為発（息を吸って、合わせ、蓄える。息を吐いて、開き、発勁する）」と言う。

　拳論では「呼為開、為発，吸為合、為蓄。蓋吸則自然提得起，亦挐得人起；呼則自然沉得下，亦放得人出。此是以意運気，非以力使気也（吐いて開き、発勁する。吸って合わせ、勁を蓄える。吸い終わると、自然に相手を引き上げ、または掴みあげることができる。吐く時も、自然に下へ沈めれば、相手を突き放すことができる。これは、意念で気を運ぶものであり、力で気を使うものではない）」と言う。

【実践】

　動作中、開、実、伸、進、落、俯、往、放、打、撃の時は、息を吐く。一方、息を吸うのは合、虚、蓄、屈、退、起、仰、来、入、収、化、外、柔の時である。太極拳の呼吸は、腹式深呼吸で、深く、長く、細く、均一でなければならない。

(3) 健身のメカニズム

　リズムのある呼吸は、横隔膜を上下に運動させ、内臓をマッサージし、吸収を深め、肺臓の換気量と肺活量を増やし、肺臓の通気と換気機能及び呼吸機能を高め、酸素の輸送と血液循環を促進する。

(4) 攻防上のメカニズム

　呼吸に合わせて動作し、人体の生理反射機能を利用することにより、相手からの力を変化させ、発力の効果を増大できる。

(5) 練習方法

椿功（第 3 章第一課の 5. 身型の練習 1 参照）または套路中の単勢（式）の動作を練習する。

動態の太極拳技術は、意念に導かれて動作の力量、軌跡、速度、呼吸を完全にバランス良く統一させ、別々に切り離さず、相互に作用させながら行う全体運動である。一方、他の側面として、その中には伝統文化を包含している。例えば、全体観、周行思想等が技術に影響を与えている。

以上、静と動の両面から太極拳の基本技術の原理を説明した。これらは太極拳の一般原理に過ぎず、相対的なものである。特に太極拳の特殊性を排除するものではない。

2.1.3 太極拳の運動原則

太極拳の技術的本質から見ると、太極拳は攻防動作を主体とし、その中核は勁である。そのため、太極拳には各種の技術的要求が生まれ、攻防と健身等、多重機能を有する一種の拳術となった。運動表現からは、太極拳が一種の柔和、緩慢、重意、練内の拳術であり、各家拳法及び古代導引・吐納の術を合わせた、経絡と陰陽学を運用する拳術である。各式太極拳は、動作の力度、速度、構成、数量等、それぞれ違いがあるが、共通するものもあり、共に順守する運動原則がある。

1. 勁力中心の原則

勁力とは、太極拳特有の総合的な素質である。勁力は各関節間の骨の隙間を緩め開き、靭帯と腱を伸ばし、筋肉に適度に力を入れられる状態を基礎とし、大脳の意識に支配されて生まれた力の特質である。この勁力は極めて多変で、力の度合い、力の方向、力点、力の速度等の面で、相手（敵）によって変化する。通常、言われる太極八法の中核は勁である。勁は、普段、体内に隠れている故に「内勁」とも言う。

太極拳拳論に言う「懂勁（勁が分る）」段階とは、勁力の重要性を物語っ

ている。太極拳の各種技術的要求、練習の要点を見渡すと、それらの基礎は動作中の勁である。そのため、ある意味において、太極拳を練習することは「勁」を練習することである。動作は勁を練習する具体的な手段に過ぎない。このことも、「太極拳」と言い、「太極操」と言わない本質的な理由であろう。

　当然、正確な技術的要求は勁を練習する保証であり、法則のある外形架勢を基礎とする。勁を求めれば、外形に魂があり、内外が統一される。具体的な太極拳の勁力は八法以外に、表現の効果からは、「松沈勁、連綿勁、軽霊勁、弾抖勁」等がある。原則として太極勁力の本質を打ち出すことは太極拳が上達する鍵である。勁力中核の原則の掌握には意を用いることに重きを置き、神経の調節をもって主とする意・気・勁の運動を行うことである。

　太極拳の勁を練習する際に、重要なのは意念を用い、力を用いないことである。力を用いずに勁を得ることは弁証法的統一である。伝統の拳論では「意到気到，気到勁到（意念が到達すれば、気が到達する。気が到達すれば勁が到達する）」と言う。ここで言う「意」は、大脳を物質的基礎とする心理活動であり、「気」が神経系を物質的基礎とする神経の伝導である。「勁」は、筋肉を物質的基礎とする筋力の変化であり、太極拳の「勁」は、これら実在する物質的基礎を離れてはありえない。最終的には太極拳の「勁」は筋力の変化により実現される。

　運動生理学によると、小さな筋繊維から見て、筋力の大小に影響する因素は、次の通りである。①単一筋繊維の収縮力、②筋肉中の筋繊維の数量と体積、③筋肉収縮前の最初の長さ、④中枢神経系の機能の状態、⑤筋肉が骨骼に作用する機械的条件、等である。

　大きな筋肉から見ると、力量の大小に影響を与える生理的要素は次の通りである。①筋肉の横断面積の増大、②神経調節の改善、③梃子となる骨の機械的効率。うち、中枢神経系の機能状態は直接、筋肉の力量に影響を与えることができる。それは、主に神経衝動の頻度を変えながら、より多くの運動部位を動員して参加させる方法で実現する。大脳皮質の神経中枢の興奮度が強ければ強いほど、興奮・衝動頻度も高く、タイミングが合えば合うほど、動員され運動に参加する筋肉部位も多くなる。加えて、筋肉を支配する皮質

中枢間の協調関係により、筋肉の収縮力はより大きくなる。太極拳は正にこのような過程を通して勁を練習するのである。従って、太極拳は意念を用いることを最も重視する。

具体的方法：

①拳の練功時は、意念が先で、形はその後に動く。意念を動かし、形は意念の動きに従い、最終的に意念と形が合わさる。②動作完了時には、意念を用い、勁が途切れることなく点で到達していて、外形的には順調に沈着した勁となっている。③意を用いる時は、過度に外呼吸、内気の運動を追求せず、意識で動作をコントロールすることに重きを置く。いわゆる全身の意念は、精神であり、気ではない。気にあれば滞ることになる。

2. 互いに引き合う原則

太極拳の各身型の技術的要求を見ればわかるように、太極拳は、実際には身体各部位に対し、上下、前後、左右、内外等異なる方向に対向的に力を使い、肢体を伸ばして身体で八面をサポートし、太極拳の勁を生みだす。伝統太極拳では、その勁を全身の弾性から生まれる掤勁と言う。この掤勁を攻防に活かし、体を鍛える目的を達成する。筋肉は、伸展性、弾性、及び粘着性があるため、筋肉は外力（牽引、または負荷）の作用下でも広がり長くなる特性があり、これを伸展性という。外からの力がなくなった時、または元の状態に戻る特性は、弾性という。太極拳は、正に、筋肉のこれらの特性を活かし、意識のコントロール下で肢体と肢体の間に対向的に力を用いて、適度に、筋肉、骨骼に互いに引き合う運動をさせる。これにより、筋肉の伸展性と弾性及び筋肉の収縮力を高めるのである。注意すべきは、この運動は、純粋に外力の刺激に頼る運動と異なり、意識のコントロール下で力を適度に調整し、太極拳の勁を鍛えることである。その勁は、太極拳の掤勁という。このような運動は、筋肉自身の収縮能力を鍛え、筋肉内に密集している毛細血管の流れを良くし、組織細胞の新陳代謝を高め、体内の全ての生命過程を刺激する。筋肉及びその他の全ての組織器官の気体を交換する作用を高め、身体により多くの酸素を送り、各器官の酸素利用率を高め、最終的には筋肉の

弾性向上により勁力を高めるという目的を達成する。それと同時に血液循環の速度を速め、血管流通の横断面を広げ、血圧を下げ、動脈硬化を防ぎ、血行の滞りに起因する病気を防止することができる。

具体的方法：

（1）躯体を上下、反対方向に引っ張る：頭頂項竪，腰松沉気（意念で頭を引き上げ、首の後ろを立て、腰を緩め、気を沈める）。

（2）躯体を前後、反対方向に支える：胸含背抜，前屈後撑（胸膈をやや内側に収め、背中を広げ、前へ屈み、後ろへ張る）。

（3）四肢を反対方向に緩め開き、伸ばし曲げる：肩沈肘垂，胯開膝屈（肩を沈め、肘を垂らし、胯を開き、膝を曲げる）。

　以上の運動は、全て意識のコントロール下で行って初めて太極拳の勁が鍛えられる。

3. 一動皆動の原則

　『太極拳論』には、「一動無有不動（意味は一動皆動に同じ）」との記述がある。太極拳は、天地を大宇宙に喩え、人体を小宇宙に喩えている。人は、太極の体であり、動かないわけにはいかない。この「動」というのは、意識のコントロール下で行う内臓、体表、四肢百骨を含む全身の協調運動である。故に、太極拳運動は、動作の過程において一動皆動、思想（おもい）から肢体、体の各部分に至るまで、なるべく多く、運動に参加し、しかも高度に協調した繊細な運動をする。決して局部的で、または無秩序な動きではない。この点については練習中に徐々に体得していくものである。

　「一動皆動」の原則の掌握のためには、まず人体運動の中心となる関節を見つけることに重きを置き、その関節のリードで全身の各関節の運動を行い、一動皆動を実現する。

具体的方法：

（1）動作の開始時には、腰と脊柱を軸に、丹田の運動に重きを置き、全身運動を導く。

（2）動作中は、腰と脊柱を軸に、手足の四肢を固定させた範囲内で、遠心力と向心力を利用して運動する（身体の真ん中が動いて外側の四肢は動かさない）。動けば四肢から胴体が離れる、静止すれば合わさる。

（3）意動、眼動、身動、手動、歩動等の順番に内外の形と意念を協働させる。

4. 勁力、節節貫通の原則

　ここでのポイントは、勁力の伝達過程である。拳論には、「勁起於脚根，主於腰間，形於手指，発於脊背。其根在脚，発於腿，主宰於腰，形於手指；由脚而腿而腰，総須完整一気（勁は、踵から起き、腰が主宰し、手指で形になり、脊背から発勁する。その根は脚にあり、腿から発勁する。腰が主宰し、手指で形になる。脚から腿、そして腰に貫き、全体に完全一気に貫かなければならない）」とある。この要求は、全身の全ての関節を一節一節、緩める、一か所緩めたら、最後まで全身全て一気に緩めることである。その中で腰が主宰し、腰が一節一節、貫いていく途中のハブとなり、乗り継ぎ駅のようなものである。腰は人体の一番大きな関節の部位であり、運動生物力学における大関節を以て小関節を動かす原理に合致している。このように、太極拳では腰が主宰するミッションが突出しており、腰の源動力、及び一動百動の技術的要求を重視するのである。

具体的方法：

（1）動作の開始時には、先ず、各大関節を順次緩め、そろりそろりと正確な位置に合わせる。

（2）勁を使う時は、三節の運動法則に従う。末節が主導し、中節が随い、根節がまた、催促するという具合に、双方向に勁を使う。

（3）発勁時は、特に全身の各関節の力を腰と脊柱に集中させ、腰と脊柱から発勁する。

5. 相随相合の原則

　相随とは、太極拳練功時の一致性を言う。例えば、膝を上げ、掌を下から上へ立たせる時、「相系相吸、上下相随（相互に関連させ吸い寄せられるよ

うに、上下で相随させる）」である。相合とは、一つは、外形の関節位置の
対応関係を言う。例えば、手と脚、肘と膝、肩と胯の各関節を合わせること
である。もう一つは、意念と勁力を合わせることを言う。例えば、意念で、手、
足、体の勁を合わせて合力を出すことである。24式太極拳の「摟膝拗歩」では、
手の「摟」と「推」は体を緩め、沈めることと一致させながら完成させるこ
とを要求している。

具体的方法：
（1）手と脚の相随は、脚を出す時は対応する手も出し、一本の線で繋がる
　　ようにする。
（2）手と胸の相吸は、手を出す時は同じ側の胸も吸い寄せられるように動く。
（3）尖（先端）と関節が対応する。三尖を相対させ、三関節を合わせる、
　　ツボと関節を合わせる。

6. 陰陽相済の原則

　この原則は太極拳の一つの総則である。太極拳は、陰陽と離れえない。拳
の中では、上下、内外、大小、虚実、開合、剛柔、快慢等の運動により表現
される。「太極とは、人体の内在物質から生まれる弁証法的運動である。太
極と拳は、内形と外形が弁証的に統一、結合したものである」との言い方が
ある。故に太極拳は、正に、身体全体の弁証法的運動である。一方では、陰
陽の分離を求めるが、片方では、陰の中に陽があり、陽の中に陰があり分離
できない。最終的には互いに助け一つとなり、漸進的に変化し、転化、相互
補完の関係にある。例えば、「白鶴亮翅」の場合、手は上げるが、身体は下
へ沈める。身体を沈めるが、頭を頭頂へ引き上げる。手を上げるが、肘は垂
らす。拳論の中で言う「左重、右虚、屈伸、俯仰（左重心なら、右は虚、屈
の一方で伸、俯の一方で仰）」は、どれ一つとして、陰陽を離れえない関係
にあることを示している。総じて言えば、「陰陽相済、陰陽分清、陰陽合一」
であり、いくらひっくり返っても、陰陽の理を離れえない。

2.2 太極拳の基本動作における技術的要求の原理

2.2.1 手型の原理

　手型とは、手の形態を言う。太極拳の拳術には、掌（しょう、ジャン）、拳（けん、チュエン）、勾（こう、ゴー）の３種類の重要な手型がある。

　太極拳が要求する勁力は「掌に運び、指先に通じて、指で形にする」との言い方がある。手はセンサーであり、勁を聴き、勁を変化させ、発勁する時は主に手を使う。太極八法の掤（ポン）、捋（リー）、擠（ジー）、按（アン）、采（ツァイ）、挒（リエ）、肘（ジョー）、靠（カオ）のうち、前の六法は直接、手で動作が完了する。ここでは先ず、正確な手型を身につけることである。

　24式太極拳で最もよく使われる手型は掌で、その次に拳と勾である。その法則の要点は、第一に、正確な手型は経絡の流れを良くし、気血を整え、攻防の功夫（技能）を高めることができることである。人体には12本の経絡があるが、そのうち６本（陰経が３本、陽経が３本）は手指に分布し、終始する。神経繊維及び末梢神経が体内の気血の流れに最も敏感に反応するのは両手である。故に太極拳を練習すると、両手に熱っぽく、腫れぼったい感覚が生じる。これが正に中医で言うところの気が経絡に沿って運行した結果であり、全身の経絡の流れを良くし、気血を調える顕著な作用である。長年練習しても手に気が流れる感覚がない、または流れているかどうか良くわからないという人の多くは、手型が正確ではないことが原因である。傘の中心は凹んでいるが骨はピンと張っていて、本来の役割を十分に果たす。中心の凹みがなくなるほど張るのではなく、また、骨が弱々しくしぼんでいる状態でもない。手型（外形）が不正確な場合、内気を導くことは出来ないので、要注意である。

　第二に、正確な手型は、手と腕の骨骼、筋肉、靭帯を緩め、沈めて自然の状態にする。特に、前腕及び手の筋肉から生まれる対抗作用をバランスさせると、「粘走化発（相手に粘着して相手の力を変化させ、発勁する）」ことができ、随時、状況に応じ、変化できる中間状態にいて、寸勁を発するのを助け、節節貫通の要求を満たし、攻防の技術を高めることができる。

1. 掌型（しょうけい、ジャンシン）

（1）掌型の具体的方法

　五本の指を自然に真っ直ぐ伸ばし、やや開く。指は掌心側に向け、やや曲げ真っ直ぐ伸ばさない。指の腹は、やや手の甲側へ開き張り、虎口を丸く突っ張るように、掌心を内側へ凹ませる（図 2.7）。

要求：掌は自然に真っ直ぐ伸び、掌心にやや空間があり、蓮の葉状であること。

体感：形は両手で頭頂を抱える状態で皮膚の弾性を感じる。意を用いる時、両手の指や手心に熱っぽく腫れぼったい感じがする。中国では、前腕に水銀が注がれた、重たい感じがするという表現がある。

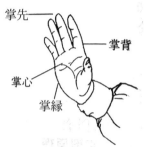

図 2.7 掌の部位別名称

（2）掌型の部位、向き別名称

　掌の各部位は掌背（ジャンベイ）、掌心（ジャンシン）、掌縁（ジャンユエン）、掌先（ジャンシエン）に分けられる。手首の屈伸の向きにより、平掌（ピンジャン）、立掌（リージャン）、側掌（ツージャン）に分けられる。

平掌：手首と腕を平らにする（以下の仰掌（ヤンジャン）と俯掌（フージャン）を含む）
仰掌：掌心は上向き。
俯掌：掌心は下向き。
立掌：手首を 90°近く立てる（正立掌と側立掌を含む。正立掌：掌心を前向き、指先は上向き。側立掌：手心を斜め横に、前へ向かせる。即ち、掌縁を前向き、指先は上向き）。
側掌：掌心を横に、指先は前へ向かせる。

2. 拳型

(1) 拳型の具体的方法
　四指は自然に曲げ巻き、親指は人差し指の第2関節につける（図2.8）。

要求：拳面は平らで硬直していないこと。

体感：拳の中に人差し指が入り、拳面はほんのり赤くなっていて血液の流れが滞っている感じがない。

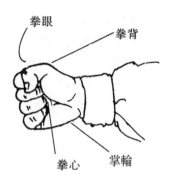

図2.8 拳の部位別名称

(2) 拳型の部位、向き別名称
　拳（チュエン）の各部位は、拳心（チュエンシン）、拳眼（チュエンイェン）、拳輪（チュエンルェン）、拳面（チュエンミェン）、拳背（チュエンベィ）に分けられる。拳心と拳眼の向きにより、平拳と立拳に分けられる。

平拳：拳心が下向きの時、陰平拳といい、拳心が上向きの時、陽平拳という。
立拳：拳眼を上向き、拳心は横向きである。別名、日字拳という。

3. 勾型

(1) 勾型の具体的方法
　五本指の指先を自然に寄せ集めつまみ、手首を曲げる（図2.9）

要求：掌心に空間があり、五本指に力が入っていないこと。

体感：掌心に小さいボールが入る空間を残し、勾頂と手首の関節にツッパリ感、緊張感がない。

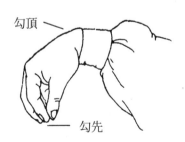

図2.9 勾の部位別名称

(2) 勾型の部位、向き別名称

　勾の主要部位は、勾頂（ゴーディン）、勾先（ゴーシエン）に分けられる。勾先の向きにより、正勾と反勾に分けられる。

正勾：手首を曲げ、勾先は下向き。
反勾：手首を曲げ、勾先は上向き。

2.2.2 手法の原理

　手法とは、手と腕の運動方法を指す。太極拳の技術主体は手法である。手の部位と形状により掌法、拳法、臂（腕）法に分けられるが、ここでは、まとめて手法と言う。

　上肢の身型及び運動の技術的要求を遵守する以外に、その運動法則は、第一に、梢根（末端と根元）が相互に主導し、螺旋状に出入りすることである。手・腕は、三節に分けられ、手は梢節、肘が中節、肩が根節である。手法としては、体に近い側から外側へ出す時、手が肘を導き、肘で肩を導く。同時に、肩が肘を催促し、肘が手を催促する。梢領、中随、根催の三節の運動原理に合うことを要求する。体の末端から内側に向かう時は、その反対で、肩が（緩め、沈めることにより）肘を導き、肘で（沈め落とすことにより）手を導く。

　練習する時は先ず大きな部位、即ち、手、肘、肩の全体を想い、動作が熟練するにつれ、三節の各々が対応するツボの位置を想い、三節の原理に従って動かす。手には労宮のツボ、肘には曲池のツボ、肩には肩井のツボが対応している。手・腕の出入り時には、同時に腕の中心線を軸に順方向と逆方向に回す。肩は手首に従って回り、手首は掌に従って回り、相互に根になり、上下一線で、全てを両手の回転に任せ、太極拳の「一動無有不動，動之則分、静之則合（一動すれば全てが動く、動けば離れ、静止すれば合となる」の要求に合致する。第二に、彎曲に蓄があり、勁は貫いて一点に落ちつくことである。手法の実行中、上肢の各関節は一定程度、彎曲を保ち、筋肉も一定の柔軟性があり、肩、肘、手首の関節がリラックスしていて、関節腔内の骨間

隙を広げるような感じを作り、手・腕全体の筋肉が強張り、縮まないようにする。それは手で触ると、硬い感じがするが軟らかすぎて力がないのではない。緩んでいるようで緩んでない、剛のようで剛でない状態で、手・腕に丸みがあり、意念で勁を手・腕全体に貫き、意念の変化に伴って勁力は終点に落ちつく。この落ち着く点は、外部の状況と意念で想う部位によって変化しても良い。必ずしも動作の外形に落ち着くとは限らない。これについては練習を重ね、熟練した時点で研鑽すれば良い。「死拳」にしてはならない。「敵の変化に応じて意念を巧みに使い、勁力で攻める」ことが重要である。勁力が落ちつくべき点に到達すると、力を吐き出した膨張感があるが、本当に発勁する以外に、意念で水銀が腕の中を流れている様子を想う。

　この練習は神経の筋肉への支配力の練習であり、決して全力で筋肉を収縮させる練習ではない。

1. 掌法（臂ビ・腕うで法）

(1) 掤法：腕を弧形に曲げ、横にして胸前に置く。掌心を胸元に向け、力は前腕の外側へ到達する（図2.10、図2.11）。

図2.10 掌型—掤法（1）

図2.11 掌型—掤法（2）

要求：肘先が下に垂れていて、萎えてなく、こわばってもない。勁力が両腕に至り掤になっていること。

(2) 捋手：両掌心を斜めに相対させ、弧を描いて腹前に向け、下へ流し収める（図 2.12、図 2.13）。

図 2.12　掌型—捋手（開手捋）　　　　図 2.13　掌型—捋手（合手捋…呉式）

要求：両肘はやや曲がり、腰で手を連れ戻し、捋をしていること。動作は弧を描くようにして無理に引っ張らず、勁力が掌の中に至り捋になっていること。

(3) 擠法：片方の腕を胸前で曲げ、もう片方の手を曲げた手首の内側にくっつけるように寄せる。両腕は同時に前方へ力を用いる（図 2.14、図 2.15）。

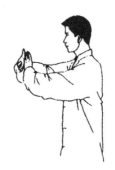

図 2.14　掌型—擠法（掌心が内側向き）　　図 2.15　掌型—擠法（掌心が外側向き…陳式）

要求：両腕には丸い張りがあり、胸元より低くなく、肩より高くないこと。勁力が手の甲に至り擠になっていること。

（4）按法：片手または両手で上から下へ按（圧する）し、後ろから下を経て前へ弧を描きながら推すことを前按と言う（図2.16、図2.17）。

図2.16 掌型―按法（1）下按

図2.17 掌型―按法（2）前按

要求：両腕は真っ直ぐに伸びていないこと。勁力が腰に至り按になっていること。

（5）単推掌（ダントゥイジャン）：片方の掌を肩前から口角を経て前に立掌で、含胸沈肩のもとで、やや弧を描くようにして前へ推（伸ばし出す）す（図2.18、図2.19）。

図2.18 掌型―単推掌（1）

図2.19 掌型―単推掌（2）

要求：推は沈肩垂肘のもとで行われていること。

(6) 穿手（チュワンショー）：側掌で体の前で腿の内側に沿って穿ち伸ばす。指先と穿ち伸ばす方向は同方向である（図 2.20、2.21）。または片方の掌（前者という）を俯掌にして下へ圧するようにし、もう片方の掌は前者の掌の甲の上を経由して仰掌で前へ穿ち伸ばす（図 2.22）。

図 2.20 掌型―穿手（腿側から穿手 1）

図 2.21 掌型―穿手（腿側から穿手 2…武式）

図 2.22 掌型―穿手（掌の下から穿手…呉式）

要求：腰が回って手を送り、力は指先に到達していること。

(7) 搂手（ローショー）：片方の掌で、その掌の反対側の髖骨前から腹前を経て、掌と同じ側の髖骨前まで弧を描く（図 2.23、図 2.24）。

図 2.23 掌型―搂手（1）

図 2.24 掌型―搂手（2）

要求：腰が手を連れて来て、平円を描いていること。

(8) 雲手（ユィンショー）：両掌で、弧を描きながら、体の前を経て、上下に入れ替え円を描く（図 2.25 ～図 2.27）。

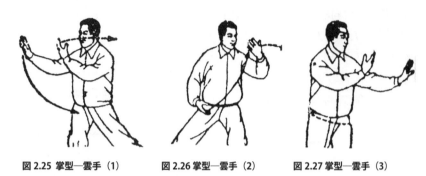

図 2.25 掌型—雲手（1）　　　図 2.26 掌型—雲手（2）　　　図 2.27 掌型—雲手（3）

要求：両腕が緩み、沈み、こわばっていないこと。腰が腕を連れて来ていること。両手首は内旋、外旋を繰り返し、高い方の掌は目の高さを超えていない、低い方の掌は腹の高さより低くなっていないこと。

(9) 双分掌（シュアンフンジャン）：両掌を十字に交差させ胸元で合わせる。左右に腕を弧形に内旋しながら分け開き、掌心を外側に向かせる。手首は肩と同じ高さにする（図 2.28、図 2.29）。

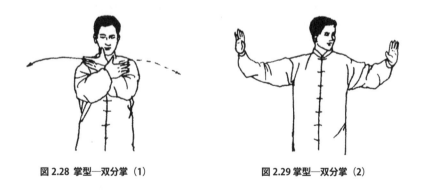

図 2.28 掌型—双分掌（1）　　　　　　図 2.29 掌型—双分掌（2）

要求：両腕は弧を描き、腕が真っ直ぐでなく、頭頂より高く挙がらないこと。

(10) 插掌（チァージャン）：腕を曲げ、また伸ばす。手首を真っ直ぐにして斜め前、下へ伸ばし出し、勁力を指先に運ぶ。もう片方の手は、その手と同じ側の胯に当てたままにしておく（図 2.30、図 2.31）。

図 2.30 掌型―插掌（片手插掌 1）

図 2.31 掌型―插掌（両手插掌 2…呉式）

要求：腕は真っ直ぐ、自然に伸びていて、勁力が掌先に到達していること。

(11) 挑掌（ティァォジャン）：側掌を下から上へ腕を曲げながら立て起こし、指先を上へ向かせる（図 2.32、図 2.33）。

図 2.32 掌型―挑掌（体の前から挑掌）

図 2.33 掌型―挑掌（耳側から挑掌…孫式）

要求：指先は眉の高さを超えていない、肘を肋骨にくっつけていない、脇の下に空間があること。

(12)架掌（ジァジャン）: 手・腕を内旋して下から前へ掌を頭側<ruby>頭側<rt>とうそく</rt></ruby>の上方に架（何かを支えるように挙げ）し、掌心を外側へ向かせる（図2.34、図2.35）。

図2.34 掌型―架掌（1）

図2.35 掌型―架掌（2）孫式

要求: 腕が弧形のまま、頭より高く上がっていること。

2. 拳法

拳法とは、拳の運動方法を指す。

(1) 平沖拳（ピンチョンチュエン）: 拳を腰から出す平拳または立拳で、前腕を床と平行に前へ打ち出す（図2.36、図2.37）。

図2.36 拳法―平沖拳（1）

図2.37 拳法―平沖拳（2）

要求: 全身の力が合わさり、勁力が拳面に達し、腕は僅かに曲がり、沈肩垂肘になっていること。

（2）搬打拳（バンダーチュエン）：片方の掌で下へ圧し、もう片方の拳を前の掌の上を経て下へ打ち出す。肘関節を軸に手を外旋させ前腕を体の前で拳心を上に向かせる（図 2.38、図 2.39）。

図 2.38 拳法―搬打拳（1）　　　　　　図 2.39 拳法―搬打拳（2）

要求：拳を運ぶ時、沈肩垂肘になっていること。

（3）双貫拳（シュアングァンチュエン）：両拳は、両側の腕を経て、内旋させ前へ弧を描いていく。両拳眼を相対させ一緒に攻める。両拳の間は、頭と同じ幅にする（図 2.40、図 2.41）。

図 2.40 拳法―双貫拳（1）　　　　　　図 2.41 拳法―双貫拳（2）

要求：両肩は沈め、腕は弧形で、拳眼は耳と同じ高さへ、腰は緩んで腕が送り出されていること。

2.2.3 歩型の原理

　歩型とは、下肢の腿（あし）と足の基本形状を指す。拳には、「百練不如一站（百練は一站（立つ）に如かず）」との言い方がある。ここの「站」には、各種歩型の練習が含まれている。歩みが安定しないと、拳も乱れる。歩型の安定は、各種の技法を実現するための保証であり、建物の基礎と同様、歩型のカギは安定にある。

　その法則の要点は第一に、体の中正、重心の安定である。歩型は、全身の重量を支え、体の中正を維持する。体の重心投影線を重心支持面内に落とすことは安定の重要な条件である。これは、力学の原理により決定されるので、歩型を正しくするには、尾閭の中正、上体の正直（せいちょく）が必須となる。

　第二に、気沈丹田で、重心を低くすることである。力学の原理では、重心の位置が低ければ低いほど安定する。特に、気を丹田に沈め、隔膜筋を下げることで腹部は充実し、体の重心（体の重心は臍奥約３寸のところにある）を下げ、体を安定させる。

　第三に圓襠開胯は、底面積を広げ、下肢の鼠径部を内側へ縮め、両足を内と外に対抗させるように力を張り、八面を支える意識が、いつの間にか、両足で囲んでいるところが、支持底面を広げ、襠を挟め、襠を広げ過ぎる過ちを避け、安定性を高める。

（1）弓歩（ゴンブ）：前足裏全体を床に着地し、膝を曲げ、前へ弓状にする。後腿は自然に真っ直ぐ伸ばし、足先は内側に斜前方約45°にする。弓歩には順（シュン）、拗（アォ）の２種類がある。順弓歩とは、同じ側の手足が前に出ていることを言う。例えば、左手と左足が前にある単鞭式。拗弓歩とは、違う側の手足が前に出ていることを言う。例えば、右手で前に推している時、左足が前にある摟膝拗歩である（図2.42）。

図2.42 歩型—弓歩

要求：順弓歩では、両足の間の距離は横方向に10cm〜30cm、拗弓歩では横方向に20cm〜30cmで、後腿の胯に、やや凹みがあること（伸びていないこと）。

(2) 半馬歩（バンマーブ）：前足先は約 10°位、内向
きにし、後足は横方向へ約 45°外側に置く。両足の
距離は足の長さの約 2 〜 3 個分、後腿の膝を曲げ、
体重の 70％を支え、前腿は緩め、体重の 30％を支
える。この歩型は、24 式太極拳の中で、弓歩に変わ
る過程でよく使われる（図 2.43）。

図 2.43 歩型─半馬歩

要求：胯が縮み、膝が曲がり、「開胯圓襠」になって
いること。

(3) 独立歩（ドゥリーブ）：片方の腿をやや曲げ、
支えにする。もう片方の腿の膝を曲げ、引き上げ、
太ももと水平、または水平より少し高くする（図
2.44）。

要求：バランス良く支えていること、膝が上がって
いる時、足先は自然に緩み、垂れていること。

図 2.44 歩型─独立歩

(4) 虚歩（シィブ）：片方の腿の膝を曲げ、支えにする。もう片方の足の踵、
または足先を床に虚にして点で着ける。前後の足の間の距離は、各人の身体
の状況及び架勢（套路中の各動作）により決まる（図 2.45、図 2.46）

図 2.45 歩型─虚歩（足先が着地）

図 2.46 歩型─虚歩（踵が着地）

要求：虚実が鮮明であること。

図 2.47 歩型―開立歩

（5）**開立歩（カィリーブ）**：両足を開いて立ち、膝をやや曲げ、両足先を前方に向ける（図 2.47）。

要求：体が正直で、開歩の状態が肩幅を超えていないこと。

（6）**仆歩（プーブ）**：片方の腿（あし）の膝を曲げ、下へしゃがむようにし、もう片方の腿を自然に真っ直ぐ、伸ばす（図 2.48）。

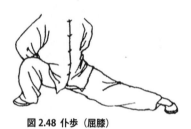

図 2.48 仆歩（屈膝）

要求：両足の踵が、床を離れていないこと、上体は過度に前へ俯いていないこと。

図 2.49 歩型―丁歩

（7）**丁歩（ディンブ）**：片方の腿（あし）の膝を曲げ、半分、座るようにし、重心を置く。もう片方の腿は脚前掌（足指の付け根の盛り上がったところ）で、支えている腿の側に点で着地する（図 2.49）。

要求：虚実が鮮明であること、点で着地している脚のふくらはぎの筋肉が緊張していないこと。

2.2.4 歩法の原理

　歩法とは、脚の移動方法を指す。太極拳の歩法に関する要求は、「邁歩（マイブー）如猫行（邁歩は猫歩きの如く）」「邁歩如臨淵（邁歩は淵縁を歩く如し）」「所謂有不得機得勢処，身便散乱，其病必腰腿求之（形を求めても正しくできず、身体が乱れる場合、その原因は腰と腿に求めるべし）」である。

　ここで言う腿は、主に歩法の変化を指す。動作の軽快さ、遅いか、重たいかは全て歩法にある。

　歩法の原則は第一に、脚を上げて歩に変えるには、同様に三節の運動法則を遵守する必要がある。それは先ず、脚を梢節、膝を中節、胯を根節とするが、脚が対応する湧泉のツボ、膝が対応する陽陵のツボ、胯が対応する環跳のツボを意識することである。

　第二に、重心を密かに変え、虚実を漸次、変えることである。歩法の運動は実際には重心の移動である。太極拳の歩法は重心を決めてから、歩を変えることを要求する。例えば、上歩は、先ず重量をすべて支えとなる腿に置き、「実」の腿にし、もう片方の腿を猫足で出した後、気を沈め、体を緩め、襠を弧形にする。知らず識らず（体の外形に大きな起伏は見られない）のうちに重心は徐々に、「虚」の腿に移行する。「邁歩」の過程では「虚」の足は、薄氷を踏んでいるように、何時でも脚を引き戻し、また猫足で出すことができ、虚実が鮮明である。

(1) 上歩（シャンブ）：後脚を、支えている腿の内側を超して、前へ「邁歩（猫足でそっと一歩出す）」する（図 2.50、図 2.51）。

図 2.50 歩法―上歩（1）　　　　図 2.51 歩法―上歩（2）

要求：弧を描くように上歩していること。

(2) 退歩（トゥィブ）：前脚を、後の支えている腿の脚の内側を超して、後へ一歩、退く（図2.52、図2.53）。

図2.52 歩法—退歩（1）

図2.53 歩法—退歩（2）

要求：弧を描くように退歩していること。

図2.54 歩法—碾歩

(3) 碾歩（ニェンブ）：脚前掌、または踵の中心を軸に足を回す。いずれの場合も軸となる反対側（踵の中心を軸とする場合、足先を上げて回すということではなく、脚前掌が軸の場合も同様）を虚にして回す（図2.54）。

要求：軽快に回転していること。

(4) 進歩（ジンブ）：両脚を、かわるがわる前に上歩する（図2.55、図2.56）。

図2.55 歩法—進歩（1）

図2.56 歩法—進歩（2）

要求：移動中、身体が安定していること。

(5) 撤歩（チェブ）：両脚並立の状態から重心を動かさず、片足を後へ一歩退く（図 2.57，図 2.58）。

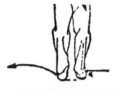 

図 2.57 歩法—撤歩（1）　　　　　　**図 2.58 歩法—撤歩（2）**

要求：移動中、身体が安定していること。

(6) 摆歩（バィブ）：片腿で支え、もう片腿の膝を曲げ、引き上げ、下腿を外旋させ足先を外側に向け、前に上歩する（図 2.59）。

図 2.59 歩法—摆歩

要求：足先を外側約 45°に置いていること。

(7) 側行歩（ツーシンブ）：両脚をかわるがわる体側へ出して移動する。

図 2.60 歩法—側行歩（1）　　**図 2.61 歩法—側行歩（2）**　　**図 2.62 歩法—側行歩（3）**

要求：足を引き上げる時は、踵を先に上げ、足を床に降ろす時は、足先から先に降ろしていること。移動中、身体が安定していること（図 2.60 〜図 2.62）。

(8) 跟歩 （ゲンブ）: 前脚は動かさず、後脚を半歩前に上歩し、前足を超えないようにする（図 2.63、図 2.64）。

図 2.63 歩法—跟歩 （1）　　　　　図 2.64 歩法—跟歩 （2）

要求: 前脚に体重が落ち、後ろ脚が上がる様は、シーソーのようであること。

歩法全体の要求: 軽快で安定的、正確なステップで、軽く起こし落とし、点で起こし落としていること。

2.2.5　身型の原理

身型とは、静止、または動作中の身体の形態を指す。

1. 五弓備斉、内勁自生

五弓とは、躯体、両腕、両腿が五本の弓の如く、意識のコントロール下で豊満に張っている状態を指す。即ち、筋肉の一端を相対的に固定、または両端の逆方向への運動が肢体を弧形、または回転を維持することを通じて、全身の筋肉は意識のコントロール下で、目的に合わせて捻り回され、伸縮し、肢体を伸長させ、筋肉の深層筋繊維から浅層筋繊維まで全て鍛えられ、筋肉の弾性と伸縮度が強化される。同時に意識のコントロールにより、神経の筋肉に対する指揮能力を高め、より多くの筋繊維を動員して発勁に参加させる。

これらは内勁が生まれる物質的基礎であり、ここから生まれた力を内勁という。これが、身型要求の深層の理由であり、外形を求めるか否かにかかわらず、勁力は拳の中核であることには変わりがない。よって、我々が提唱す

るのは、「勁力中心論」である。太極拳は、攻防技術の練習方法（動作は媒体である）を手段（必ずしも打撃しない）として、健身等多くの機能を実現する。攻防の中核は勁力（套路はただの練習手段及び媒体に過ぎない）であるため、健身でも攻防でも、勁力の正確さを求める故に身型を要求する。例えば、含胸抜背は腰と背中を回すことにより背筋を伸長するのである。長く練習すれば弾性のある内勁が生まれ、結果的に健身と攻防の効果が得られる。

2. 自然得体、蓄放有度

　太極拳の身型要求は、相対的に自然であり、気持ちが良いものである。通常の身型要求とは、太極拳の練功中、勁を運ぶ時の状態を指す。実際、発勁する時、身型は変化するものである。正に、拳論で言う「蓄勁如張弓，発勁如放箭（勁の蓄は弓を張る時の如し。発勁は矢を放つ時の如し）」の通りである。実際、矢を放つ状態を観察すると、矢を放つ瞬間に弓形が変化するのが分かるように、太極拳も同じく要求に過度に拘らない。このこと自身も陰陽の理に合うものであり、注意すべき点である。

　簡単に身型をまとめると、頭は虚領、肩は松沈、肘は下垂、手首は塌活、腰は松塌、髖は松縮、膝は裏住、踝は微屈、胸は内含である（詳細は「第2章　太極拳の基本原理　2.1　人体の各部位に関する太極拳の技術的要求の原理」を参照されたい）。

2.2.6 身法の原理

　身法とは、主に腰で躯体を回す運動方法を指す。拳法は、手、目、歩、身を切り離して論じることはできず、それらは一体をなすものであり、その中核は腰にある。拳論では「力由脊発，歩随身換（力は脊から発し、歩みは身の変化に合わせる）」と言う。身とは身法のことである。身法は腰とは切り離せない。腰法こそ身法である。躯体は、三節に分かれ、頭が梢節で祖竅のツボに対応する。胸は中節で膻中のツボに対応する。腹は根節で、神闕のツボに対応する。これらは、個人の認識の違いにより、諸説があり、無理に統一する必要はないが、その運動は、同様に三節の法則と符合する。これにつ

いては手法の内容を参照願いたい。

　その主要な法則は、第一に、腰を車軸とし、四肢を車輪とする。太極拳は自分自身を小宇宙、回転する球体に例え、かつ一動すれば動かない部分がないことを要求する。動く時の主体は身法の運動であり、腰法の運動である。腰脊を軸に、腰で四肢を回す。源動力は腰にあり、腰と脊を回すのである。自分は回転しながら飛んでいるボールで、相手の力は回転している球体の接線に沿って弾き飛ばされてしまう。

　第二に、「中正不偏、無過不及（中正で偏りなく、過ぎたるも及ばざるもなし）」。身法運動（個別の姿勢を除く）中は、何時も腰脊を床に対し垂直を保ち、回転中も傾かず、故意に腰を振り回すことを避けなければならない。

1. 擰身法（ニンシェンファ）： 腰脊を軸に、左右に肢体を相対的に捻じり、体の半面を回し、力を蓄え発勁のタイミングを待つ。「野馬分鬃」で、この身法を用いる。

要求： 背部及び腰部の両側の筋肉が、かわるがわる緩んだり、縮んだりしていること。

2. 転（ジュアン）身法： 体の垂直軸を軸に、腰で体の半面または全体を外旋させる。通常、片足の状態で体を135°以上回す。「転身蹬脚」で、この身法を用いる。

要求： 股関節と腰が緩み、体が中正であること。

3. 翻（ファン）身法： 腰脊を軸に、上体を折り畳み、方位を変えて、また元に戻す。通常、体を前から後へ180°翻転させる。「翻身搬攔捶」で、この身法を用いる。

要求： 頭頂が真上で、中軸も縦に真っ直ぐ、即ち、尾閭中正であること。

82

4. 起（チー）身法：垂直方向に、体の下から上へ勁を引き上げる。「金鶏独立」で、この身法を用いる。

要求：支えとなる脚を蹴って、体が立っていること。上体が過度に前へ傾いていないこと。

5. 塌（ター）身法：体を真っ直ぐにし、腰を後へ張り広げながら下へ沈める。「攬雀尾」の按、推の動作等で、この身法を用いる。

要求：腰が突き出ていないこと。

6. 伏（フー）身法：身体全体を上から下へ落とす。「海底針」で、この身法を用いる。

要求：身体が中正を失っていないこと。

他にも、立身、坐身、進身、退身、側身、披身等の身法があるが、ここでは説明を割愛する。

2.2.7 腿法の原理

　腿法とは、腿（あし）の運動方法を指す。太極十三勢には項目的に腿法の内容がないが、腿法が重要ではないと言っているのではない。24式太極拳には蹬脚（脚で蹴る）の腿法があるし、横踩（横へ踏む）暗腿の方法もあり、重視していないわけでもない。武術には、従来から「手是両扇門，全凭腿贏人（手は二枚のドアに過ぎず、相手を倒すのは腿のみ）」の言い方がある。太極拳には多くの手法があるが、腿法と合わせないと実際に効を奏するのは難しい。
　腿法の原則は、第一に、「高練低用，因敵変化（練習時は高くても、本当に使う時は低くする。敵に応じて変化させる）」。練習時は、高く足を上げる能力が必要で、腿部の柔軟性、強靱性、軽快性を高めるが、実戦では、通常、

腰の高さを超えない。それは高く腿を上げ自分の身体の半分に空きができることを避けなければならないからである。しかし、頑なに高腿を否定してはならない。実際の状況は千変万化であり、永遠に低い腿が良いとは限らない。重要なのは実際の状況に応じて高くすべき時には高く、低くすべき時には低くすることである。健身の視点からは高腿はバランス、力量、柔軟性、強靭性の素質向上に低い腿より良いのは明らかである。従って練習時には自分の状況に合わせて決めれば良い。千篇一律のわけがない。

第二に、「上下相随，手脚併用」。腿法は、手法に合わせなければならない。套路中、腿を上げる時は必ず手を分け支える動作があるが、「上惊下取，指上打下，上下相随，手脚併用（上を驚かせて下を取る。上を打つ真似をして下を打つ。上下に相随、手脚を併用する）」。

蹬脚（ドンジァォ）：片腿で支え、もう片脚の踵を力点として蹴り出す（図2.65、図2.66）。

図2.65 腿法—蹬脚（1）　　　　図2.66 腿法—蹬脚（2）

要求：支えている腿（あし）が安定していて、腰より脚を高く蹴り出していること。

2.2.8 眼法の原理

　眼法とは、目の運動方法を指す。目は精神の具体的反映、俗に言う「眼神」である。太極拳は、「神似捕鼠之猫（目は鼠を捕えんとする猫の如く）」という。通常、威力は見せるが猛烈ではない。

　目は手の動きに従い、目の神経を使って視神経を鍛えるだけではなく、形と精神をはっきり見せる。決して目が半開き半閉じで、精気のない状態ではない。眼神は、内部の変化を反映するとともに、精神をリラックスさせるので、決して無視するわけにはいかない。

　主な眼法の法則は、第一に、目は手の動きに従い、手と目は相随する。太極拳の眼法は、一般的に前方を平視することが多い。そして身法、手法、歩法の変化に伴い、両手のうち、主な動きをする手に目を配る。手が所定の位置に到達する前に、目が手より先にその位置に到達する。

　第二に、目は稲妻の如く、全体に目を配る。眼法の秘訣で「顧三前、盼七星」の言い方がある。これは、自分の目の前、手の前、足の前を見る、相手の上、中、下の三路を見る、相手の頭、肩、手、肘、胯、膝、足の七部位に目を配り、素早く見て素早く手を出す、手と眼は相随させる必要性を言っている。

注視（ちゅうし）：主となる動作を行っている手を目標物とし、その手の方向の遠く先を見る。

随視（ずいし）：手がかわるがわる動転している（例、雲手）時、目は主導している手の動きに追随して、その方向を見る。

第3章
24式太極拳の
指導方法と練習方法

3.1 第一課

3.1.1 対象動作の名称

第1式：起勢（チーシ）
第2式：左右野馬分鬃（ズォヨーイェマーフンゾン）
第3式：白鶴亮翅（バィフーリャンチ）

【学習概要】
　第一課では、24式太極拳の最初の三つの動作を学習する。

　この三動作のポイントは、起勢の安定、野馬分鬃の連続、白鶴亮翅の造型である。この三動作の難点は、連続して進歩する時の安定と、自然に重心を移動させる技術、上肢と下肢の協調である。

　まず、これらの動作中における基本動作と練習方法を学習し、基礎を築く。それから套路を練習する。このような学習方法で、「事半ばにして功倍す」の効果が得られる。第一課の動作を覚えるためには約2時間は必要であるが、状況に応じて自分で加減することができる。

　読者が繰り返しこの本を調べる手間を省けるように、それぞれのレッスンでは、まず、そのレッスンに出てくる手型、手法、歩型、歩法等の動作の作法及び要求を簡潔に説明する。詳細な要求は、第2章2.2「太極拳の基本動作における技術的要求の原理」で説明している。繰り返し出てくる基本内容については以降の指導方法と練習方法では省略する。

　学習・練習中は、前に出てきた基本内容を繰り返しフィードバックして練習することが必要である。

3.1.2 基礎訓練の指導ポイントと練習方法

1. 手型（しゅけい）（手の形態）

【掌】

　五本指を少し曲げ、開く。掌心（しょうしん）をすこし内側へ合わせ含みを持たせ、虎口を弧形にする。

要求：五本指は緩み、少し屈曲している。指は柔らか過ぎず、縮まっていない、硬直していないこと、掌の皮膚には弾力があることである。

【体感学習法】両手で頭頂を抱えるようにし、髪の毛を十本の指の間から通り抜けさせるような感じにする。

　このように身体を使って覚えれば、先生が傍にいなくても、イメージ通りに行うことにより、一人で掌型を体得できる（無師自通（むしじつう））。この手型は、伝統太極拳では「蓮の葉の掌」と呼んでいる。

【練習1】両手を組み、手首と指を揉む（1セット8回で2セット練習する）。

方法：十本指を組み合わせ、手首の関節を回し、指関節をくねくねと蠕動（ぜんどう）させる。手首と指を揉むことにより、指と手首の関節を柔軟にし、弾力性を持たせる。

【練習2】十本指を蠕動しながら指を弾ませる（1セット8回で2セット練習する）。

方法：両腕を肩の高さまで前に上げ（掌心下向き）、緩め、両手の指先を掌心側へ曲げ（じゃんけんのグーにする）、指関節を第一関節から順番に蠕動させながら伸ばす（パーにしていく）。手首の屈伸に合わせ、伸ばす度に指を弾ませる。5〜10回を1セットとする。手を緩め、軽快に行う。

【練習3】 指を揉み合う二人の練習

方法： 二人は、腕の長さの距離で対面して立ち、両足を肩幅の開立歩の状態にする。一人が両手を相手の手の甲に軽く載せたまま、二人で一緒に上下に立円を描くように動かす。両手の指を蠕動させ、肩、肘、体が協働して動くようにする。練習中は一人が主導側とし、相手が追随する。

図 3.1 二人で指を揉み合う

回転の軌跡は、平円、斜円、上下等、多種多様に行うことができる。その目的は掌の柔軟性を鍛え、太極拳の手型の要求を体得し、健身の目的を達成することにある。今後、太極拳の套路、推手を習う基礎となる（図 3.1）。

2. 手法（指と手の運動方法）
しゅほう

（1）上げ下ろし

両腕を緩め、掌が肩と同じ高さになるまで、ゆっくりと前へ上げる。次に、両掌を腹前まで按して下ろす。

要求： 肘関節はやや曲がり、手首と前腕が平らになっていること。下へ按する時、手首が折れないようにする。上げる時に息を吸い、下げる時に息を吐く。

【体感学習法】 手首と肩が平行で、両腕の間は肩幅にする。自分の片方の掌心を、もう片方の肘関節に載せ（腕組みしている感じ）、または片方の手を、もう片方の肩に載せ、手で肘または肩（肩窩）関節を下に按して、肩と腕全体の感覚を体得する。

【練習1】 上げ下ろしの一人での練習（1 セット 8 回で 2 セット練習する）。

方法：両脚を肩幅に開いて立つ。両膝を曲げてしゃがんだり（限度は太腿の高さが膝と平行まで、それ以上床に近づけると膝を痛める）、立ち上がったりする。同時に両腕を上げ下ろす。下ろす時に全身の関節を一節ずつ緩め、上げる時は脚裏を踏み立ち上げ、手と足、肘と膝、肩と胯が対応し、相通ずる感覚を体感する。

【練習2】上げ下ろしの二人の練習（1組8セットで2セット練習する）。

方法：二人は、腕の長さの距離で対面して立ち、両足を肩幅の開立歩の状態にする。一人の腕を相手の腕に軽く載せたまま、上げたり下ろしたりする。何回か行ったら、二人は上下の腕を交替する。

　自分の腕が相手の腕の下にある時は掤勁を体得し、自分の腕が上にある時は緩め、沈める按の感覚を体得する。二人で交替しながら緩めたり、沈めたりして掤と按の感覚を体得する（図3.2）。

図3.2 二人の上げ下ろし練習

(2) 抱掤（バォポン）
　両掌は腕を回して片方の掌心を上向き、もう片方の掌心は下向きにして、大きなボールを抱えているポーズをとる。

要求：両掌心はほぼ上下で相対し、両腕は平行で彎曲していて、肩、肘、手首の関節は緩んでいる。

【体感学習法】丸椅子に座るか、床にあぐらをかくかして両掌心を相対させ、ボールを抱えるようにする。下の手を膝上の位置、上の手は胸元（膻中のツボ）と同じ高さにする。

【練習1】 座って身体の左右で抱抱する（1セット8回で2セット練習する）。

方法：体の中正を保ち、両掌は腕を回し、片方の掌心を上向き、もう片方の掌心は下向きにして、右腰側で左手が下、右手が上になるように、左腰では右手が下、左手が上になるように、ボールに触れたまま回転させる気持ちで、ボールを抱える動作を身体の左右で交互に練習する。

【練習2】 馬歩（馬に跨った形）にして、左右に抱抱（1セット8回で2セット練習する）。

方法：馬歩にして、練習1と同様に、左右に抱抱の練習をする。

（3）斜分掌（シェフンジャン）

両掌を、抱抱の姿勢から片手を斜め上へ向けて分け開き、もう片方は胯側に斜め下に按するように分け開く。

要求：両手は同時に分け開き、両腕は弧形が保たれたままであること。

【体感学習法】 丸椅子に座るか、床にあぐらをかくかして抱抱のポーズから開始する。上の手は下へ按、同時に下の手は、膝上から前方へ分け開き、中指先は斜め上に向け鼻先と合わせる。按して下になった手の親指は胯との間に平拳二個分のスペースがある位の位置に来る。斜分掌が終った時、上の手の肘関節を下の手で持ち上げ、上の手の前腕を手前に引き中指先がちょうど自分の鼻先に来ているか確認する。

【練習1】 抱抱の練習1の要領で、左右、交替して斜分掌の練習をする（1セット8回で2セット練習する）。

方法：開立歩にして抱抱のポーズから左右、交替して斜分掌する。

【練習2】二人で手を交差させて練習する（1セット8回で2セット練習する）。

方法：二人は腕の長さの距離で対面に立つ。二人とも同じ側の脚を横に出し開立歩になる。同時に同じ側の斜分掌をして体の前で両者の左手甲と左手甲、または右手甲と右手甲が十字に交差するようにし、互いに手首が触れたら親指側から内旋しながら斜め下へ采（ツァイ）する。続けて腰を回し、腕を開き、始めた時の反対側で、両者それぞれ抱掤になり、また両者同時に斜分掌をする。繰り返し練習する（図3.3）。

図3.3 二人で手を交差させて練習

（4）分靠（フンカォ）

　両掌は、正面で抱掤のポーズから開始する。下の手と上の手を腰につられて回しながら、両手一緒に額の角（こめかみ）付近まで上げ、それから腰を正面に戻しながら上下に分け開く（下の手が斜め前頭上へ、上の手が反対側の胯斜前横になる）。

要求：上下に分け開いた後の形は両腕がS状の弧形になっていること。腰を回す力で両手は弧形を保ったまま、回し戻す。

【体感学習法】下へ按した手は、胯から平掌1個分の位置へ、上の手の掌心は太陽のツボに向かせる。上に挙げた手の肘関節の位置を固定し肘関節を曲げ額に近づけ、掌心が太陽のツボに当たるか確認する。座って行う時は、下の手で両膝の前で弧を描いて払うように回す。

【練習1】座って練習する（1セット8回で2セット練習する）。

方法：あぐらをかくか、丸椅子に座る。胸前で抱掤、分靠してから、胸前で上の手と下の手を交替して反対側の練習をする。繰り返し練習する。

【練習2】立って練習する（1セット8回で2セット練習する）。

方法：開立歩にして胸前で抱掤、分靠してから、胸前で上の手と下の手を交替して反対側の練習をする。繰り返し練習する（図3.4〜図3.6）。

図3.4 立式分靠の前（合抱）　　図3.5 立式分靠（左右靠の例）　　図3.6 立式分靠（靠の後の分掌）

3. 歩型（下肢の脚（股関節〜足先）、足（踵〜足先）の形態）

（1）開立歩（カィリーブ）（中馬歩（ヂョンマーブ））

　両脚を平行に開き、両腿（大腿と下腿）をやや屈曲させて、真っ直ぐ立つ。

要求：両脚は平行で肩幅に開いた状態。膝関節はピンと伸びていない。

【体感学習法】床に線を引く（二足分の幅）。手で股関節、膝関節、踝^{くるぶし}関節

に軽く触れ二足分の足幅で踝から股関節まで一直線になっているか確認する。または、同じ足幅で壁に寄り掛かって立ち、背中を壁につけ、全身を緩め、沈めた正しい姿勢を保つ。

【練習1】2分間×3回、站椿する（高、中、低の姿勢別に）。

方法：開立歩して、両手で、胸前で抱っこするように大きなボールを抱えたポーズで立つ。十本の指を左右相対させるか、指先がやや斜め上向きで相対させる。

【練習2】丸椅子に腰かけるようにしゃがんだり、起き上がったりする（1セット8回で2セット練習する）。

方法：体の中正を保ち、練習1のポーズで両膝を曲げて深くしゃがむ（限度は膝と太腿が平行まで）。

(2) 弓歩（ゴンブ）

　前腿の膝を曲げ、その足先はやや内向きにする（足の中指が正面を向く感じ）。前足の太腿は床に対して斜めになっている。膝と前足先が垂直で後腿は自然に真っ直ぐ、伸ばす。後ろ足先は斜め前方45°～60°の方向に向ける。両足裏全体は床に着いている。
　前後の体重比は3：1程度。

要求：膝を曲げ、股関節を緩める。気は足裏に沈んでいる。

【体感学習法】床に線を引き、自分の足で何足分か距離を測り、前脚と後脚で45°～60°の三角形を作る。壁に前足先と膝をくっつけて膝を曲げ（限度は大腿と膝が平行）、後ろ足は前足より一歩外側で壁に向かって45°～60°の向きで後方に置き、後ろ足で壁を押すようなポーズをとっても良い。前足と後ろ足の距離は体力に応じて調整する。

【練習1】 2分間×3回、立って練習する。

方法： 上肢は分掌等、腕を分け開く動作をしても良いが、弓歩を維持して全身を緩める。両腿の間は外側へは張り感、内側は膨らんでいる豊満勁（突っ張りと膨らみの両方）がある。

【練習2】 その場で弓歩の練習をする。

方法： その場で、片腿を交互に上歩（シャンブ、一歩前へ足を出す）し、弓歩に変えていく練習をする。

(3) 丁歩（ディンブ）

片方の腿をやや曲げ、足裏全体が床に着いている状態で全体重を載せる（実脚）。もう片方の腿を曲げ、その脚を実脚の内側または前側約10cmのところに、その脚を虚にして脚前掌（足指の付け根の盛り上がったところ）を床に置く。

要求： 床に置いた虚の足は緩んでいる。踵を上げ過ぎていないこと。

【体感学習法】 軽く、虚の脚のふくらはぎの筋肉を触ってみて緩んでいたらOK。

【練習1】 2分間×3回、立って練習する。

方法： 丁歩の状態を保ち、上肢の動作と合わせて左右の足を交替して練習する。

【練習2】 歩法に合わせて練習する。

方法： 前進または後退して、虚の脚と実の脚を替えて練習する。

（4）虚歩（シーブ、きょほ）

　馬歩の状態から片方の腿を更に曲げ、その大腿を床とやや斜めにし、踵の上にほぼ垂直に臀部を載せる。その足先は少し内側に斜め前へ向け全体重を載せ、足裏全体を床に着ける（実脚）。もう片方の腿も更に曲げ、その足を前脚（虚）とし、その脚前掌、または踵を床に置く。

要求：虚実が鮮明に分かれていること、上体は中正、膝と胯は緩んでいること。

【体感学習法】背中を壁につけるか、手で軽く臀部を支え、上体が仙骨の上端から腰椎、胸椎、頸椎まで、真っ直ぐ中正を保っているか確認する。

【練習】1分間×2回、立って練習する。

方法：今までに出てきた上肢の動作と組み合わせて練習する。

（5）歩型を組み合わせた練習

　床に弓歩の歩幅を半径とする円を描き、八本の方位線を引く。円の中心に立ち、両脚の踵をくっつけたまま外側へ90°開く。片方の脚を緩め丁歩にする。その虚の脚をもう一方の実脚と45°〜60°になるように、斜め前方に猫脚でそっと出し、後ろ脚の力で弓歩になる。続いて両脚を緩め、弓歩の前脚の力で重心を後の脚に戻し、前脚を虚歩にし、円の中心に引き戻す。左右の足を替えて練習する。練習中は方位線を利用して動作が正確であるかどうかチェックする。関節を一節一節、次々に緩めて動かす太極拳の特徴を体得する。

4. 歩法（脚の動かし方）

(1) 開歩（カィブ）

並立歩（両脚を並べてくっつけて立つ）から開始する。片方の脚を横へ猫足で肩幅一歩分出す。

要求：軽く踵を起こし、軽く踵を落す。動かす脚は虚にして足先を点にして踵を起こし、足先を点にして踵を落す。上体は上下、左右、前後に揺れ動かず、始終、安定していること。

【体感学習法】定規、または手、あるいは、その他目印となるものを頭頂に軽く載せ、開歩の動作中、頭頂の物が落ちたり、ずれたりしないようにして体得する。

【練習】左右に左脚開歩、右脚開歩を練習する（1セット8回で2セット練習する）。

(2) 上歩（シャンブ）

片方の脚を前へ猫足でそっと一歩出す。

要求：脚を軽快に猫足で一歩出し、足を床に落す時は脚前掌（足指の付け根）が先に着地し、続いて足裏全体が着地する。

【体感学習法】上歩する時に、指で股関節を軽く押さえて体の安定を維持しながら、移動する。胯を緩める。床に線を引いて歩幅が毎回、均等になるようにする。

【練習1】その場で上歩だけを練習する（1セット8回で2セット練習する）。

方法：歩型を組み合わせた練習と同じように行う。

【練習2】 手法と合わせて練習する（1セット8回で2セット練習する）。

方法： 斜分掌等の手法を弓歩と合わせて練習する。

(3) 進歩（ジンブ）

連続して上歩、後座、上歩の前進歩行をする。

要求： 体を穏やかに立てたまま、軽快にS字状に前進歩行する。

【体感学習法】 線を引いて一動作毎に正しく行っているかチェックする。

【練習】 三本線の間で歩行練習する（1セット8回で2セット練習する）。

方法： 床に三本、線を引く（または床のタイルの間隙を線間と見立てても良い）。一番外側の2本線の間を肩幅とし、中央に更にもう一本の直線を引く。中央の直線上で両脚をくっつけ、両方の足先を動かし90°に開く。その後、連続して弓歩、後座、弓歩を作りながら前進する。仮に、中央線から左外側の線上に左脚を上歩して左弓歩を作ったら、続いて後ろの右脚に後座で重心を移し、左足先が浮いたら左に45°〜60°外側に置き、左脚に重心を移し、右脚を左脚踵付近に寄せ、次に右脚を中央線または右端の線上に向けて上歩し、右弓歩を作る。以降、同様に行う。特に連続弓歩を行う時は、外側へ60°を超えないように置く。方向を変えて上歩する時は、腰を回した後に重心のある実脚で床を踏んだ反発力で前に進む。膝を傷めないために、膝が足先を超え跪くような動きをしないように注意して練習する。

(4) 跟歩（ゲンブ）

弓歩の状態から後脚を前脚の方へ半歩近づけ、脚前掌を床に着ける。

要求： 跟歩時に上体を前へ傾けない。半歩近づける時に弓歩の時の横幅は変わらない。縦の距離のみ変化する。

【指導ポイント】壁に向かって、または手で胯を動かないように押さえて練習する。

【練習】上歩—跟歩（1セット8回で2セット練習する）。

方法：上歩を行い、重心を前に移して弓歩を作り、跟歩で脚前掌を床に着け、更に近づけたその足裏を全部着け、重心を載せる。さらに上歩して繰り返し練習する。

5. 身型（体が相対的に静止した状態）

【頭】頭頂虚領，項部竪直
【上肢】肩松肘垂，腕坐掌撑
【躯体】胸含背抜，腰松臀斂
【下肢】胯縮襠合，膝屈足抓

　詳細は第2章の静態（身型技術）要求の原理及び次の練習3を参照。

要求：中正であること、自然体であること。

【体感学習法】壁に寄り掛かって立つ。なるべく腰と壁の間に隙間を作らないように壁につけ、臀を突き出さないようにする。腰と壁の隙間が空いてしまう場合でも手指がやっと入るくらいにする。

【練習1】静站椿（太極椿）を練習する。

方法：脚を肩幅に開いて立つ。両膝を少し曲げ、後ろの丸椅子に腰掛けるようにする。両脚の踵を平行にし、両手は自然に垂らし、掌の形を保つ。十本の指を斜めに相対して丹田を抱えるように自然に前に置く。「胸含背抜，腰松襠圓」にする。両足を結んだ線の中心に会陰のツボ、百会のツボが縦に

直線で結ばれるようにする。全身をリラックスして、先ず、口から息を長く吐き出す。そして鼻で均一に、細く、深く、長く、息を吸う。吐く時も鼻で同様。力を入れず、音を出さず、腹式呼吸をする。通常、約15分間練習する（図3.7）。

【練習2】行椿（歩法と合わせて練習する）。

方法：歩法の練習を参考に行う

図3.7　太極椿

【練習3】反対動作活用法（1セット8回で2セット練習する）。

【頭】「頂頭（ちょうとう）―虚領（きょりょう）」
無理やり頭を真上に引き上げる―首の後ろを虚にして立てる

方法：力一杯、頭を真っ直ぐ上に引き上げる。すぐ、緩め、首の後ろを虚にする。正反対の力を使うことで、後者の感覚を体得する（図3.8、3.9）。

図3.8　頂頭　　　　**図3.9　虚領**

【肩】聳肩（しょうけん）―松肩（そんけん）
肩を持ち上げる―肩を下に緩める

方法：力一杯、肩を上へ引
き上げる。すぐ、緩め、下
へ垂らすようにする。正反
対の力を使うことで、後者
の感覚を体得する（図3.10、
図3.11）。

図3.10　聳肩　　　図3.11　松肩

【胸】挺胸（ていきょう）―含胸（がんきょう）
胸を張る―胸を合わせる

方法：力一杯、胸を張る。すぐ、
緩め、自然に両胸を合わせる。
正反対の力を使うことで、後者
の感覚を体得する（図3.12、図
3.13）。

図3.12　挺胸　　　図3.13　含胸

【臀】翻臀（ほんでん）―斂臀（れんでん）

臀部を後ろに突き出す―臀部を下、臍側へ収める

方法： 力一杯、臀部を後ろに突き出す。すぐ、緩め、自然に臀部を下、臍側へ収める。正反対の力を使うことで、後者の感覚を体得する（図 3.14、図 3.15）。

図 3.14　翻臀　　　　図 3.15　斂臀

【襠】夾襠（きょうたん）―圓襠（えんたん）

股間を狭くする―股間を広げ丸くする

方法： 力一杯、股間を挟みつけるように狭くする。すぐ、緩め、股間を広げ丸みを作る。膝と足先が同じ方向へ向くようにする。正反対の力を使うことで、後者の感覚を体得する（図 3.16、図 3.17）。

図 3.16　夾襠　　　　　　　　　図 3.17　圓襠

103

【膝】直膝（ちょくしつ）―屈膝（くっしつ）

膝を真っ直ぐ伸ばす―膝を曲げる

方法：力一杯、膝を真っ直ぐ伸ばす。
すぐ、膝を緩める（無理に曲げない）。
膝と足先が同じ方向へ向くようにする。
正反対の力を使うことで、後者の感覚
を体得する（図3.18、図3.19）。

図3.18　直膝　　図3.19　屈膝

【手首】翹折（きょうせつ）―松鼓（しょうこ）

手首を反らして指を上向きにする、または内側に曲げて指を下向きにする―
手首を、ふわっと緩め、平行にする

方法：力一杯、手首を反らして
指を上向きにする、または内側
に曲げて指を下向きにする。す
ぐ、手首を、ふわっと緩め、平
行にする。正反対の力を使うこ
とで、後者の感覚を体得する（図
3.20、図3.21）。

図3.20　翹折　　図3.21　松鼓

【肘】抬肘（たいちゅう）―墜肘（ついちゅう）
肘を上へ挙げる―肘を緩めて下へ垂らすようにする

方法：力一杯、肘を上へ挙げる。
すぐ、肩、肘を緩め、下へ垂らす
ようにする。正反対の力を使うこ
とで、後者の感覚を体得する（図
3.22、図3.23）。

図3.22　抬肘　　　　図3.23　墜肘

6. 身法（腰が主宰する躯体の動かし方）
（1）**転身：**体の垂直な一本線（背骨）を軸とした体の回転。
（2）**沈身：**体全体を少し下へ沈める。

要求：体の中正が保たれていること。

【体感学習法】手で軽く腰を推して転身の感覚を体得する。手で軽く跨の根元、
または肩を按して身を沈めた感覚を体得する。

【練習1】左右転向（1セット8回で2セット練習する）。

方法：開立歩の状態で、腰を回す力で碾脚（踵を外にひねり出す）しながら、
左右に回転する。

105

【練習1】手法と合わせて練習する（1セット8回で2セット練習する）。

方法：手法の練習を参考に行う。

7. 眼法
（1）注視：一方を見ることに専念する。
（2）随視：手の動きに従い、手の方を見る。

方法：実際に行う各動作の中で練習する。

3.1.3 套路の指導方法と練習方法

　套路の説明の完全一致を求めるため、ここでは動作の分解名称に留め、動作に関する具体的な図示及び内容については、第4章の分解動作で詳細に説明する。各レッスンの套路の内容は、この第一課と同じ形式で説明する。

第1式：起勢（チーシ）
動作の分解：
（1）左脚開歩（左脚を横に開く）
（2）両臂掤挙（両腕を掤勁で上げる）
（3）屈膝按掌（膝を曲げ、掌で按をする）

第2式：左右野馬分鬃（ズォヨーイェマーフンゾン）
1. 左野馬分鬃（ズォイェマーフンゾン）

動作の分解：
（1）丁歩抱球（丁歩で、ボールを抱える）
（2）弓歩分靠（弓歩で、両手を分け開く）

2. 右野馬分鬃（ヨーイェマーフンゾン）

動作の分解：

（1）後坐翹脚（後ろへ座り、前足先を浮かせる）

（2）丁歩抱球

（3）弓歩分靠

3. 左野馬分鬃（ズォイェマーフンゾン）

動作の分解：

（1）後坐翹脚

（2）丁歩抱球

（3）弓歩分靠

第3式：白鶴亮翅（バイフーリャンチ）

動作の分解：

（1）跟歩合抱（跟歩で、ボールを抱える）

（2）転身後坐（右へ転身し、後ろに座る）

（3）虚歩分手（虚歩で、両手を分け開く）

3.2 第二課

3.2.1 対象動作の名称

第4式：左右搂膝拗歩（ズォヨーローシーアォブ）
第5式：手揮琵琶（ショウホィピーパ）
第6式：左右倒巻肱（ズォヨーダォジュェンゴン）

【学習の概要】
　第二課では、三つの動作を学習する。ポイントは、搂膝拗歩の上肢と下肢の協調、腰の使い方、手揮琵琶の両腕の微妙な動き、倒巻肱の安定及び上肢、下肢、目の協調一致である。難点は、倒巻肱の安定的な退歩である。練習中に、まず上肢と下肢を分けて練習し、それから上肢、下肢を一緒に練習すると良い。退歩は出来るだけ多く練習すること。

3.2.2 基礎訓練の指導ポイントと練習方法

1. 手法
（1）搂掌（ロージャン）：片方の掌で、膝前を経て横に移し、胯（クワ）前で停める。掌心は下向きにする。

【要求】腰で手が横に移動していること。

【体感学習法】丸椅子に座るか、床にあぐらをかくして、片方の掌で膝前を、横へ弧を描く。

【練習1】座って練習する（1セット8回×2セット）。

【方法】座って両手を入れ替え、膝前を横へ弧を描く。

【練習 2】歩法と組み合わせて練習する（1 セット 8 回× 2 セット）。

【方法】前進し、左右に連続弓歩しながら、両手を入れ替え、膝前を横へ弧を描く。

(2) **推掌（トゥイジャン）**：掌は肩上、または胸前から前へ推し出し、掌心は斜め前向き、指先は上向きにする。

【要求】腕は弧形であること、肘は真っ直ぐ伸びていないこと。

【体感学習法】掌を収め、虎口は耳穴に向ける。推し出す掌の高さは肩を超えず、胸より低くしない。

【練習】　片手で推掌の練習をする（1 セット 8 回× 2 セット）。
　　　　　両手で推掌の練習をする（1 セット 8 回× 2 セット）。

【方法】開立歩（カイリーブ）で連続して推掌する。

(3) **撈推（ロートゥイ）**：片方の掌は膝前を経て横に撈し（払う）、もう片方の掌は肩から前に推し出す。

【要求】撈と推が腰の動きの下で、一緒に動いていること。

【体感学習法】後ろの掌を肩の高さまで挙げる時、前の手の虎口は後の腕の肘関節に向け、その後の撈と推は前述の（1）、（2）の通りである。

【練習 1】撈と推の動作を練習する（1 セット 8 回× 2 セット）。

【方法】開立歩で撈と推の動作を練習する。

【練習2】歩法と組み合わせて練習する（1セット8回×2セット）。

【方法】前進し、左右に連続弓歩しながら左右の手を入れ替え、捜と推の動作を練習する。

【練習3】二人で練習する（1セット8回×2セット）。

【方法】二人は向かい合って立ち、一人が先に推し、もう一人が捜と推をする。二人は相互に交替して練習する（図3.24）。

図3.24　二人の捜推練習

（4）合掌（フージャン）：両掌は体の両側から内側へ合わせ、両掌心は内側へ向ける。

【要求】両掌は内側へ合わせるようにしながら、勁力を前へ送り出していること。

【体感学習法】前の手の中指先は鼻先と同じ高さで、後ろの手の掌心は前の手の肘関節の内側に向ける。

【練習1】合掌の動作を練習する（1セット8回×2セット）。

【方法】開立歩で両掌を入れ替え、体の両側から両掌を内側へ合わせ、掌心は内側に向ける。

【練習2】静椿を練習する（通常、3分間以上練習する）。

【方法】虚歩椿と合掌を一緒に合わせて、なるべく多く練習する。

2. 歩法

(1) 退歩（トゥィブ）：両脚を入れ替えながら、連続して後ろへ下がる。

【要求】体が安定したまま移動していること、S字状に描きながら後退していること。直線の退歩になっていないこと。

【体感学習法】線を引いて、その線を中心にS字状に後退していること。

【練習1】後退せず、その場で左右の脚を入れ替えて、退歩を練習する（1セット8回×2セット）。

【練習2】後退しながら、退歩を練習する（1セット8回×2セット）。

【方法】進歩（ジンブ）の時と要領は同じであるが、その反対の退歩である。

3.2.3 套路の指導方法と練習方法

第4式：左右搂膝拗歩（ズォヨーローシーアォブ）

1. 左搂膝拗歩（ズォローシーアォブ）
動作の分解：
(1) 丁歩托掌（ディンブ）（丁歩になり、掌を持ち上げる）
(2) 弓歩搂推（弓歩で、搂と推をする）

2. 右搂膝拗歩（ヨーローシーアォブ）
動作の分解：
(1) 後坐翹腿（ホゥズォチアオトゥイ）（後ろへ座り、前足先を浮かせる）
(2) 丁歩托掌
(3) 弓歩搂推

3. 左搂膝拗歩（ズォローシーアォブ）

動作の分解：

（1）後坐翹腿

（2）丁歩托掌

（3）弓歩搂推

第5式：手揮琵琶（ショウホィピーパ）

動作の分解：

（1）跟歩松手（ゲンブソンショウ）（跟歩で、両手を緩める）

（2）後坐挑掌（ティァオジャン）（後ろに座り、挑掌をする）

（3）虚歩（シーブ、きょほ）送手（虚歩で、両手を送る）

第6式：左右倒巻肱（ズォヨーダォジュェンゴン）

1. 右倒巻肱（ヨーダォジュェンゴン）

動作の分解：

（1）転体撤手（体を回しながら、手を引き戻す）

（2）虚歩（シーブ）推掌（虚歩で、掌を前に推し出す）

2. 左倒巻肱（ズォダォジュェンゴン）

動作の分解：

（1）転体撤手

（2）虚歩推掌

3. 右倒巻肱（ヨーダォジュェンゴン）

動作の分解：

（1）転体撤手

（2）虚歩推掌

4. 左倒巻肱（ズォダォジュェンゴン）

動作の分解：

（1）転体撤手

（2）虚歩推掌

3.3 第三課

3.3.1 対象動作の名称

第7式：左攬雀尾（ズォランチュェウェイ）
第8式　右攬雀尾（ヨーランチュェウェイ）

【学習の概要】

　第三課では、二つの動作（実際は同じ動きであり、左右に分けただけ）を学習する。ポイントは、正確に掤、捋、擠、按の四つを掌握することである。難点は、捋の路線及び捋から擠への勁力の転換である。

3.3.2 基礎訓練の指導ポイントと練習方法

1. 手法

(1) 掤（ポン）: 腕を下から体の前へ、胸と同じ高さに上げる。掌心は内向きで力点は掤している前腕の外側にある。

【要求】腕は弧形で、掌は微かに外旋させている。

【体感学習法】掌心は胸の膻中のツボに向ける。

【練習1】その場で掤の動作を練習する（1セット8回×2セット）。

【方法】開立歩（カイリーブ）でボールを抱える動作から掤にする。左右、入れ替えて練習する。掤をしていない反対の手は、ここでは自然に落とす。

【練習2】歩法と組み合わせて掤の動作を練習する（1セット8回×2セット）。

【方法】進歩してボールを抱える動作から掤にする。左右、入れ替えて練習する。掤をしていない反対の手は、ここでは自然に落とす。

(2) 将（リュィ）：両掌心を斜めに相対させ、体の前から体の斜め後ろへ弧を描きながら体側、または体の後側へ将する。

【要求】腰で手を正しい路線に沿って運ぶが、腕を真っ直ぐ伸ばして、下将してはならない。

【体感学習法】手で弧を描いて動作を完成させる。座って将する時は、肩の高さから両手を反対側の膝上へ弧を描く。両手の間は前腕分の長さの距離を取る。

【練習1】その場で将の動作を練習する（1セット8回×2セット）。

【方法】開立歩で左右、入れ替えて将の動作を練習する。

【練習2】二人の練習（1セット8回×2セット）。

【方法】二人は開立歩で向き合って立ち、互いの腕に纏わりついて練習する。

(3) 擠（ジー）：後ろの手は前の手の前腕の内側に近づけ、丁字形にし、合力で前に擠する。

【要求】両腕は、丸くする。肩の高さを超えず、胸より低くしない。両掌を合わせ、合力を作る。

【体感学習法】擠した手は手首の内関のツボと膻中のツボが合っている。

【練習1】その場で将と擠の動作を練習する（1セット8回×2セット）。

【方法】開立歩で左右、入れ替えて挒の動作と擠の動作を練習する。

【練習 2】二人で挒と擠の動作を練習する（1 セット 8 回× 2 セット）。

【方法】二人は互いに向かい合って弓歩で立ち、挒と擠の動作を練習する。

(4)　**按（アン）**：両掌、同時に胸前で弧を描きながら按し前へ推す。

【要求】按する時、気を沈め、胸を合わせる。弧形運動であり、直線で按し推さない。

【体感学習法】両掌を胸前に収め、弧形に降ろし、両掌を腹上から再び推し出す。

【練習 1】その場で按推の動作を練習する（1 セット 8 回× 2 セット）。

【方法】開立歩で両掌を収め、按推の練習をする。

【練習 2】二人で按推の動作を練習する（1 セット 8 回× 2 セット）。

【方法】二人は互いに向かい合って弓歩で立ち、相互に按推する。

2. 歩法
(1)　**扣脚（コージャォ）**：踵を軸に足先を内に入れる。

【要求】軸を正しくして回転させ、足先は軽快に回し、内に入れる。

【体感学習法】床に線を引くか、目印を置いて扣脚の角度及び幅を確定する。

【練習 1】その場で扣脚の動作を練習する（1 セット 8 回× 2 セット）。

【方法】開立歩で左右、入れ替えて練習する。

3. 歩型

（1） 半馬歩（マーブ）：両脚の間を約 4 ～ 5
足分開け、両足先は正面に向ける。片方（前
脚）の足先を 45°外に置き、もう片方（後脚）
は約 45°内に入れる。重心は、前脚に 4 割、
後脚に 6 割置き、両膝は曲げ、下へ丸椅子
に座るようにする。

　この半馬歩（マーブ）は、移行中の歩型で
ある。

【練習】その場で半馬歩の站椿功を練習する。

図 3.25 半馬歩

【方法】静かに 5 ～ 10 分間、半馬歩の站椿
功を練習してから、左右の腿を入れ替える（図 3.25）。

3.3.3 套路の指導方法と練習方法

第 7 式：左攬雀尾（ズォランチュェウェイ）
動作の分解：
（1） 丁歩抱球（丁歩で、ボールを抱える）
（2） 弓歩掤臂（弓歩になり、手・腕で掤をする）
（3） 後坐下捋（後坐しながら、下捋する）
（4） 弓歩前擠（弓歩で、前に擠で出す）
（5） 後坐収掌（後坐で、両掌を収める）
（6） 弓歩按掌（弓歩で、両掌で前に按する）

第 8 式：右攬雀尾（ヨーランチュェウェイ）
動作の分解：

（1）転体展臂（身体を回転させ、両腕を広げる）

（2）丁歩抱球

（3）弓歩掤臂

（4）後坐下捋

（5）弓歩前擠

（6）後坐収掌

（7）弓歩按掌

3.4 第四課

3.4.1 対象動作の名称

第9式：単鞭（ダンビェン）

第10式：雲手（ユィンショー）

第11式：単鞭（ダンビェン）

【学習の概要】

　第四課では、三つの動作（実際には二つの重複しない動作）を学習する。ポイントは、単鞭の前手の運び方、雲手の上下肢の協調、両手の運行路線である。難点は、体の安定的な移動である。指導者は体感学習法を多用して指導すると良い。

3.4.2 基礎訓練の指導ポイントと練習方法

1. 手型

（1）勾手（ゴーショー）： 五本の指の第一関節を自然に寄せ集めつまみ、手首を曲げる。

【要求】 五本の指を寄せ集める時、力を入れすぎないように軽くつまみ、掌心を空にする。

【体感学習法】掌心に小さい紙のボールを入れ、それを潰さないように指をつまむ。

【練習】その場で手型の変化を練習する（1セット8回×2セット）。

【方法】開立歩で拳、掌、勾の相互変化を練習する。

2. 手法
(1) 旋推（シュェントゥィ）：片方の掌の指先を上向きで内旋しながら前へ推し出す。

【要求】回転と推掌を同時に行う（内旋の後、推掌するのではない）。

【体感学習法】手で遮っている感覚を体得する。

【練習】その場で旋推と勾手の練習をする（1セット8回×2セット）。

【方法】開立歩で左右の単鞭の手法を練習する（図3.26）。

図3.26　単鞭の手法

(2) 雲掌（ュィンジャン）：両掌を体の前で交差させながら、身体の両側へ立円を描く。

【要求】両掌を上下で協調させ入れ替えながら回す。両掌を回す時、眉の高さを超えず、腹より低くしない、両腕は反転しながら掌心を内向きに回す。

【体感学習法】座って練習する。先ず、片方の掌で両膝の外側を経て弧形に

回し、鼻先の高さまで上げると同時に、もう片方の掌を加え、上げた掌を腰の回転で反対側の鼻先まで連れていくのに連れられ、もう片方の掌は反対側の膝の外側まで付いていく。そして両手を上下で入れ替え、腰の回転で反対側へ回す。

【練習1】片手で雲手を練習する（1セット8回×2セット）。

【方法】その場で雲手を練習する。

【練習2】両手で雲手を練習する（1セット8回×2セット）。

【方法】その場で両手雲手を練習する。

【練習3】歩法と組み合わせて雲手を練習する（1セット8回×2セット）。

【方法】側行歩と組み合わせて練習する。

3. 歩法

　(1) 側移（ツーイー）：両脚を入れ替え、横方向へ一歩ずつ移動する。片方の脚を横方向へ一歩移動したら、もう片方の脚を収める。

【要求】上体は安定して移動し、腰部はやや弧形で回っている。

【体感学習法】両手を腰に置き、回っている腰を押さえてチェックする。

【練習1】左へ一回、右へ一回、横方向の移動を練習する（1セット8回×2セット）。

【方法】左右の横方向への移動歩法を練習する。
【練習2】移動中の歩法を練習する（1組8回×2組）。

【方法】連続して横方向への移動歩法を練習する。

3.4.3 套路の指導方法と練習方法

第9式：単鞭（ダンビェン）
動作の分解：

（1）扣脚雲手（扣脚しながら、雲手をする）

（2）丁歩勾手（丁歩で、勾手を作る）

（3）弓歩推掌（弓歩になりながら、推掌する）

第10式：雲手（ユィンショー）
動作の分解：

（1）扣脚雲手（扣脚しながら、雲手をする）

（2）収脚雲手（雲手して、収脚する）

（3）伸脚雲手（雲手をして、脚を伸ばす）

（4）収脚雲手

（5）伸脚雲手

（6）収脚雲手

第11式：単鞭（ダンビェン）
動作の分解：

（1）扣脚雲手（扣脚しながら、雲手をする）

（2）丁歩勾手

（3）弓歩推掌

3.5 第五課

3.5.1 対象動作の名称

第 12 式：高探馬（ガォタンマー）
第 13 式：右蹬脚（ヨードンジァォ）
第 14 式：双峰貫耳（シュァンフォングァンアー）
第 15 式：転身左蹬脚（ジュァンシェンズォドンジァォ）

【学習の概要】

　第五課では、四つの動作を学習する。ポイントは、高探馬の前の手の探出方法、蹬脚の安定性、双峰貫耳の「力由脊発」である。難点は、独立時の体の安定性である。練習中、適切に圧腿と踢腿の練習を増やし、腿のコントロール能力を鍛えるとよい。

3.5.2 基礎訓練の指導ポイントと練習方法

1. 手型

(1) 拳：五本の指を巻き曲げ、自然に寄せ握る、親指は人差し指と中指の第二関節を押える。

【要求】拳背は前腕と平らにし、五本の指を緩め、軽く握る。

【体感学習法】拳の中に指一本が入る位に軽く握ること。

【練習 1】繰り返し拳を握る動作を練習する（1 組 8 回× 2 組）。

【練習 2】拳、掌、勾の手型を練習する（1 組 8 回× 2 組）。

2. 手法

（1） 分掌（フェンジャン）：両掌を体の前で交差し、左右に分け開く。

【要求】分け開いた時、両掌根は肩先と平行になっている。

【体感学習法】掌を合わせる時、両手の手首を重ね、掌心を内側へ、膻中の
ツボに向ける。

【練習1】その場で分掌の動作を練習する（1セット8回×2セット）。

【練習2】腿法と組み合わせて練習する（1セット8回×2セット）。

（2） 貫拳（グァンチュェン）：両拳を各々両側から弧を描きながら前へ、上
へ貫き出す。

【要求】両拳は内旋させながら、左右の拳を一緒に貫き出す。

【体感学習法】両拳眼は両耳と同じ高さに達する。

【練習1】その場で拳を貫き出す練習をする（1セット8回×2セット）。

【練習2】歩法と組み合わせて練習する（1セット8回×2セット）。

3. 腿法

（1） 蹬脚（ドゥンジァォ）：片方の腿を支える腿にする。もう片方の腿は、
膝を曲げ、踵を力点にして蹴り出す。

【要求】体を安定させ、脚を腰の高さを超えるところまで蹴り上げる。

【体感学習法】膝を曲げ、上へ引き上げる時、肘と膝は上下に相対し、脚を

蹴り出した後、踵は腰の高さ以上にする。

【練習 1】圧腿（片腿で立ち、もう片腿を腰高の場所に載せ、その腿に上体を載せ、圧をかける、両膝を伸ばし背中も伸ばす）、踢腿（片腿で立ち、もう片腿を上げて膝を伸ばす）を練習する（1 セット 8 回× 2 セット）。

【練習 2】進歩しながら、左右後退で蹬脚の練習をする（1 セット 8 回× 2 セット）。

3.5.3 套路の指導方法と練習方法

第 12 式：高探馬（ガォタンマ）
動作の分解：
（1）跟歩翻掌（跟歩しながら、掌を反す）
（2）虚歩探掌（虚歩で、掌で探るようにする）

第 13 式：右蹬脚（ヨードゥンジァォ）
動作の分解：
（1）丁歩合手（丁歩で、十字手にする）
（2）蹬脚撑掌（蹬脚しながら、両手を張り開く）

第 14 式：双峰貫耳（シュァンフォングァンアー）
動作の分解：
（1）屈膝落手（膝を曲げ、手を落とす）
（2）弓歩双貫（弓歩になり、両拳に勁を貫く）

第 15 式：転身左蹬脚（ジュァンシェンズォドゥンジァォ）
動作の分解：
（1）転身合手（身体を回して、十字手にする）
（2）蹬脚撑掌

3.6 第六課

3.6.1 対象動作の名称

第 16 式：左下勢独立（ズォシァシドゥリ）
第 17 式：右下勢独立（ヨーシァシドゥリ）

【学習の概要】

　第六課では、二つの動作（実際には一つの動作の左右方向）を学習する。ポイントは、独立勢の安定、上下相合である。難点は、仆歩から身体を起し、独立勢へ移行させる過程である。練習中、先ず、仆歩の多練と腿の力を鍛えて初めて、この動作を習得することができる。

3.6.2 基礎訓練の指導ポイントと練習方法

1. 手法

（1）**穿掌（チュァンジャン）**：側掌にして、もう片方の腕、または大腿の内側に沿って穿ち出す。

【要求】 穿掌の時、体は正直で、指先で掌をリードする。

【体感学習法】 大腿の内側から下腿の内側に沿って踝辺りまで、側掌で穿ち出す。

【練習 1】 その場で穿掌の動作を練習する（1 セット 8 回×2 セット）。

【練習 2】 歩法と組み合わせて練習する（1 セット 8 回×2 セット）。

（2）**挑掌（ティァォジャン）**：側掌で下から跳ね引き上げる。肘を曲げ、勁

力は指先に運ぶ。

【要求】挑掌の時は沈肩垂肘で、腰部と体の合力を使う。

【体感学習法】挑掌の手の指先は鼻先に向ける感じである。

【練習 1】その場で挑掌の練習をする（1 セット 8 回×2 セット）。

【練習 2】歩法と組み合わせて練習する（1 セット 8 回×2 セット）。

2.　歩型

(1)　仆歩（プーブ）：片方の腿に深く座り、足裏全体が床に着いていて、もう片方の腿は体側に真っ直ぐ伸ばし、足裏全体が床に着き、足先は内に入れている状態。

【要求】支えている／座っている腿の踵が浮かない、膝が足先と同じ方向で、上体は中正である。

【体感学習法】頭頂に軽いものを載せ、落ちないように上体の中正を保つ。

【練習 1】仆歩で圧腿（第六課 3．歩法参照）の練習をする（1 セット 8 回×2 セット）。

【練習 2】左右、入れ替えて仆歩を練習する（1 セット 8 回×2 セット）。

(2)　独立歩（ドゥリーブ）：支えている腿をやや曲げ、安定的に立ち、もう片方の腿は膝を曲げ、大腿の水平より高く引き上げる。

【要求】支えている腿を安定させ、反対の膝を引き上げ、脚は自然にリラックスさせ、垂らすようにする。

【体感学習法】肘と膝を合わせる。尾閭のツボで腿と踵を支える。

【練習1】その場で左右入れ替えて、独立の練習をする（1 セット 8 回×2 セット）。

【練習2】進歩しながら、左右入れ替えて独立の動作を練習する（1 セット 8 回×2 セット）。

3. 歩法
碾脚（ニェンジァォ）：両脚の足裏を軸に、床を蹴り潰すように脚を回す。

【要求】体を大きく起伏／上下させないこと。

【指導ポイント】手または定規を頭上に載せ、落ちないようにして体の起伏を抑える。

【練習1】その場で碾脚の動作を練習する（1 セット 8 回×2 セット）。

【練習2】手法と組み合わせて、碾脚の動作を練習する（1 セット 8 回×2 セット）。

3.6.3 套路の指導方法と練習方法

第16式：左下勢独立（ズォシァシドゥリ）
動作の分解：
（1）収脚勾手（収脚して、勾手にする）
（2）仆歩穿掌（仆歩になり、穿掌する）
（3）提膝挑掌（右膝を持ち上げ、右掌を上へ挑する）

第17式：右下勢独立（ヨーシァシドゥリ）

動作の分解：

（1）仆歩穿掌

（2）提膝挑掌

3.7 第七課

3.7.1 対象動作の名称

第18式：左右穿梭（ズォヨーチュァンスォ）
第19式：海底針（ハィディージェン）
第20式：閃通臂（シャントンベィ）

【学習の概要】

　第七課では、三つの動作を学習する。ポイントは、穿梭の両腕の滾架（グンジア）（うねるように内旋しながら上げる）と前推、海底針の下插（シァチャ）時の上体の中正、閃通臂の身型である。難点は、海底針のしゃがむ高さである。低くする場合、腿の支持力を増強しなければならない。最初は少し高く、徐々に低くする。低い姿勢の時でも支えている足の大腿が水平を下回ってはならない。

3.7.2 基礎訓練の指導ポイントと練習方法

1. 手法

（1）架推（ジアトゥィ）：片方の掌は、下から上へ腕を内旋しながら、肘を曲げたままで、掌心を外に向け上げ、もう片方の掌は、胸前を経て前に推し出し、掌心は外向きにする。

【要求】架と推を協調一致させ、架では腕の内旋を伴う。

【体感学習法】両手でボールを抱え、掌の方を転がすようにする。

【練習1】その場で架推を練習する（1セット8回×2セット）。

【方法】開立歩で架推を練習する（図3.27）

【練習2】歩法と組み合わせて練習する。

図 3.27 架推（上げ、推す）

（3）提插（ティチャ）：片方の掌を上へ引き上げ、もう片方の掌は下按する。その後、上へ引き上げた掌は指先から先に下へ垂らし、もう片方の掌は後ろへ下按する（図3.28、図3.29）。

図 3.28 提插の提

図 3.29　提插の插

【要求】插掌の時、上体は正直で、頭頂を引き上げるようにする。

【体感学習法】お辞儀しないように、手で頭頂を軽く引き上げる。

【**練習1**】その場で提插の動作を練習する（1セット8回×2セット）。

【**方法**】開立歩で左右を交替して提插の動作を練習する。

【**練習2**】歩法と組み合わせ提插の動作を練習する。

3.7.3 套路の指導方法と練習方法

第18式：左右穿梭（ズォヨーチュァンスォ）

1. 左（手）穿梭
動作の分解：

（1）丁歩合抱（丁歩で、ボールを抱える）

（2）拗歩架推（拗歩で、架推する）

2. 右（手）穿梭
動作の分解：

（1）後坐翹脚（少し後ろに座り、右足先を浮かせる）

（2）丁歩抱球

（3）拗歩架推

第19式：海底針（ハィディージェン）
動作の分解：

（1）後坐提手（後ろに座り、右手を挙げる）

（2）虚歩插手（虚歩で、手を挿し込む）

第20式：閃通臂（シャントンベィ）
動作の分解：

弓歩架推（弓歩で、上に架し前に推す）

3.8 第八課

3.8.1 対象動作の名称

第 21 式：転身搬攔捶（ジュァンシェンバンランチュィ）
第 22 式：如封似閉（ルーフォンスービ）
第 23 式：十字手（シーズーショゥ）
第 24 式：収勢（ショーシ）

【学習の概要】
　第八課では、四つの動作を学習する。重点は、搬攔捶の上肢と下肢の協調及び手の運行の幅、如封似閉の収掌の路線及び前按（推）の方法、十字手の重心の移行、収勢の平静の取り戻しである。難点は、転身搬攔捶の連綿とした流れである。

3.8.2 基礎訓練の指導ポイントと練習方法

1. 手法
（1）搬拳（バンチュェン）： 片方の掌を下按し、もう片方の掌は拳にする。掌は上から下に按し、拳は下から上に搬打する。

【要求】 按掌と搬打は同時に行う。

【体感学習法】 下按の手は、搬拳の腕の肘関節を経て按する。

【練習 1】 その場で按掌と搬打を練習する（1 セット 8 回×2 セット）。

【方法】 左右、手を入れ替えて練習する（図 3.30、図 3.31）。

図 3.30　按掌（打ち始め）　　**図 3.31　搬拳（打ち終わり）**

(2) 攔掌（ランジャン）：片方の掌を前側からもう片方側へ横に移動する（図 3.32）。

【要求】 攔をしながら腕を外旋させる。

【体感学習法】 攔掌の幅は肩幅の半分にする。ほとんどは腰と体が回っているだけである。

【練習】 左右入れ替えて、攔掌をする（1 セット 8 回×2 セット）。

【方法】 開立歩で左右の練習をする。

図 3.32　攔掌の終わり

（3）沖捶（チョンチュイ）： 片方の手を掌から握り拳にし、腰から腕を内旋しながら立拳にして、いきなり前へ出す（図3.33）。

【要求】 内旋しながら打ち出す。手首と手の甲は平行にする。

【体感学習法】 搬拳は胸の正中線で行い、攔掌は横方向へ移動し、肩幅を超えない。胸と平行にする。沖捶は相手の膻中のツボに向ける。

【練習1】 その場で沖捶の動作を練習する（1セット8回×2セット）。

図3.33 沖捶

【方法】 開立歩で左右、手を入れ替えて練習する（図3.33）。

【練習2】 組み合わせて搬攔捶を練習する。

【練習3】 歩法と組み合わせて練習する。

3.8.3 套路の指導方法と練習方法

第21式：転身搬攔捶（ジュァンシェンバンランチュイ）
動作の分解：
（1）転体握拳（身体を回し、右手で拳を握る）
（2）踩脚搬拳（右脚で踏みつけ、右拳を運ぶ）
（3）上歩攔掌（上歩しながら、左手で攔する）
（4）弓歩打捶（弓歩しながら、拳を打ち出す）

第 22 式：如封似閉（ルーフォンスーピ）

動作の分解：

（1）後坐収掌（後坐しながら、収掌する）

（2）弓歩按掌（弓歩になりながら、両掌で按する）

第 23 式：十字手（シーズーショゥ）

動作の分解：

（1）転体展臂（身体を右に回し、両腕を展げる）

（2）収脚合手（右脚を収め、両手を合わせる）

第 24 式：収勢（ショーシ）

動作の分解：

（1）分掌下按（両掌を分け、下に按する）

（2）並歩還原（並歩にし、開始の状態に戻す）

第4章

24式太極拳

詳細解説

4.0　予備勢（ユィベィシ）

拳名解説：

　太極拳を開始する前の準備姿勢である。伝統太極拳の拳譜には、この予備勢がなかったが、その後、「無極勢、または太極勢」と呼ぶ人が出てきた。

　旧国家体育委員会が公布した『24式太極拳』にも両脚並立の予備勢は無かった。しかし、実際に練習及び表演の時に、また『太極拳入門』等の教科書には両脚並立から開始する習慣が生まれ、練習、試合、表演の時の要求と関連して、むしろ、この予備勢があったほうが規則正しいと思われるようになった。『拳論』では「無極形者,即尋常不動之立正姿勢也（無極の形は、即ち、尋常不動の立正の姿勢なり）」と言っている。それは、暗に「太極者無極而生（太極は無極から生まれる）」の理、太極拳の「静止すれば無極になり、動けば太極になる」の意味を含んでいる。また、伝統の哲理も含まれているため、24式太極拳に、この予備勢を入れたのである。

並歩站立（ビンブジャンリ）（並立歩）：身体を自然に立て、両脚の踵をくっつけて並べる。両足先も自然に前向きで、くっつけて並べ、両腿は自然に真っすぐに伸ばし、両腕は自然に垂らす。両掌は自然の状態で、掌心は内向きで軽く両太腿の外側中軸線に付ける。「実腹、寛胸、闊背」「脖頸後突（首の後ろを立てる）、頭頂虚領、下顎微収、口閉歯扣、舌抵上腭（舌は上あごに付ける）、精神集中、表情放松、目視前方」の状態である（図4.1）。

図 4.1 予備勢（並立歩）

【外形的要求】

　正しい身型は、「頭頂虚領、項部松竪、肩松肘垂、腕（手首）臓、手指微屈、掌心含空、手掌軽撑、胸含背抜、腰松臀斂」等の技術的要求を満たす必要がある。これらの技術的要求は、最初から最後まで一貫した要求であるため、以降、説明を省く。また、百会のツボと会陰のツボ、そして両脚の湧泉のツボは直線で繋がっているようにし、両耳たぶ、両肩先、両胯（クヮ）の付け根、両足裏の四つの横断面を平行にし、「四平一竪（四面が平行で、縦の線が一つ）」と呼ぶ、即ち、太極拳の要求する「中正安舒（ちゅうせいあんしょ）」の状態である。

【内意の動き】

　考え事は落ち着いて雑念を排除し、心が静まるのを待って、注意力を太極拳に集中させる。動作の外形的要求を黙想するか、丹田の部位を想い、心を静める。意念は百会のツボから足裏の湧泉のツボ及び両手の指先、いわゆる「四梢」を想い、暖流が流れ込んだ感じで、体全体が緩む。練習者の状況に応じ、内意の動きを鍛える他の方法を選択しても良い。無理に要求しない。

【呼吸との関係】

　腹式深呼吸を採用する。呼吸を調整して、細く、深く、均一に、ゆっくり行う。練習中は、各人の状況に応じて違う呼吸方式を選択しても良い。どんな呼吸方式を選択しても、通常、自然呼吸から腹式深呼吸に入るのが良い。最初は息を吸うほうを無視して息を吐くほうに注意し、だんだんと太極拳の呼吸法に移行する。その段階では、順腹式と逆腹式の二種類の呼吸法を採用して良い。呼吸方式は順・逆式どちらでも、自然で、気持ちが良いことを基準とし、無理する必要はない。

【攻防の概要】

　「拳芸以沉着為本（拳の技術は沈着を本とする）」とは、身心状態を調整し、良好な心理状態を保ち、静を以て動を制す、時機を狙って発することを意味している（攻防の詳細は第5章、以下、同じ）。

　予備勢は、平淡平凡に見えるが、実際は多くの太極拳の技術的要求を含んでおり、套路全体を貫いているので、注意を喚起する必要がある。練習または指導する時は先ず、「意功」「気功」等の太極椿功を行うことをお薦めする。

4.1　起勢 (チーシ)

拳名解説：

　動いていないが動き出す時の最初の動作を起勢と言う。

　起勢は、静から動への始まり、無極から太極への切り替えを象徴し、天地が無極から始まることを暗示する。拳術では、「静を以て動を制す」「拳の技術は沈着を本にする」等の言い方がある。伝統套路では、「太極勢」、「開門勢」、「初勢」とも言う。

　動き出すと、直ぐ太極となり、陰陽に分かれ、虚実が露わになる。拳には「開関起勢」という説があり、動作の始まりで流派を判別することができる。太極拳の中では、最初の動作の速度、高低で套路全体の練習速度(早い、遅い)、架勢（大、中、小の三架勢）の大小を決める。従って起勢は非常に重要な動作である。

(1) 左脚開歩（左脚を横に開く）

　身体を自然に立てた状態から、重心を少し右に移し、左脚を左横に一歩移動させ、両脚の距離を肩幅にする。足先は前向き、両脚は平行である。両腕は自然に垂らし、両手は基本の掌型を保つ。目は前方を見る。顔の表情は自然である。この勢は、即ち伝統楊式太極拳の予備勢であり、24式太極拳の中では起勢と言う（図 4.2 ～図 4.4）。

図 4.2 起勢―左脚開歩　　　　図 4.3 起勢―膝の屈曲　　　　図 4.4 起勢―落脚

【外形的要求】

定式：予備勢の基本要求を保っている。両脇下に立拳一個分を入れられる空間があり、両掌は太腿の両側にくっついていないこと（少し離れている）。頭と首は正直にし、顎は少し後ろへ収まっている。

　胸の筋肉はリラックスしていて、故意に胸を張ったり、腹をひっこめたりしていない。両肩の肩井のツボと両脚の湧泉のツボは上下で相対している。姿勢は、自然で、精神を集中させている。

動作：左足は踵を上げる時、右足踝の高さを超えない。脚を下ろす時は、先ず脚前掌（足指の付け根の盛り上がったところ）で軽く着地、そして足裏全体を下ろし、重心を両脚の真ん中に落とす。軽く脚前掌で上げ、脚前掌で着地し、軽く引き上げ、軽く下ろし、下ろすと、根っこを張っているようにする。頭頂に明らかな起伏がないこと。

【内意の動き】

　意念で百会から膻中のツボ（両乳の中央にある）を想い、気は丹田を経て

身体の中軸線に沿って下降し、股間から右足裏へ沈める、まるで磁石が吸い寄せ合う感じ。全身の筋肉と関節は次々に緩み、体重は全部、右足に下ろす。同時に左胯の根元を内側に少し縮め、引き上げ、左膝の力を緩めながら腰で大腿を動かし、大腿で下腿、下腿で脚を次々に動かし持ち上げる。その後、反対の順で、左胯がわずかに緩み伸び、左腿は足で下腿、下腿で大腿を動かし、左足を着地させる。「節節貫串」（各関節を気が貫いて行く、巡る）を感じる。両足と床は磁石のように吸い寄せ合い、また、木が大地にしっかり根っこを張っているようにし、重心を両足の真ん中に落とす。

【呼吸との関係】

　先ず、呼吸に合わせて気を右足裏へ沈め、左足をひき上げる時、息を吸い、足を降ろす時、息を吐く。

【攻防の概要】

　この動作は多くの人が攻防の機能はないと思っている。しかし、実は自分の左脚を相手の両脚の間に挿し込む「脚踏中門（中門に脚を踏み入れる）」という、肩で靠（カオ）して相手を攻撃する機能がある。

【指導ポイント】

　開歩の時、頭頂が上下、左右に揺れ動かないよう安定を保ち続けるようにする。両胯の根元の伸縮、膝関節の微かな屈曲、着地時に、腰部の帯脈のツボに沿って後ろで半円を描く必要がある。指導時は練習者の頭頂に定規、または手を置き、安定して移動しているかチェックしてみても良い。

（2）両臂掤挙（両腕を掤勁で上げる）

　重心は両脚の真ん中に落としたまま、体を少しずつ下へ沈める。同時に両腕を少し曲げ、ゆっくり前に上へ、平らに上げ、両腕の距離は肩幅、両手の甲は肩先と同じ高さで平らにし、掌心は下向きにする。目は前方を平視し、両手にも目を配る（図 4.5、図 4.6）。

図 4.5　両臂掤挙─抬腕　　　　　　　図 4.6　両臂掤挙─挙腕

【外形的要求】

定式： 両肩は下へ沈め、聳えていないこと。肘関節は少し屈曲し、肘先は下へ垂れている。肘先は終始、外側へ開いたり、上げたりしていないこと。腕は少し弧形になっている。上腕と前腕の間には人差し指が入る位の窪みがあり、手首と前腕は平らで、指先は前向き、指は自然に曲がっている。両腕は「彎曲しているような、そうでないような」「屈蓄有余（曲がって（撓んで）生まれた勁を蓄えれば余裕あり）」の感じで掤勁を含んでいること。両膝は少しずつ後ろへ引き、両膝の関節は少し屈曲し、両脚の足裏の中心は自然に空になって五本の足趾で床を掴み、体全体に掤勁を膨らませ、「支撐八面（八面を開き張り全身を支えている）」の感じであること。

動作： 両腕を上げる前に、先ず、両掌を親指側に内旋させ胯前に持っていき、掌心は体の後に向ける。両腕を上げる時、両手は足先方向に沿って中指で勁力を運びながらゆっくり上げる。動作中は無理に力を使わず、緊張しないように軽く、ゆっくり行う。

【内意の動き】

　意念で背中から気を尾閭のツボへ運ぶことを思い、臀部を内側へ収め、腰部の命門のツボを後ろへ張り、意念で両膝、両胯の力を抜き、下へ沈め、全身を下へ緩め、沈め、その勁力を足裏へ落すようにする。そして床の反発力を上の肩へ運び、肩を沈め、肘を垂らし、手首を引き上げ、指を上へ、両腕を上へ挙げる。同時に肩を沈め、手の甲に勁を貫き、十本の指に熱っぽく腫れぼったい感じがあり、中指で勁を導いて両腕を上へ挙げる。手を上げる時は水の中から、自然に浮き上がる感じがあるが、浮き上がったけれど、また下へ沈む勁力も感じる。

【呼吸との関係】

　前の動作に続き、息を吐いた後に、息を吸いながら手が上がる。攻防の場合、呼吸を調整して逆式で息を吐き、発勁することもできる。

【攻防の概要】

　自分の両手首を握られた時、腕を上げる力で相手の掌心へ発勁し、自分の腕で相手の体の重心を動かし、相手を仰向けに倒す。掌ではなく、勾手にして発勁することもできる。

【指導ポイント】

　練習中に緊張で力を入れすぎて聳肩、腕直になりやすい。指導中、体に触れたり、攻防の動作を示す方法で、練習者に掤と発の要求のコツである松（緩める）、圓（丸める）の感覚を体得させる。条件が合えば、水泳中、腕が浮力で「緩んでいる」時に生まれた「動」の感覚を体得させることができる。

(3) 屈膝按掌（膝を曲げ、掌で按をする）

　身体の重心を両脚の真ん中に落としたまま、上体は中正を保ち、両腿の膝をゆっくりと曲げ、丸椅子に腰かけるようにする。両掌で軽く下按し、両肘は下へ垂らし、膝と相対する。両掌は臍と同じ高さまで下按する。目は前方を見る（図4.7、図4.8）。

図 4.7　起勢―屈膝按掌始まり　　図 4.8　　起勢―下落、屈膝下按―完成

【外形的要求】

定式：上体は肩を沈め、肘を垂らし、鼻先と臍が上下で合っている。中正、安静、気持ち良さを保ち、指は自然に屈曲し、肘先、膝先、足先、脊背、臀部、踵は床とほぼ一垂線となっている。膝を屈曲し、腰を緩める時、臀部が突き出ていないこと。両胯の根元を内側へ収め、膝頭は足先を超えていないこと。丸椅子に腰かけるように座る時の高さは自分の身体状況に応じて決めれば良い。大腿、下腿で作る内角（膝裏）の角度により、三種類の架勢に分けられる。高架勢：約 150°、中架勢：約 120°、低架勢：約 90°（床と太腿が平行）。

動作：下按時に肘先と膝先は相対、手の指先と足の足先も相対する。両脇下は立拳一個分が入る位にし、両手首は、無理に力を使って手首を反らさない。指先を下へ垂らしたり、手首を折らないようにする。五本の指は自然に開く。手は終点まで按したら、五本の指を軽く開き、掌心から力を吐き出し、両虎口は相対させる。両腕を落とす、両掌で下按、両膝が屈曲、躯体が丸椅子に座る動作は協調一致させる。身落、臀降、手按、腿屈の動作は一気呵成に行う。

【内意の動き】

前の動作に続き、意念で指を僅かに上げ、手腕全体を波打つように動かし、連綿と続ける。続いて、意念で全身の気を足裏へ沈め、踵、膝、腰、肩、肘、腕、指を同時に下へ緩め、沈め、采、按する。両掌は浮き輪を押さえているように、肩を沈め、肘を垂らし、全身を緩め、力を掌心に運ぶ。膨らんでいて力を吐き出す感じがあり、手と足、膝と肘、肩と胯は一気に相通ずる。

【呼吸との関係】

前の動作に続き、深く吐く。下腹部を少し膨らませて逆腹式呼吸をする。

【攻防の概要】

相手に手首を捕まえられ、後ろへ引っ張られた時、相手の力を聴いたら（感じたら）、自分の両手指先を少し前へ緩め、相手の勁力を変化させ、自分の力で相手の手を下按して相手を倒す、または相手に胸を推された時、自分は含胸にし、相手の推した手を下按してやり返す。

【指導ポイント】

指導者は、練習者の身型が正しくないと気付いた時は、背中を壁に近づけて、または手で百会のツボ、命門のツボ、両胯の根元を押さえ、その動作を修正しても良い。下按する時、手が動かず体だけを降ろす「死手」が生じやすいが、上下椿功の練習を通して、または指導員の腕を触れさせ感じとらせて修正する。

4.2 左右野馬分鬃 （ズォヨーイェマーフンゾン）

拳名解説：

躯体を馬の頭部に喩え、四肢を馬の鬃（たてがみ）に喩える。動作中は体が伸び伸びとして、両腕を左右、上下、両脚は左右、前後に振る。駿馬が疾走している時の鬃が前後、左右に揺れている様子から採った拳名である。

1. 左野馬分鬃（ズォイェマーフンゾン）

（1）丁歩抱球（丁歩で、ボールを抱える）

　上体を少し右へ回し、体の重心をゆっくり右脚に移し、また体を少し左へ回し、胸の中軸線を左前方に向ける。同時に右手腕は上へ弧を描き、胸前で平らに曲げ、掌心は下向きにする。左掌心をゆっくり反転・上向きにしながら、体の前を経て、腹部から右下方へ弧を描き、右手の下に置く。両掌心は相対してボールを抱えるポーズをする。左脚は右脚の内側へ収め、足先は軽く床に着ける。目は右手に目を配りながら、前方を見る（図4.9～図4.11）。

図4.9　左野馬分鬃―丁歩抱球過渡(1)

図4.10　左野馬分鬃―丁歩抱球過渡（2）

図4.11　左野馬分鬃―丁歩抱球定式

【外形的要求】

定式：両脇は虚にし、両腕は屈曲し、右肘は肩より低く、手首は手より低くなっていること。右上腕と前腕の間の夾角（きょうかく）は約120°、左肘を曲げ、ボールを下で抱えている感じであること。左手の手首は、硬直したり、折れたりしていないこと。両掌心は相対している。右掌心は下向き、胸と同じ高さ、左掌心は上向き、腰と同じ高さ、両掌の距離は身体から20cm離れている。もし、

左足先を一旦、床に点で付けた時、踵と床の夾角が60°を超えていないなら、その後、改めて脚前掌で床に着地する。バレリーナのように踵を高く上げてふくらはぎの筋肉が強張るのを防ぐため、2段階でも良いという意味である。

動作：両掌でボールを抱える時は、腰で腕を動かし、同時に腕が自転する。

【内意の動き】

　先ず、意念で左側の腰を緩め、右へ回し、次に右側の腰をリラックスさせ、腰と背中が左から右へ円を描くように、両腎臓を目覚めさせ、両儀が内動して体の重心を左腿から右腿へ移すかのようにする。続いて、また、意念で左側の腰をリラックスさせ、同時に両手で一つの立体の太極球、またはハンドルを回すことを想像する。自分では、胸、手の中に大きい風船があるように豊満さを感じる。

【呼吸との関係】

　この動作は、気を内側へ収めるため、息を吸う。

【攻防の概要】

　相手が左拳で胸を打って来る時、自分の右手で下采、左手で上架して相手の勁の方向を変化させ、攻撃に転じるか、または相手が左腿で腹部を横蹴りして来る時、自分の左腕で相手の腿をかわし、相手の腿を高く挙げて相手を倒す。

【指導ポイント】

　通常、人はボールを抱える時、上下の掌心がなかなか相対できない傾向がある。指導中、両掌心の間に短い棍棒または定規を使って、上下で張っている感覚を体得させ修正する。但し、ボールを抱えることはあくまでも比喩であり、一つの過程の瞬間に過ぎない。決してボールを死守するのではない。ボールに触れず、ボールを抱える感じである。

(2) 弓歩分靠（弓歩で、両手を分け開く）

　　重心を先ず右脚に置いて、上体を左へ回す。左腿を左前方へ、猫足で、そっと一歩出す（以下、「邁出」または「邁歩」のまま用いる）。重心を徐々に左腿に移す。右脚の踵を後ろへ蹴り（蹬）、やや外側へ蹴り床をつぶす（碾）。右腿は自然に真っ直ぐ伸ばし、左弓歩にする。

　　同時に両手は体の回転と共にゆっくり左上、右下へ分け開き、左手中指の指先を鼻先と同じ高さに（掌心は斜め上向き）、肘を少し曲げ、右手は右胯側に下ろし、掌心を下向き、右肘は少し曲げる。目は左手の指先を超えて前方を平視する（図 4.12 ～図 4.15）。

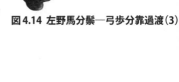

図 4.13 左野馬分鬃―弓歩分靠過渡（2）

図 4.12 左野馬分鬃―弓歩分靠過渡（1）

図 4.14 左野馬分鬃―弓歩分靠過渡（3）

図 4.15 左野馬分鬃―弓歩分靠定式

【外形的要求】

定式：左手中指の指先は鼻先、左足先と相対している。右掌の親指は右胯から平拳一個分、離れている。両腕は半月の弧形を保ち、上体は前傾せず、後ろへ倒れていないこと。胸部は必ず緩まり、伸び伸びと開いていること。「邁歩」しようとする時の、両脚の横方向の距離は約20cm、弓歩で定式になった時の両脚の横方向の距離は約30cm、平拳三個分の距離を保っていること。

この弓歩は、順弓歩であるが、外に靠する勁力があるため、両脚の踵の間の距離は通常の順弓歩と異なる。左足先は正面に向け、右足先は正面に対し45°、右腿も床と約45°になっていること。左腿は体重の２／３、右腿は体重の１／３を支え、重心は両脚を結んだ線の前１／３に落としていること。

動作：重心を右腿に置いて「邁歩」し、手を分け開く過程では、右膝が終始、右足先と相対し、「開襠圓胯」が保たれていなければならない。左腿「邁出」は重心をコントロールして、左脚がバタンと床に落ちないように、先ず左脚踵で着地し、続いて足裏全体で床を踏み、膝を曲げ弓型にし、腰を緩める。右腿で床を蹴り（蹬地）、踵を外側へ蹴り床をつぶす（外碾）。右腿で床を蹴る力で前へ送り、左腿でその力を受け取り、前後を貫いて弓歩にする。左弓歩に変わる時、上体はやや腰を軸に回転する。上歩時に両手は大きい風船を押しつぶすように、右手で左腿を押し出すように下圧し、上下で相互に吸いつき、繋がっている感じである。両腕は弧形に分け開く。

弓歩の動作と両手を分け開く動作は速度が均一で、一致している必要がある。手を分け開く時、上へ挙げる腕は、外に向かって靠する意念がなければならない。「邁歩」の時、重心を上手く切り替えられれば、前に進める脚は点で着けなくて良いが、体のバランスと安定を保つために支えている脚の内側を経て、ちょっと休憩するような感じにして、上歩する必要がある。

【内意の動き】

意念で右側の腎兪のツボ付近を下へ沈め、左側の腎兪を持ち上げるように「気」を右腿に沿って右脚の湧泉のツボへ、更に木の根っこが地下１メートルへ入った位まで沈め、左胯の根元を少し内側へ収め、左腿を持ち上げ、

「邁出」する。襠（股間）で大きい風船が膨らんでいる、すなわち、「開胯襠圓」を感じる。勁力は床を蹴る右脚から発し、命門のツボを後ろへ張り、尾閭のツボを前へ送り、背中に沿って左腕と右掌を貫き、全身を上下、左右、前後に豊満に、気で膨らませ、意念を運んだ勁力点には熱っぽく腫れぼったい感じがある。拳譜には「気が全身に巡ると滞りなし」と言う。左手には外側へ靠する意念があり、勁力点は左腕の外側にある。

【呼吸との関係】

この動作は外へ分け開き、靠する発であり、息を吐く。

【攻防の概要】

相手が左拳で胸を打って来る時、自分の右手で下采し、左手を相手の脇下に挿し込み、左脚は上歩して相手の踵を抑え、左腕の外側で分け開き靠する。

【指導ポイント】

初心者は、左脚を出す角度が常に足りなく、両脚が一本線上に着地したり、捩じったようになる。胯関節の柔軟性と強靭さを鍛える練習を強化するか、床に線を引いて直す方法をとればよい。一部の教科書では「左手は目と同じ高さ」と言うが、このような記述は不適切である。なぜなら、そうすると「一叶障目（1 枚の葉（指）が目を遮った）」ことになり、攻防上、障害にならないはずがない。また、「三尖相照（鼻先、指先、前脚の足先は一致する）」の原則に反する。従って「左手中指の指先は鼻先と同じ高さにする」ことを要求する。また、一部の教科書には、「目は左手を見る」と言っているが、実際にはずっと指を見つめることはできない。初心者は、多くを見れば良い。熟練の度合いが深まるに連れ、「目は、左手指先の前方を平視する」ことを要求する。それは伝統太極拳の「顧三前（眼の前、手の前、脚の前を見る）」の要求であり、健身のためであるので要注意である。今後、指導の中で、攬雀尾の「弓歩前掤」との区別、すなわち、腕の外形、弓歩の横方向の距離、勁力点の違いに注意して、正しい動作を掌握するよう指導すればよい。

2. 右野馬分鬃 (ヨーイェマーフンゾン)

動作の分解：
(1) 後坐翹脚 (後ろへ座り、前足先を浮かせる)

　右膝をゆっくり曲げ、上体をゆっくり後ろへ座らせ、重心を後ろの右腿に移し、左脚の足先を少し浮かせて外に向ける。上体をやや左へ回し、左手は下へ内旋させながら、右手を上へ外旋させながら、両手でボールを抱える準備をする。目は左前方を見る (図 4.16、図 4.17)。

図 4.16　右野馬分鬃―後坐翹脚過渡　　　図 4.17　右野馬分鬃―後坐翹脚定式

【外形的要求】
定式：両腕は弧形を保ち、両掌心は相対している。胸には広がりがあり、腹は実になっている。右腿で体重を支え、膝頭と足先が正対している。

動作：重心を後ろへ移動する時は、先ず、右腿の踵を緩め、膝を曲げ、腰を座らせ、その後、体は後ろへ移動し、左脚の足先が浮き、体を左へ回す。腰を回し、襠を開き、両腕を回す。「一動すれば全てが動く」ことになる。体

を後ろへ移す時、両手も後ろへ移動するが、両手は回旋しながら前掤の意がある。即ち、後ろに移動しても掤勁を失わないようにする。

【内意の動き】

　意念で後腿の膝を緩め、曲げ、体を後ろに移し、襠が後方へ弧を描いて行くようにする。同時に意念で頭頂の百会のツボから襠部の会陰のツボの間の自転の軸を想い、その軸で体を左へ回転させる。両腕は中指を軸に自転する。

【呼吸との関係】

　この動作は過渡動作であり、息を吸う。

【攻防の概要】

　左手で、相手の攻撃の手を受け、外側へ弧を描き、相手の手を引き落とし相手の力を空にする。

【指導ポイント】

　初心者は、後坐中、膝がぐらつく傾向があるので、手で右膝を固定してあげて防止すると良い。その他、体を後ろへ移す時、手が動かないといった「死手」の傾向がある。この問題は、軸が回転して両手が回ること、及び、攻防での使い方を指導しながら直すことができる。

(2) 丁歩抱球

　前の動作に続いて、左腿をゆっくり前へ弓なりにし、左脚足裏で徐々に、しっかり、床を踏みつけ、体を左へ回し、体の重心を再び左腿に移す。同時に左手の掌心を前動作に引き続き反しながら下向きにし、胸前で平らに収める。右手は体の前を経て左上へ弧を描き、左手の下に置き、両掌心は相対してボールを抱える形にする。右脚は、左脚の内側に収め、足先で着地する（着地しなくても良い）。目は左手に目を配りながら、左前方を見る（図4.18 ～ 図4.20）。

図4.18　右野馬分鬃—丁歩抱球過渡（1）　　**図4.19　右野馬分鬃—丁歩抱球過渡（2）**

図4.20　右野馬分鬃—丁歩抱球定式

【外形的要求】

　この丁歩抱球は左野馬分鬃の丁歩抱球と異なり、連続移動中のものであることに注意する。

定式：左野馬分鬃の丁歩抱球と同じ（丁歩は通常、脚は着地しないほうがよい）である。

動作：左足先を約 45°〜 60°外側へ向け、徐々に前腿は弓なりになりながら足裏全体で床を踏み、重心を左腿に移し、左胯の根元を縮め、同時に右脚の足裏で床を蹴りつぶしながら回転し、大腿で下腿を、下腿で脚を回して右脚を左脚の内側に収め、両手はボールを抱える。

【内意の動き】

　意念で「気」を左脚の足裏へ沈め、更に大地へ入ることを想う。右腿は丹田で右腿の関節を一節一節、元に戻し収めるようにする。両手の間には大きい風船を抱えているように、上下の手は互いに押しあっているようである。右手が右腿を導いて左脚の内側に収める。

【呼吸との関係】

　この動作の定式では息を吸う。途中で息継ぎしても良い。特に拘る必要はない。

【攻防の概要】

　進歩中の掤架で相手の力を変化させ、攻撃に転じる。

【指導ポイント】

　連続進歩は、24 式太極拳の重要な技術である。初心者は、不安定で揺れる、また後ろ脚が前脚に引っ張られて上歩する。または、後ろ脚で床を蹴る時、いきなり、スプリングを踏むように「邁歩」する人が多い。これらは、技術の要点を明確にし、歩法を専門的に練習して克服する。

153

（3）弓歩分靠

　　上体を、少し右へ回し、右脚を右前方へ「邁出」する。左脚の踵で後ろを蹴り、左腿は自然に伸ばし、右弓歩にする。同時に上体を引き続き右へ回し、両手は体の回転とともにゆっくり分け開く（右手は上へ、左手は下へ）。右手中指の指先は鼻先と同じ高さ（掌心は斜め上向き）にする。肘は少し曲げ、左手は左胯の傍に落とす。左肘も少し曲げ、掌心は下向き、指先は前向きにする。目は右手の指先の前方を平視する（図 4.21 ～図 4.23）。諸要求等は、左野馬分鬃の弓歩分靠と同じである。

図 4.21　右野馬分鬃―弓歩分靠過渡（1）　　図 4.22　右野馬分鬃―弓歩分靠過渡（2）

図 4.23　右野馬分鬃―弓歩分靠定式

3. 左野馬分鬃

（1）後坐翹脚

　　左膝を曲げ、上体をゆっくり後ろへ座らせ、体の重心を左腿に移し、右脚の足先を少し浮かせて、外に向ける。上体をやや右へ回し、右手は下へ内旋させながら、左手を上に外旋させながら両手はボールで抱える準備をする。目は右前方を見る（図4.24、図4.25）。

　　その他の各項目の要求等は右野馬分鬃と同じである。ただし、左右逆になるので注意。

図4.24　左野馬分鬃―後坐翹脚過渡　　　　**図4.25 左野馬分鬃―後坐翹脚定式**

（2）丁歩抱球

　　続いて、右脚足裏でゆっくり床を踏み、右腿をゆっくり弓なりにし、体を右へ回し、再び体の重心を右腿に移す。同時に右掌心を反しながら下向きにし、右腕を胸前に収め、平らに曲げる。左手は、体の前を経て右上へ弧を描きながら右手の下に置く。両掌心は相対してボールを抱える形にする。左脚は右脚の内側へ収め、足先で着地する（着地しなくても良い。むしろ連続練習の時は着地しないほうが良い）。目は右手に目を配りながら、右前方を見る（図4.26、図4.27）。

図 4.26　左野馬分鬃—丁歩抱球過渡　　　図 4.27　左野馬分鬃—丁歩抱球定式

（3）弓歩分靠

　　左脚を左前方へ邁出し、右腿は自然に真っ直ぐ伸ばして左弓歩にする。同時に上体を左へ回し、両手は体の回転とともにゆっくり左手が上へ、右手が下へ分け開き、左手中指の指先は鼻先と同じ高さにする（掌心は斜め上向き）。肘は少し曲げ、右手は右胯の傍に落とし、掌心を下向きにする。右肘も少し曲げる。目は左手の指先の前方を平視する（図 4.28 ～図 4.30）。

図 4.29　左野馬分鬃—弓歩分靠過渡（2）

図 4.28　左野馬分鬃—弓歩分靠過渡（1）

図 4.30　左野馬分鬃—弓歩分靠定式

4.3 白鶴亮翅 （バイフーリャンチ）

拳名解説：

　身体と脊椎は、中正直立で、両腕は左右対称に分け広げ、鳥の翼のようである。両腕を上げ下ろししながら回している姿は、鶴が羽ばたいている形になっている。鶴は長寿の生き物であり、羽ばたきは鶴の象徴的な動きである。太極拳を、不老長寿を象徴する鶴にあやかり、また、その羽ばたく姿をイメージして拳名とした。

(1) 跟歩合抱（跟歩で、ボールを抱える）

　体の重心を前へ移し、上体を少し左へ回し、左手は内旋して掌心を下向きにし、右手は外旋し、掌心を上向きにし、胸前でボールを抱えるようにする。同時に右脚を半歩跟歩する。目は前方に配慮しながら、左手を見る（図4.31、図4.32）。

図 4.31　白鶴亮翅─跟歩合抱過渡　　　図 4.32　白鶴亮翅─跟歩合抱定式

【外形的要求】

定式：両掌心は立拳三個分の距離で相対し、両掌は胸から約20cm離れている。上の手の親指は膻中のツボと相対する。下の手の掌の魚際のツボは臍と相対する。浮いている右脚の踵は左脚の後ろ、約10cmのところに置い

ている。重心は左足裏全体にあり、右脚は脚前掌で床に着地しているが、虚であること。

動作: 右脚を跟歩する時、体の安定を保ち、合抱と跟歩の動作は同時に行う。

【内意の動き】
　意念で両手指を緩め、気が丹田へ流れ込むことを想い、左胯の根元を縮め、内動を先にして、右脚を縮めるように収め、跟歩、合抱する。

【呼吸との関係】
　自然に呼吸する、または動作に合わせて息を吸う。

【攻防の概要】
　左手で相手の攻撃して来る手を下捋し、右手で下から上へかすめ取って相手の攻撃を変化させ、次の動作に備える。

【指導ポイント】
　跟歩時に腹部と胯の根元を調整して腿を収めることが難しいため、重心が足先へ移動して体が前に傾く傾向がある。左胯の根元を動かないよう、止めておく方法で克服できる。

（2）転身後坐（右へ転身し、後ろに座る）
　上体を少し右へ回し、右脚足裏全体で、しっかり床を踏み、体を後ろへ座らせるように、重心を右腿へ移す。両手は、左手を下へ、右手を上へ少し分け開き、目線は右手の動きに従う（図 4.33、図 4.34）。

図 4.33　白鶴亮翅—転身後坐過渡　　　図 4.34　白鶴亮翅—転身後坐定式

【外形的要求】

定式： 右腕は右額の角で屈曲し、左手は右腕の内側につけ、両掌は右額の前から平拳約二個分離れ、体の右への側転は 45°を超えていないこと。

動作： 腰で両腕を回し、右手は上へ壁に物を掛けに行く感じ、左手は下へ切る意がある。

【内意の動き】

　意念で右側の腰眼のツボを緩め、下へ沈め、虚から実への移行と、右臀部を座らせ、左臀部はやや上げようと想い、互いに引っ張り合い、ナマケモノが腰を伸ばした感じである。

【呼吸との関係】

　息を吸う。

【攻防の概要】

　相手が拳を突然、打ち出してくる時、自分の右手で相手の拳を上へ掛けるように持ち上げ、左手で顔を守り、相手の肘拳を防ぎ、相手の攻撃を変化させて次の動作に備える。

【指導ポイント】

　腰で腕を回す動作が重要なポイントであるから、手で練習者の腰と胯を推し動かし、動作のポイントを理解させる。

(3) 虚歩分手（虚歩で、手を分け開く）

　重心を全て右脚に落とし、左脚を体の前に移し、足先で軽く着地し、左虚歩にする。上体を左へ回し、同時に両手は体の回転とともに右上、左下へ分け開く。右手は右額の前で停め、掌心は左向き、左手は下按して左胯前で停め、掌心は下向き、指先は前向きにする。目は前方を平視する（図 4.35、図 4.36）。

図 4.35　白鶴亮翅—虚歩分手過渡　　図 4.36　白鶴亮翅—虚歩分手定式

【外形的要求】

定式：動作完了時に両腕は、弧形の半円形で「Ｓ」字状を維持している。右掌は額前、掌心は斜めで太陽のツボに向いている。左掌の位置は髖骨から平拳約一個分離れている。虚歩では、右膝を曲げ、大腿と下腿の後側は約 135°の夾角で、左腿で体重の 1 ／ 10 を支え、虚の腿にし、右腿は体重の 9 ／ 10 を支え、前後の脚の踵は一本線の両側に置き、両踵の距離は足の長さ二足分になっていること。体は中正を保ち、前に傾かず後ろに倒れず、挺

160

胸突臀になっていないこと。南を向いて起勢をした場合、回転して東に向いていること。

動作: 動作の過程で、体の重心を後ろへ移動するのと、右手の引き上げ、左手の下按は協調一致させることが必要であり、終始、腰で両腕が回り、腰部には一種の方向転換がある。

【内意の動き】

　意念で右腰の間の気を下へ沈め、上体をやや右へ回し、両手は環抱(ボールに手を回す)するようにして、少し引き上げる。そして左脚を置き直し、両腕の合勁で右側へ擠する意がある。擠に伴い、意念を右肩に貫き、靠の意がある。更に腰部の両腎兪のツボを取り出して入れ替えるように、腰部で「S」字を描くようにする。脚は、弧を描きながら分け開き、重心は右腿に移し、左脚の足先で軽く床に着け、虚にする。但し、意念は親指先に貫いていて、虚に実があり、陰に陽があるという状態で、丹田から四梢(手足の指先)へ拡散した球体のように上下に引っ張り合い、気の勢いが大きく広がっている感じである。

【呼吸との関係】

　この動作の途中には過渡式があるので、左へ回転する時に息を吸い、勁力を蓄積する。そして右への擠、靠、最後の分掌で一気呵成に発勁する時、深く長く吐く。息を吐いた後、気が下へ沈んだと感じる。

【攻防の概要】

　相手が右拳で、顔または胸を攻撃してきたら、自分は前の動作に続いて、左掌で相手の脇腹を平手打ちするか、自分の左手を反し回して相手の右手首を掴み、采したり、右手を上へ挙げて相手の顎を打つこともできる。また、左手を左へ反し回して推し、相手の力を制御し、右手を相手の脇下へ挿し込み、擠、靠、分の方法と歩法を組み合わせ、相手を倒す。或いは、虚歩で、相手が自分の下盤を蹴ることを防ぎ、タイミングを見て虚の脚で攻撃するこ

ともできる。

　練習中、動作過程の肩の靠勁を忘れ、形式的な弧形に留まり易い。実際、楊式大架拳式中、この動作は靠勁を使う最も代表的な動作であり、無視してはならない。24 式太極拳も同様に、この靠勁を強調して、是非、練習者に体得して欲しい。なお、伝統楊式の右掌心は前向きであるという点は、24 式と違うので、その違いに注意しなければならない。

4.4 左右摟膝拗歩 （ズォヨーローシーアォブ）

拳名解説：

　拳中、手で膝前を横に外側に払うことを摟膝と言い、体の中盤（腰）、下盤への相手の攻撃を防ぎ、身を守る方法である。反対側の手足を前に出すことは拗式といい、その歩みは、拗歩という。このように動作の方法から命名された。

1. 左摟膝拗歩 （ズォローシーアォブ）

（1）丁歩托掌 （丁歩になり、掌を持ち上げる）

　重心は右腿のまま、体を先に左へ少し回し、また右へ回す。同時に右手は体の前方に下ろし、下から後上方へ弧を描きながら、右肩の外側へ回す。肘は少し曲げ、手は耳と同じ高さに、掌心は斜め上向きにする。左手は、左下から上へ挙げ、右下方へ弧を描きながら、右胸前へ回す。掌心は斜め下向きにする。左脚は、右脚の内側に収め、足先は点で着地する（または着地しなくてもよい）。目は、右手及び右後方を見る（図 4.37 〜図 4.40）。

図 4.37　左搂膝拗歩―丁歩托掌―転体落手（1）

図 4.38　左搂膝拗歩―丁歩托掌―転体落手（2）

図 4.39　左搂膝拗歩―丁歩托掌過渡（3）

図 4.40　左搂膝拗歩―丁歩托掌定式

【外形的要求】

定式：右手指先は右耳の上端と同じ高さにし、虎口は斜めに耳門に向けている。左掌の虎口は右肘に向け、両腕は弧形を保っている。恰も懐に一匹の魚を抱えているような、半分の太極図のようである。両脇は虚で平掌一個分の空間があること。上体は、正直を維持していること。

動作：両手で弧を描くのと体の回転、収脚は協調一致していて、全ては腰で回っていなければならない。

【内意の動き】

前の動作に続いて、意念は外側（四梢）から、膻中の気を丹田に沈めることを想う。右側の腎兪の気を沈め、左側の腎兪を起こしたように、腹と背中に右から下へ、左へ、上へ循環する気が両腕を導き、胸中線に沿って左右の体が外側へ弧を描くように動き、その勁力は両腕を貫く。

【呼吸との関係】

両腕で弧を描くのは変化と蓄であるから、息を吸う。

【攻防の概要】

相手が右手で攻めて来る時、自分は腰で右手を使って弧を描きながら相手の右手を下へ抑え、自分の左脚を引き収め、相手の前足に引っかけて相手を倒す。もし、相手が脚を引き上げ逃れた場合、勁を蓄え、丁歩のあと推掌で発勁するのを待つ。

【指導ポイント】

練習中、両手が胸前で弧を描く時、両手の上下入れ替わりに腰を使っていないことがしばしばある。正しくは、腰で両腕が回り、胸中線を超えないところで入れ替わる。腰の回転について錯覚があるかも知れないので、練習者に最初に腰を使わないで弧を描かせ、次に腰で弧を描く動作を練習させれば動作の本質を掌握できる。

(2) 弓歩搂推（弓歩で、搂と推をする）

最初、重心は右腿にあり、上体を左へ回し、左脚を前（やや左）に「邁出」し、左脚足裏を徐々に踏み着ける。重心も徐々に左腿に移す。右腿は、自然に真っ直ぐ伸ばし、左弓歩にする。同時に右腕を曲げ、右手を自分の方に戻し、耳側から前へ推し出し、鼻先と同じ高さにする。左手は下へ、左膝の前で払って左胯の傍に下ろす。指先は前向き、目は右手の手指を見る（図 4.41 ～図 4.43）。

図 4.41 左搂膝拗歩―弓歩搂推―邁歩屈肘過渡 1

図 4.42 左搂膝拗歩―弓歩搂推過渡 2

図 4.43 左搂膝拗歩―弓歩搂推定式搂

【外形的要求】

定式：左手は、左胯側の少し前に置くが、もし、低架（太腿と床が平行）で練習する場合は、左掌は太腿の真ん中から平掌一個分離れた位置である。右手は身体の前で掌心は斜め前を向いていて、中指指先、鼻先、足先が「三尖相照」になっている。弓歩の両脚の踵は、横方向に約 30cm（平拳三個分）の距離を保ち、左膝は床と垂直で、後腿はやや曲がっている。

動作：左手は膝上を半円形で搂出し、右手は虎口を耳門に向け内旋しながら前に推し出す。体は中正、安定を保つ。右手を推し出す時、必ず「沈肩垂肘」、「坐腕舒掌」の状態を維持し、体は「前俯後仰」しない。「松腰」と「弓腿」の動作は上下で協調一致すること。前へ「邁歩」する時、重心移動の要領が理解できている場合、足先は着地せず、直接「邁歩」してもよい。但し、前へ「邁

歩」する脚は必ず、支えている脚の内側（ゆっくり練習する時には、ここで一旦止まってもよい）を経て上歩しなければならない。体の安定とバランスを保つのが優先されるからである。以降、類似の動作は同じ方法で処理してよい。繰り返し説明しない。

【内意の動き】

意念で胸の気を下へ沈め、左手で搂をし始め、右手は収め、左腿を出す。この三つの動作は「気」が一気に貫き、同時に行う。左脚を軽く床に着けた後、気を右脚足裏に沈めることを想い、右脚で床を蹴りつぶし（蹬, 碾）、その勁力を上に伝え腰と胯を沈め、回し、命門のツボを後ろへ張り、尾閭のツボを内側へ収める。その勁力は四梢を貫くが、右手の推し出しが終ろうとした時、掌心に意を貫き、少し力を吐き出す感じである。

【呼吸との関係】

この動作は開、発であるため、息を吐く。

【攻防の概要】

前の動作に続いて、左手は相手から来る腿、または掌を払いのけ、左脚を上歩し、相手の踵めがけて挿し込む。右手で相手の胸部を推し攻撃する。

【指導ポイント】

練習中、支えになる腿の力不足、方法の間違いにより臀部が突き出る、膝が揺れ動く等の問題がある。頭頂引き上げを強調し、上歩の幅を小さく調整させ修正する。また、膝が揺れ動く問題を克服するために、指導者は手で、支えている腿の膝を押さえてあげたり、体の前傾凸臀を克服するため、軽く、手を頭頂の百会のツボに載せて直せばよい。練習中、腿、搂手、収掌の三動作が不一致の場合、独立勢の練習を通して、三動作が一致するように指導すればよい。練習中、弓歩の歩幅が毎回違ったり、間隔が適切ではない現象も出てきやすいので、床に線を引いたり、または目印となるものを置いて、専門的に歩法の練習を指導するとよい。

2. 右搂膝拗步（ヨーローシーアォブ）

（1）後坐翹脚（後ろへ座り、前足先を浮かせる）

　右腿はゆっくり膝を曲げ、上体を後ろへ座らせながら、体の重心を右腿に移し、体を左へ回す。左脚足先を浮かせ外に向ける。同時に左掌を外旋させながら、掌心を斜め上向きにし、右掌は内旋させながら、掌心を斜め下向きにする。目は左前方を見る（図 4.44、図 4.45）。

図 4.44 右搂膝拗步—後坐翹脚過渡　　**図 4.45 右搂膝拗步—後坐翹脚定式**

【外形的要求】

定式：両腕は弧形で、両掌心は相対している。上体は正直で、右手と左脚は上下で相対して逆合の対応関係になっている。右膝と右脚は正対している。左膝は曲がり、左脚踝はなるべく緩んでいる方が良い。

動作：体が後ろへ座ると同時に、両腕及び両手を回転させ、前と下に互いに捻る／絞る「撑勁」を使う。

【内意の動き】

　意念で、右胯の根元、右膝、右踝が順次、緩み、気を右足裏へ沈めること

を想い、上体が後ろへ座り、腰で体が少し左へ回る。両手は相対して球体を捻るようにする。

【呼吸との関係】
この動作は過渡動作であるため、短く息を吸う。

【攻防の概要】
相手の攻撃力が大きすぎる場合、「後坐翹脚」と「両腕撑転」の両方を使って、相手の力を変化させ、次の発勁のため勁力を蓄える。

【指導ポイント】
楊式太極拳には元々、この動作はなかったが、24式に改編された時、移動し易いように、この動作が入れられた。「後坐翹脚」の、後ろへ座る時、前と下に「撑（ニン）」する勁が失われないよう、指導者は攻防の意味を説明し、指導することが必要である。

（2）丁歩托掌
前の動作に続いて、左脚足裏をゆっくり踏み着け、左腿を前に弓なりにし、体の重心を再び左腿に移す。右脚は左脚の内側に収め、足先で軽く着地する（熟練したら着地しない）。同時に左手は掌を外に翻して左後ろから上へ弧を描き、左肩の外側へ上げる。肘を少し曲げ、手を耳と同じ高さにし、掌心を斜め上向きにする。右手は体の回転と共にやや上へ、左下へ弧を描き、左肩前に落とし、掌心は斜め下向きにする。目は、左手及び左後方を見る（図4.46、図4.47）。

図 4.46　右搂膝拗歩—丁歩托掌過渡　　図 4.47　右搂膝拗歩—丁歩托掌定式

【指導ポイント】

　この動作は、「後坐翹脚」の後の過渡式である。野馬分鬃の連続進歩と同様、練習中に右脚で上歩する時、蹬と碾の勁があり、右胯の根元を収め、次に右脚を収め丁歩にする。右脚で床を蹴り、その反発力で上歩する練習をさせ、右脚に蹬と碾の勁のない上歩や、膝がぐらつかないようにする。

（3）弓歩搂推

　1.左搂膝拗歩の（2）弓歩搂推と同じであるが、左右、逆になる（図 4.48～図 4.50）。

図 4.50　右搂膝拗歩—弓歩搂推定式

図 4.49　右搂膝拗歩—弓歩搂推過渡 2

図 4.48　右搂膝拗歩—弓歩搂推過渡 1

169

3. 左搂膝拗歩（ズォローシーアォブ）

（1）後坐翹脚

　2.右搂膝拗歩の（1）後坐翹脚と同じであるが、左右、逆になる（図4.51、図4.52）。

図4.51 左搂膝拗歩—後坐翹脚過渡 　　　**図4.52 左搂膝拗歩—後坐翹脚定式**

（2）丁歩托掌

　1.の左搂膝拗歩の（1）丁歩托掌と同じである（図4.53〜図4.55）。

図4.53　左搂膝拗歩—丁歩托掌過渡（1） **図4.54　左搂膝拗歩—丁歩托掌過渡（2）**

図4.55　左搂膝拗歩—丁歩托掌定式

（3）弓歩搂推

1. 左搂膝拗歩の（2）弓歩搂推と同じである（図 4.56 ～図 4.58）。

図 4.56 左搂膝拗歩―弓歩搂推過渡（1）

図 4.57 左搂膝拗歩―弓歩搂推過渡（2）

図 4.58 左搂膝拗歩―弓歩搂推定式

4.5 手揮琵琶 （ショゥホィピーパ）

拳名解説：

　拳中、両手を内側に寄せる、その形を琵琶を抱えているイメージになぞらえ、片手を前で、もう一方は後ろで、同時に斜め前に向かって抱き寄せ、前の手は前に伸び、後ろの手は肘を守り、琴の弦を弾いている様子に似ていることから、手揮琵琶と名付けられた。

（1）跟歩松手（跟歩で、両手を緩める）

　重心は前へ移り、左脚に落とす。右脚は半歩跟歩して左脚の後に置く。同時に右掌をリラックスさせ、左側へ合手する（右肘が緩まる）。左手は、やや前へ移動する。目は前方を見る（図4.59、図4.60）。

図4.59　手揮琵琶—跟歩松手過渡　　　図4.60　手揮琵琶—跟歩松手定式

【外形的要求】

定式：右腕は弧を描き、左へ、体の中軸線前へ来て、体から腕の長さ位離れ、手・腕は緩み、やや内側へ運ばれ、掌心は斜め前を向いている。後脚は前脚から10cm前後離れている。

172

動作：跟歩の時、先ず後ろ腿の膝を緩め、胯を収め、脚を収める。右脚を跟進する時、脚前掌を先に着け、その後、足裏全体を着地させ、次の動作に移動する。体は安定を保つ。

【内意の動き】

　意念で左胯の根元の気を足裏へ沈めることを想い、右腰眼は実から虚へ、右胯をやや縮め、大腿で下腿を、右脚を、順次、回収するように跟歩する。同時に「頭頂虚領」にする。目は前方を平視する。

【呼吸との関係】

　息を吸う。

【攻防の概要】

　相手が突然、拳で打って来る時、右手で内側へかわし、相手の勁力を変化させる。

【指導ポイント】

　跟歩時に体が上下しやすいが、左胯の根元を縮める方法で克服するように指導する。

（2）後坐挑掌（後ろに座り、挑掌をする）

　上体をやや右へ回し、後ろへ座り、体の半面を右へ回し、体の重心を右腿に移す。左脚を引き上げて、やや前へ移す。同時に左手は、側掌で左下から上へ、前へ引き上げ、鼻先と同じ高さで、掌心は右向きにする。臀部はやや屈曲し、右手は左肘の内側へ回し収め、掌心は左向きにする。目は左手及び前方を見る（図 4.61）。

図 4.61　手揮琵琶―後坐挑掌定式

【外形的要求】

定式：両脇下は虚で、空間がある。左手は鼻先と同じ高さ、右手は左肘の内側にある。

動作：挑掌は、腰で腕を上挑し、内側に合わせる。直接、上挑するのではなく、左から、上へ、前へ、やや弧形に上挑する。

【内意の動き】

　両腕を回す時、意念で両腰眼のところを引っ張り上げるような円転運動を想い、また左手で上挑する時は右手と一本の線で繋がって同時に動いていることを想う。体の重心を後ろへ移動するのと、上体半面の右転、左手の上挙、右手の回収は協調一致しなければならない。勁力は、足裏から発し、腕を長く伸ばし、勁力が足裏から、腿、腰、そして指で形となって現れる。

【呼吸との関係】

　息を吸う。

【攻防の概要】

　両手を合わせ、相手の肘関節を攻撃する。

【指導ポイント】

　初心者は体が安定的に移動し、勁力の合力を使うよう注意する。また、攻防を用いて、勁力が合力になっていない問題を修正すると良い。

(3) 虚歩送手（虚歩で、両手を送る）

　前の動作に続いて、左脚を引き上げ、やや前へ移し、踵で着地し、足先を浮かせ、左脚虚歩にする。同時に両手を合わせた合力を前へ送る。目は、左手食指及び前方を見る（図 4.62、図 4.63）。

図 4.62 手揮琵琶―虚歩送手過渡　　　図 4.63　手揮琵琶―虚歩送手定式

【外形的要求】
定式：左掌中指の指先、左脚の足先、鼻先の三点は直角三角形、即ち、「三尖相照」になっている。右掌心は左肘関節へ向き、両脇下に平拳一個分の空間があること。

動作：動作の過程では、左手は左へ、上へ、前へとやや弧形を描き、右手と相合する。移動中、体は安定的に、自然に、また臀部は突き出ない。「沈肩垂肘」、「胸部放松」の状態を保つ。

【内意の動き】
　意念で気を右脚の足裏へ沈め、右胯の根元を緩め、下へ沈めることを想い、左胯の根元を内側へやや縮め、左大腿、下腿、脚を順次、引き上げ、コントロールしながら前に足を落とす。背に靠の意念、頭を引き上げる意念、両手を合わせる時には、前へ送る意念があり、「動短・意遠・勁長（短い動きで、

意念は遠くへ、勁は長く続く）」の感覚がある。前へ伸ばす時は、意念で両腕を合わせてドリルのように回しながら穴を穿つことを想い、背中には拔伸（背中が吸い取られているような）感がある。

【呼吸との関係】

息を吐く。

【攻防の概要】

相手が右拳で胸を打って来る時、自分の左脚で相手の拳を引っ掛け、または相手の前腿を蹴飛ばすと同時に、両手を合わせて攻撃する。左手は相手の右肘を押さえ、右手は相手の手首を挟み、前へ送り、発勁する。すなわち、「合して、即、出す」。

【指導ポイント】

攄膝拗歩からこの動作に入って、重心が前後に移る時、身体が前後に傾かないよう注意する。ポイントは、胯の関節の収縮を利用して体の正直、安定を保つことである。定規を頭頂に載せて動作が正しいかどうかをチェックすると良い。

4.6 左右倒巻肱（ズォヨーダォジュェンゴン）

拳名解説：

伝統の拳名は「倒撵猴」（撵とは追い出す、の意味。ここでは下がりながら手で猿を払う意味）と言う。太極拳においては、退歩の過程で腰・胯を後ろへ移動させることを撵動と称し、敵を猿に喩え、自分が猿を引く手に、猿が飛びついて来るので、自分は退歩しながら、手を退け戻し、猿の攻勢に対処し、同時にもう片方の手で猿の頭を打つ状態を拳名にした。その後、倒巻肱と言うようになっている。手・腕（肱）を後へ逆に巻き戻すことより拳名を得た。肱（gōng：ゴン）は肱（hóng：ホン）と発音する人もいる。

1．右倒巻肱（ヨーダォジュェンゴン）

（1）転体撤手（体を回しながら、手を引き戻す）

　重心を右腿に落としたまま、右掌手心を上向きに変えながら、上体の右への回転に伴い、腹前を経て下から後ろ上方へ弧を描きながら、水平まで上げる。腕は少し屈曲した状態である。左掌手心は上向きにする準備をしていく。左膝をリラックスさせ、目は体の回転と共に最初は右を、続いて前方の左手を見る準備をする（図 4.64、図 4.65）。

図 4.64　右倒巻肱―転体撤手過渡　　**図 4.65　右倒巻肱―転体撤手定式**

【外形的要求】

定式：両腕は弧形で右手は左手より少し高く、右手と手首は肩と同じ高さで、両腕の間は 135°の夾角となっている。下肢は左脚虚歩の状態を保っている。

動作：右手は、腹部を経て下へ、外側へ弧形に退き伸ばす。左手は同時に前へ伸ばす。これらの動作は全て腰で動かす。

【内意の動き】

　意念で右腰側の気を下へ沈め、右腎兪が左腎兪を托し上げることを想い、上体を右後ろへ回転させる。右手は肩から沈め、腰に従い後ろへ退ける。左

手は肩で肘を催し、肘で手を催して前へ伸ばし、両腕は逆方向に引っ張り合い、気は全て背に貼っているように感じる。これらは全て拙力を使わず、意念を用いる。

【呼吸との関係】

　この動作は蓄であり、息を吸う。

【攻防の概要】

　相手に後から抱きつかれた時、右手を撤収して相手の股間に挿し込む、または相手の襠部を打ち相手の攻撃から逃れ、次の動作に備える。

【指導ポイント】

　後ろへ撤手する時、大腿にくっつけて弧を描くのではなく、大腿の外側から平拳約二個分、離して弧を描く。腰の回転と手・腕の弧形動作は同時に行うことをマスターさせる。先ず、単に手法動作のみを練習してもよい（手法練習の部分を参照）。一部の教科書には図 4.65 の動作の時に「目は前の手を見る」と書いているが、この本では「目は手の動作を追うことを強調し、後ろの手の方向を見る」ことを要求する。実際には停めず、連続した動作である。

(2) 虚歩推掌（虚歩で、掌を前に推し出す）

　重心を完全に右腿に移し、左腿を軽く引き上げ、後ろ（やや左）へ一歩退く。左腿の脚前掌を先に床に着け、その後、徐々に足裏全体でしっかり床を踏み着け、体の重心を左腿に移し、右脚虚歩にする。右脚は体の回転に伴い、脚前掌を軸に真っすぐに置き直す。右腕は肘を曲げ、右耳側から前へ推し出す。右手心は前向きにし、左腕は肘を曲げ、後ろへ退け、手心を上向き、左脇の外側へ収める。目は右手及び前方を見る（図 4.66 〜図 4.69）。

図 4.66　右倒巻肱―虚歩推掌過渡（1）―提膝屈肘　　　図 4.67　右倒巻肱―虚歩推掌過渡（2）

図 4.68　右倒巻肱―虚歩推掌過渡（3）　　　図 4.69　右倒巻肱―虚歩推掌定式

【外形的要求】

定式：両腕は弧形を維持し、右手中指の指先は鼻先と相対している。左手は左脇の外側から平拳一個分、離れている。下肢は右脚虚歩の状態を維持し、虚歩の膝は真っ直ぐ伸びていないこと。ここでは定式なので、転体撤手の動作と異なり、平拳一個分である。

動作：右掌の虎口は耳門に向け、弧を描きながら前へ推し出す。腕は真っ直ぐ伸ばさない。左手は直線ではなく、弧を描いて自分の方へ撤収し、両手の

速度は一致させ、硬直しないようにする。左脚はＳ字状に後退し、腰を回し、胯を緩める。退歩の時、脚前掌を先に着け、その後ゆっくり、足裏全体をしっかり踏み着けると同時に、前脚を前向きに直す。左脚を退く時は左後方やや斜めに退く。右脚を退く時は右後方やや斜めに退く（左倒巻肱の時）。後退時に体が上下しないよう、バランスよく安定的に移動する。目は、体の回転とともに、まず右を見る（約90°回転）、そして前の手を見る。

【内意の動き】

　意念で右肩の気を右胯へ沈め、右胯の根元を微かに内に収め、右肩、右肘、右手首をやや内旋させていく。同時に左胯を内側へ収め、腿を引き上げ、後ろへ脚を落とす。腰と寛骨は臼のように回転し、左手を引き戻し、後ろに座るのと同時に右手と左手が前後に運ばれ、意念は右掌心に貫く。

【呼吸との関係】

　この動作は発であり、息を吐く。

【攻防の概要】

　相手が胸を攻撃して来る時、自分の前の手で相手に粘り付き、相手の勢いに任せ退歩して相手の手を引き、後ろの手で相手の顔を攻撃する。

【指導ポイント】この動作のポイントは、退歩の歩法の安定である。両脚は一直線上を踏まないことがカギである。床に線を退く方法で退歩の練習を指導すれば良い。

2. 左倒巻肱（ズォダォジュェンゴン）

（1）転体撤手

　上体を少し左へ回し、同時に左手は体の回転とともに後上方へ弧を描きながら、水平になるまで上げる。手心は上向きのまま、右手は掌を反し手心を徐々に上向きにする。目は体の回転とともに最初に左を見る、続いて前の右手を見る準備をする（図4.70）。

この動作は、1. 右倒巻肱（ヨーダオジュェンゴン）の（1）転体撤手と同じであるので、左右を反対にすれは良い。開始動作の虚歩から足先を浮かせない。

（2）虚歩推掌

　この動作は、1. 右倒巻肱の（2）虚歩推掌と同じであるので、左右を反対にすれば良い（図 4.71 ～図 4.74）。

図 4.70　左倒巻肱―転体撤手定式

図 4.71 左倒巻肱―虚歩推掌過渡（1）―提膝屈肘

図 4.72 左倒巻肱―虚歩推掌過渡（2）

図 4.73 左倒巻肱―虚歩推掌過渡（3）

図 4.74 左倒巻肱―虚歩推掌定式

3．右倒巻肱（ヨーダォジュェンゴン）

1.右倒巻肱（ヨーダォジュェンゴン）と同じである（図 4.75 〜図 4.79）。

図 4.75 右倒巻肱―転体撤手定式　　　　**図 4.76 右倒巻肱―虚歩推掌過渡（1）―提膝屈肘**

図4.77 右倒巻肱―虚歩推掌過渡（2）　**図 4.78 右倒巻肱―虚歩推掌過渡（3）**　**図 4.79 右倒巻肱―虚歩推掌定**

4．左倒巻肱（ズォダォジュェンゴン）

２と同じである（図 4.80 ～図 4.83）。

図4.80 左倒巻肱—転体撤手定式　　図4.81 左倒巻肱—虚歩推掌過渡（1）—提膝屈肘

図4.82 左倒巻肱—虚歩推掌過渡（2）　　図4.83 左倒巻肱—虚歩推掌定式

4.7 左攬雀尾（ズォランチュェウェイ）

拳名解説：

　太極拳中の相手の手・腕を雀の頭と尾羽に喩え、両手で雀の尾羽を持ち、雀と共に上下し、回転し、雀の尾羽を軽く撫でているように、相手の腕に纏わりつき、攻撃して相手を逃がさないようにする。このことから攬雀尾となった。この動作は掤、捋、擠、按の四勁法を含み、「四正手」と呼ばれる。

（1）丁歩抱球（丁歩で、ボールを抱える）

　体の重心は右腿のまま、左脚を右脚の内側へ収め、足先を着けるが、左脚を収める前、左脚で床を蹴って右脚の足先を少し外側に置く。同時に体を少し右へ回し、右腕は水平に胸前に曲げ、左手は体の回転と共に右下方へ弧を描きながら、右脇下で、右手と相対してボールを抱えるようにする（左手心は上向き、右手心は下向き）。目は右手及び右前方を見る（図4.84、図4.85）。

図4.84 左攬雀尾—丁歩抱球過渡　　　　図4.85 左攬雀尾—丁歩抱球定式

【外形的要求】

定式：両掌心はほぼ相対してボールを抱えるようになっている。右腕の上腕と前腕は約 120°の夾角で、手首から膻中のツボまで平拳約三個分、離れている。手首は肩より低く、肘は手首より低い。腕全体を弧形にし、左手は臍と大体同じ高さになっている。両脇下に平拳一個分が入る位の空間を作り、脇は虚になっている。右膝と右脚の足先は相対していて、左脚の踝と下腿の筋肉はリラックスしている。

動作：左攬雀尾の左脚を右脚の内側に収める動作、右攬雀尾の右脚を左脚の内側に収める動作は、熟練して腿部に十分なサポート力があり、体の重心移動の要領を理解したら、足先を着けなくてよい。前へ進める脚を支える脚の内側を経て前へ「邁歩」すればよい。類似動作はこれと同じように処理する。

【内意の動き】

　意念で気を左脚の湧泉のツボに沈め、右胯の根元の力を抜き、腰脊を軸に上体の右半面を約 45°右に回し、胸中線を右前方に対して 45°にする。同時に左脚で床を蹴って得た勁力は、背中に沿って腰の回転とともに両腕に伝わっていく。右腕を主に、捋、化の意を想い、続いて会陰のツボから下へ浅い弧を描き、重心を完全に右腿に移し、気を右脚の足裏へ沈め、左胯の根元を微かに内に収め、大腿を動かし、大腿は下腿を動かして丁歩にする。

【呼吸との関係】

　前の動作に続き、拳勢呼吸で息を吸うが、自然に呼吸してもよい。

【攻防の概要】

　相手が打ってくる拳を受けとめるため、腰を回し、腕を内旋・外旋して相手の拳を掤で受け、捋でその勁力を変化させ、同時に勁力を蓄え、相手の力を借り、次の攻撃に備える。これは太極拳の攻防の特徴であり、無理に対抗せず、相手の勁力を受け、変化させて打つ。「化して自分の力と合わせ打つ」ことは、拳譜にいう「引進落空」である。

【指導ポイント】

　腰を軸に「旋腰転脊」で全身を動かす運動を体得することが大事である。また、腕のうねるような内旋・外旋の動きも体得しなければならない。指導者はハンドルを切るように両手で練習者の両髖骨を回すことを通して指導すると良い。

（2）弓歩掤臂（弓歩になり、手・腕で掤をする）

　上体を左へ回し、左脚を左前方へ一歩「邁出」。足先は前向きにし、重心を徐々に左腿に移し、右腿は自然に真っ直ぐ蹴り伸ばし、左膝を曲げ左弓歩にする。同時に左腕を左前方へ掤で出す（即ち、左腕を弓形に平らに曲げ、前腕の外側と手の甲で前方へ推し出す）。

　左手と前腕は肩と同じ高さで平行にし、手心を後向きにする（自分に向ける）。右手は右へ、下へ右胯の傍に落とす。肘は微かに曲げ、手心は下向きにする。目は左前腕及び前方を見る（図4.86、図4.87）。

図4.86　左攬雀尾—弓歩掤臂過渡

図4.87　左攬雀尾—弓歩掤臂定式

生活を潤す、趣味のアートを追求する
日貿出版社フェイスブックページのご案内

　水彩画、水墨画、折り紙、はがき絵、消しゴムは
んこ、仏像彫刻、書道……、皆さんの暮らしを豊
かにする趣味のアートの専門書をお届けしてい
る日貿出版社では、公式フェイスブックページ
とツイッターで最新情報をお届けしています。

　新刊情報はもちろん、気になる著者と編集者と
の制作現場風景や講習会情報、イベント情報な
どもお知らせしています。
なかにはフェイスブック限定のものもあります
ので、この機会に是非下のQRコードからご登
録ください。

フェイスブック【@nichibou】　　ツイッター【@nichibou_jp】

武術と身体のコツまとめ
Web Magazine コ2【kotsu】

WEBマガジン　コ2は、武道、武術、身体、心、健康をメインテーマに、それぞれの分野のエキスパートの先生が書き下ろしたコンテンツをご紹介しています。

最新の更新情報や新連載、単発企画コンテンツなどの情報は、無料のメルマガ"コ2通信"とフェイスブック【FBコ2分室】でアナウンスされますので是非登録ください。メルマガの登録はコ2のサイトからできます。

また、コ2では随時新企画を募集中です。興味をお持ちの編集者・ライターさんがいらっしゃいましたら、お気軽にお問合せください！

www.ko2.tokyo　　フェイスブック【コ2分室】

【外形的要求】

定式：左腕は弓形で、上腕と前腕の間は約90°、左掌心と膻中のツボは平拳三個分の距離で相対している。左手首は自然に外側へ膨らんでいて、内側へ勾手のようになったり、折腕になっていないこと。右脇下に平拳一個が入る位のスペースがあり、右掌根と髖骨は平拳約二個分、離れている。右掌心は下向き、指先は自然に前を向いている。両腕は弧形を維持し、上から見下ろすと両腕は立体のＳ字状になっている。弓歩の時、両脚の間は横方向に平拳一個分（約10cm）、縦方向に足の長さの約３〜４足分開き、左膝と床は垂直になっている。両腕とも弧形になっていること。

動作：掤出の時、両肩を下へ沈め、両腕とも弧形にする。分手、松腰、弓腿の三者は必ず協調一致させる。

【内意の動き】

　意念で右側の腎兪を下へ沈め、左側の腎兪を托し上げる。気は右腿に沿って右脚の湧泉のツボに沈め、木の根っこが地下１ｍまで張っているように。左胯の根元を微かに内側へ収め、左腿を動かし一歩「邁出」。股間に大きく膨らんだ風船を挟んでいるような、「開襠圓胯」の状態である。勁力は床を蹴った右脚から発し、命門のツボを後ろへ張り、尾閭のツボを前へ送り、背中に沿って左腕と右掌を貫く。全身（上下、左右、前後）は気で膨らみ、張っている感じがする。勁点は熱っぽく、腫れぼったい感じがする。拳譜に言う「気遍身躯不少滞（気は全身を巡り滞りなし）」の感じである。

【呼吸との関係】

　弓歩の重心は徐々に前へ移り、両腕の掤と撑に伴い、逆腹式で深く息を吐く。健身のためだけなら自然に呼吸してもよい。

【攻防の概要】

　前の動作に続き、相手の勁力を引き入れ、自分の勁力を蓄え、発勁に備える。右手で相手の腕を下按し、進歩して相手の踵めがけて差し込み、足先で内側

に扣して、相手の下盤を押さえる。その勢いで、左腕で掤発して相手の体を押し倒す。これこそ、太極拳の「動必進歩以占勢，進必套插以跌人（動けば進歩で自分を有利にし、進歩すれば必ず相手の脚の間に自分の脚を差し込み、相手を倒す）」の攻防の特徴を反映している。勁力の使い方として前の動作「引き入れて空にする」に続き、この動作で「合わせて出す」となる。

【指導ポイント】
　左脚を進める時、右腿がぐらつく傾向がある。指導する時、手で練習者の右膝を固定するか、小さい歩幅で腿力を鍛える方法を指導すれば良い。

（3）後坐下捋（後坐しながら、下捋する）

　重心を微かに下へ沈め、上体をやや左へ回し、左手は前へ伸ばし、掌心を下向きに反す。右手は、掌心を上向きに反し、腹前を経て上へ、前へ、左前腕の下方に伸ばし、その後、体の重心を右腿に移しながら、両手で同時に下捋し、腹前を経て右後方へ弧を描き、右手の掌心を上向きにして肩と同じ高さにする。左腕は胸前で平らに曲げ、掌心は後（自分）に向ける。目は右手及び右後方を見る（図4.88〜図4.90）。

図4.88 左攬雀尾—後坐下捋過渡（1）―転体伸手　　図4.89 左攬雀尾—後坐下捋過渡（2）

【外形的要求】

定式：左掌は右腕の肘関節付近にあり、下肢は開胯圓襠になっている。

動作：両掌を前へ伸ばす時、両手の間は上腕の長さの距離を保ち、下捋の過程で、その距離が伸び縮みしてはならない。両上腕の内側は脇にくっつけない。両脇下は平拳一個分、開ける。後坐下捋の時、身体は正直のまま回し、前・後傾しない、揺れない。後坐の過程では、

図 4.90　左攬雀尾―後坐下捋定式

右腿の膝関節は終始、方向を足先と合わせる。両胯の根元は微かに縮め、両膝及び襠部をアーチ状に張り、即ち、開胯圓襠にする。両腕で下捋する時は腰の回転に随って弧を描きながら回さなければならない。右脚の足裏全体が床に着いている。

【内意の動き】

　意念で両胯の根元の気を下へ沈め、背部の気は上へ、背中に運び、両手を緩め、気持ち良く伸ばそうと想う。同時に左手を前へ伸ばし、左胯は微かに内に縮め、左手と左胯の間が一本のゴムで繋がっているように弾力的に伸縮している感じである。続いて右臀部、右胯の気を右脚の足裏へ沈め、右胯を微かに内に縮め、右膝の力を抜き、気が動きを催促しているかのように、体を後ろへ座らせていく。両手は腰で体の回転と共に右へ水平に弧を描き、勁点は左掌の下縁にあり、意念で両掌の中心を想う。即ち、「上下相随」、「両膊相系（両腕が一本の糸で繋がっているように）」「捋在掌中（掌中で捋する）」である。

【呼吸との関係】

　前の動作に続いて、この動作は、合、収であり、息を吸う。または動作に合わせなくて自然に呼吸してもよい。

【攻防の概要】

　相手が打ち出してくる腕に対し、自分の左手を相手の肘に粘っこく貼り付け、右手は相手の手首を引くように掴み、相手の攻めて来る力を借りて右側へ弧形に捋して相手を前転させる。他の武術では「順手牽羊（原意は時機を狙って他人のものを持ち去ることを意味するが、ここでは時機を逃さず、相手の手を掴む意）」と言う。推手の中では、相手が胸を押して来る時、一方の手で相手の手を外旋させながら、両手で捋して攻撃することも出来る。

【指導ポイント】

　下捋の路線は非常に重要である。直線で右下へ、または下へ、ではない。指導者は練習者の手首を掴み、引いて弧を描き、正しい路線で下捋するのを見せるか、練習者に実際に下捋させて正しい弧形運動を理解してもらう。この後ろへ捋の動作は伝統楊式太極拳とは、運動の幅において異なる。伝統楊式太極拳は運動の幅が小さく、右肩を超えない。しかし、内勁は同じである。伝統楊式と比較しながら指導すればよい。

（4）弓歩前擠（弓歩で、前に擠で出す）

　身体の重心を徐々に前へ移し、左弓歩にする。同時に上体をやや左へ回し、右肘を曲げ右腕を折り胸前に戻す。右手は左手首の内側（両手首の距離は約5cm離す）につけるようで付けてない、上体は引き続き左へ回し、前方に向ける。両手で同時にゆっくり前へ擠で出し、左掌心を後ろ（自分）向きに、右掌心は前向きにする。両前腕は半円形を維持する。目は左手の手首及び前方を見る（図4.91、図4.92）。

図 4.91 左攬雀尾—弓歩前擠過渡
（この段階を搭手と言う、まだ後腿に重心）

図 4.92 左攬雀尾—弓歩前擠定式

【外形的要求】

　　低く、左の前腕は少し外旋している。右手は左手の脈門につけるかつけないかの感じで、左掌心は膻中のツボから平拳約三個分、離れている。

動作：前へ擠で出す時、上体は正直のままである。擠の動作は松腰と弓腿を一致させて行わなければならない。弓歩の要求は、「弓歩掤臂」の時と同じである。

【内意の動き】

　　前へ擠で出す時、先ず、意念で左胯の根元の気を下へ沈め、湧泉のツボを床にくっつけようと想い、膝を緩め、曲げ、襠部を開き張る。同時に床を外に潰し蹴る右脚からの勁を想い、その勁を脚から腰、脊背を通して、前腕と手指で形にする。正に「節節貫串」「周身勁整」である。上体は下肢に随って下へ緩め、沈める。両手は重ねて一気に前へ擠で出す（両手でプレスする感じ）。意念で左の前腕の外側を想うと、熱っぽく、腫れぼったい感じがし、腰部の帯脈のツボには充実感がある。

【呼吸との関係】

前の動作に続いて、この動作は開、発であり、深く息を吐く。

【攻防の概要】

前の動作に続いて後捋する時、相手は本能的に後ろへ手を引くが、自分は相手の引く力を借り、両手の合力で相手の胸を擠（プレス）して倒す。勁力は相手の重心に到達する。この動作は、「曲中求直」であり、多方向への勁力変化を意味する。

【指導ポイント】

前の動作に続き、後捋から前擠への動作移行中、「圓活」と「勁整」は容易ではない。体を回し、前擠する時、先ず、右側の股関節を緩め内動を起こさせることが必要である。無理に体を回さないように指導する、または練習者に、まず、わざと回転幅を大きくして練習させ技術要求を理解してもらう。

勁力については、腕で前へ擠するのは実際には脚で蹴った（蹬出した）時の勁力であり、全身一気のことを理解してもらう。指導者は練習者が擠する時の前腕を按で押さえ、練習者に右腿を曲げ、床を蹴らせ、足裏からの勁力が上へ伝わっていく感じを体得させる。

(5) 後坐収掌（後坐で、両掌を収める）

身体の重心を右腿に移し、左脚の足先を浮かせ（翹脚）、虚歩にする。同時に右手は、左手首の上方を経て左へ、前へ伸ばし、左手と揃え、掌心を下向きにする。左手は、掌心を下向きにし、両手は肩幅で左右に開く。上体を後ろへ座らせ、両肘を曲げ胸前に収め、両掌心を下向きにする。目は前方を見る（図4.93～図4.96）。

図 4.93 左攬雀尾─後坐収掌過渡（1）　　　図 4.94 左攬雀尾─後坐収掌過渡（2）

図 4.95 左攬雀尾─後坐収掌過渡（3）　　図 4.96 左攬雀尾─後坐収掌定式

【外形的要求】

定式：両腕を曲げ、内に収め、両腕は体にくっつけていない。両手の甲は肩から約 10cm 離れ、両掌心は斜めに相対している。両肘は肋骨から平拳一個分、離れ、両脇下には平拳一個分の空間がある。後坐は、体の正直を保ち、後頭部、尾骨、踵がほぼ垂直（絶対ではない）になっている。右膝は右足先と方向が同じで、左腿は膝が微かに曲がり、真っ直ぐ伸びていない。足先を浮かせている時、踵がリラックスしていて、両胯の根元は開いて張りだしている。

動作：両掌を内（自分の方）に収める時、腰で外旋させながら、弧を描き、収める。

【内意の動き】

　意念で右胯の根元を微かに後ろへ引き、上体を後ろへ座らせ、腎兪の気を下へ沈め、尾閭のツボを前へ送り、背中の夾脊を、後ろで椅子にもたれかける感じである。同時に胸の気を下へ沈め、肩を沈め、肘を垂らし、肩で上腕を、上腕で前腕を連れて来て、両手は上体に随って後ろへ座ると共に胸前に収める。後ろへ収めている時も両手は前掤の勁を失わない、対向して引っ張り合う感じで、山河を飲み込む勢いがある。

【呼吸との関係】

　前の動作に続いて、この動作は収、化であり、息を吸う。

【攻防の概要】

　相手が攻撃して来る両手に対処するため、自分は両手を外旋させながら後ろへ座り、相手の勁を受け流し／相手の勁力を引き入れ空にさせると同時に、自分の勁力を蓄えて次の発勁に備える。

【指導ポイント】

　掌を収める時、本能的に胸を突き出してしまい易い。指導者は手で練習者の膻中のツボを軽く押さえ、または練習者自身の背中で後ろに靠しながら手を収めさせ、「含胸抜背」の要求を体得させる。この動作は先に足先を浮かせてから後ろへ座るが、伝統楊式太極拳は足先を浮かせないので要注意である。

（6）弓歩按掌（弓歩で、両掌で前に按する）

　前の動作から止まらず、この動作をする。体の重心を前へ移し、左腿は前へ曲げ、左弓歩にする。同時に両手は、ゆっくり後ろ（自分の方）へ収め、腹前を経て前へ、上へ按出する。掌心は前向き、手首は肩と同じ高さである。目は前方を平視する（図 4.97 ～図 4.99）。

図 4.97 左攬雀尾─弓歩按掌過渡（1）

図 4.98 左攬雀尾─弓歩按掌過渡（2）

図 4.99 左攬雀尾─弓歩按掌定式

【外形的要求】

定式： 両掌心は斜めに相対し、両掌の間は概ね肩幅、掌縁（小指側）は前向きになっている。平掌で前へ伸ばしていないこと。親指側は微かに後ろへ反り、両腕は弧形になっている。左膝頭は足先を超えていないこと。上体は正直を保ち、弓歩の両脚の距離は横方向に平拳約二個分（20cm）となっていること。

動作： 前按する時、上体は正直で、腰と胯を緩める。両腕は、足が弓歩に変わっていくに連れ、肩を沈め、肘を垂らし曲線を描きながら両掌を前按で出していく。この動作は腰で主宰する。両腕の動作は円滑自然である。腿部の前弓と後坐は、軽快で安定的に行わなければならない。この按の動作は、そ

195

の前の掤、擠から切れることなく、連続した動作であるから、一連の動作の過程で、踵を動かさないようにすることが大事である。

【内意の動き】
　意念で胸中の気を下へ沈め、左胯の根元から力を抜き、左膝を曲げ弓なりにし、両臀兪から気を下へ沈め、腰を緩めてその気を右脚に沈める。右脚を緩め、床を蹴り、その勁力を上へ、腰脊に運び、命門のツボを膨らませ、尾閭のツボを前に送り、含胸抜背で気を沈め、肩と肘の関節を開き、体の後ろ側で支える勁力を両掌の外縁（小指側）に到達させる。まさに「力由背発」「行於手指」である。意で勁を遠くへ、長く伝えるイメージである。

【呼吸との関係】
　前の動作に続いて、この動作は発であり、息を吐き、発勁する。

【攻防の概要】
　前の動作に続き、合わせて打つ（合即出）。相手の勁力を変化させ、自分は勁力を蓄え、両手で前按する。前按で、少し弧を描くようにして、相手の踵を浮かせ、倒す。

【指導ポイント】
　練習中、平掌、直腕で按出する傾向がある。攻防の意味を良く説明し、練習者に間違った動作で推し出してもらい、正しい動作と比較して、どこが間違ったのかを体験させ修正する。太極掌には「非圓即弧」の運動が多く、通常、直出直入がなく、按出時に弧形で按出する「圧弧逼出」という弧形運動をする。その弧形運動の良さを練習者に理解してもらう。

4.8 右攬雀尾 （ヨーランチュェウェイ）

（1）転体展臂（身体を回転させ、両腕を広げる）

　身体の重心を右腿に移動し、左脚の足先を、先ず内扣し（内側に入れ）、体を右へ回転させる。右手は体の回転と共に右へ平らに弧形に回し、左手と共に両腕を身体の側面で平挙する。掌心は前向き、肘は微かに曲げる。同時に右脚の足先を体の回転に随って外側に置き、右弓歩にする。目は右手を見る（図4.100、図4.101）。

図4.100 右攬雀尾—転体展臂過渡

図4.101 右攬雀尾—転体展臂定式

【外形的要求】
定式：両掌の手首は肩と同じ高さにし、両肘は垂れ、両腕は弧形になっている。下肢は、圓襠を保ち、右膝頭は足先を超えていないこと。

動作：左脚は、踵を軸に90°内扣し、腰を右へ90°回転、右脚は外側へ45°外側に置き、左右の足先は各々前方に向ける。右掌は腰で弧を描き、平行に置く。

【内意の動き】
　意念で気を右脚の足裏へ沈め、右踝を緩め、右膝を曲げ、右胯を縮め、命

門のツボを後ろにもたせかけ、体を自然に後ろへ座らせる。同時に意念で体の正中線を想い、上下一気に右へ回転させ、上肢と下肢を動かし、勁力は右腕に貫かせる。

【呼吸との関係】

この動作は扣脚、転身であり、息を吐く。

【攻防の概要】

相手から右肩を按で攻撃され、または右肩を捕れた時、自分は直ちに右肩を緩め、相手の勁力を変化させると同時に、体を回転し、振り向きざまに右掌で相手を空手の手刀の如く攻撃する。

【指導ポイント】

練習中、体を右に回転させる時、先ず右側の肢体を緩めてから回転させるよう注意する。そして重心は左から右へ、また左へ（次の丁歩抱球で）、数回の重心移動があり、伝統楊式太極拳の重心移動とは多少異なる。楊式太極拳は、左脚に重心を移行したら、即、次の動作に移り、行って戻る重心移動がない。

(2) 丁歩抱球

体の重心を左腿に移し、体を微かに左へ回し、右脚を左脚の内側に収め、足先を軽く床に着ける。左腕は左胸前に水平に曲げ、肩と同じ高さにし、掌心を下向きにする。右手は腹前を経て左へ弧を描き、左脇下（掌心は上向き）に持っていき、左手と上下に相対してボールを抱えるようにする。目は左手及び前方を見る（図4.102、図4.103）。

図 4.102 右攬雀尾—丁歩抱球過渡　　図 4.103 右攬雀尾—丁歩抱球定式

【外形的要求】

定式：左攬雀尾…丁歩抱球と同じである。左右の肢体は逆になる。

動作：左攬雀尾…丁歩抱球と同じである。左右の肢体は逆になる。

【内意の動き】

　意念で気を左脚の足裏（湧泉）に沈め、左胯の根元を微かに内側へ収め、その勁力をそのまま維持する。右臀部及び胯の力を緩め、頭頂の百会のツボを上へ吊り上げられたように首の後ろを立て、立身・竪腰（体と腰を真っ直ぐにする）にし、腰で右大腿と下腿を動かし、脚を内側に収める。両腕は、回転しているボールを抱えているような感じである。右脚の回収と両腕の合抱は、一本の線で繋がっているように、一気になし遂げる。「抱球不触身（ボールを抱えるイメージで、脇を開け手は体に触れない）」「似抱非抱（抱えているようで抱えていない）」の状態である。

【指導ポイント】

　この動作の時、上体が前へ傾き、左膝頭が左脚の足先を超える態勢になってから、右脚を収める誤りを犯し易い。指導者は左手で練習者の左膝を阻止すると同時に、右手で練習者の左胯の根元に触れ、前傾させないで立身中正になるよう指導してもよい。

(3) 弓歩掤臂

　上体を右へ回し、右脚は右前方へ一歩「邁出」。重心をゆっくり右腿に移し、左脚の踵を後ろへ蹴り伸ばし、右膝を曲げ、右弓歩にする。同時に上体を引き続き右へ回し、前方に向ける。右腕は前へ掤出し、肩と同じ高さにし、掌心は後ろ（自分）に向ける。左手は、左下方へ落し、左胯の旁に置く。掌心は下向き、指先は前向きにする。目は右前腕を見る（図 4.104 ～図 4.106）。

図 4.104 右攬雀尾─弓歩右掤過渡（1）

図 4.105 右攬雀尾─弓歩右掤過渡（2）

図 4.106 右攬雀尾─弓歩右掤定式

【指導ポイント】

　この動作の途中で、左掌を右腕の内側に一瞬つけるが、その後は伝統楊式大架太極拳と異なる。伝統楊式では「左掌は右腕とともに前へ推出する」となっている。練習中に楊式太極拳と比較し、その違いを明らかにし、混同しないようにする。

（4）後坐下捋

　重心をゆっくり下に沈め、上体をやや右へ回すと同時に、右手は前へ伸ばし、掌を反し掌心を下向きにする。左手は、掌を反し掌心を上向きにし、腹前を経て上へ。前へ伸ばして右前腕の下方に置き、体の重心を左腿に移しながら、両手で一緒に下捋する。上体を左へ回し、両手は腹前を経て左後方へ弧を描き、左手の掌心を上向きにして、肩と同じ高さにする。右腕は胸前で平らに曲げ、掌心は後ろ（自分）向きにする。目は左手及び左後方を見る（図4.107～図4.109）。

図 4.107 右攬雀尾―後坐下捋過渡（1）―転体伸手

図 4.108 右攬雀尾―後坐下捋過渡（2）

図 4.109 右攬雀尾―後坐下捋定式

201

【外形的要求】

定式：左攬雀尾…後坐下捋と同じである。左右が逆になる。

動作：両掌を前へ伸ばす時、両手の間は上腕の長さの距離を保ち、下捋の過程で、その距離が伸び縮みしてはならない。両上腕の内側は脇にくっつけない。両脇下は平拳一個分、開ける。後坐下捋の時、体は正直のまま回し、前・後傾しない、揺れない。後坐の過程では、左腿の膝関節は終始、方向を足先と合わせる。両胯の根元は微かに縮め、両膝及び襠部をアーチ状に張り、即ち、開胯圓襠にする。両腕で下捋する時は腰の回転に随って弧を描きながら回さなければならない。左脚の足裏全体が床に着いている。

【内意の動き】

　意念で両胯の根元の気を下へ沈め、背部の気は上へ、背中に運び、両手を緩め、気持ち良く伸ばそうと想う。同時に右手を前へ伸ばし、右胯は微かに内に縮め、右手と右胯の間が一本のゴムで繋っているように弾力的に伸縮している感じである。続いて左臀部、左胯の気を左脚の足裏へ沈め、左胯を微かに内に縮め、左膝の力を抜き、気が動きを催促しているかのように、体を後ろへ座らせていく。両手は腰で体の回転と共に右へ水平に弧を回し、勁点は右掌の下縁にあり、意念で両掌の中心を想う。即ち、「上下相随」「両膊相系（両腕が一本の糸で繋がっているように）」「捋在掌中（掌中で捋する）」である。

【呼吸との関係】

　前の動作に続き、この動作は合、収であり、息を吸う。または動作に合わせなくて自然に呼吸してもよい。

【攻防の概要】

　相手が打ち出して来る腕に対し、自分の右手を相手の肘に粘っこく貼り付け、左手は相手の手首を引くように掴み、相手の攻めて来る力を借りて左側へ弧形に捋して相手を前転させる。他の武術では「順手牽羊（原意は時機を

狙って他人のものを持ち去ることを意味するが、ここでは時機を逃さず、相手の手を掴む意）」という。推手の中では、相手が胸を押してくる時、一方の手で相手の手を外旋させながら、両手で捋して攻撃することもできる。

【指導ポイント】

　下捋の路線は非常に重要である。直線で左下へ、または下へ、ではない。指導者は練習者の手首を掴み、引いて弧を描き、正しい路線で下捋するのを見せるか、練習者に実際に下捋させて正しい弧形運動を理解してもらう。この後ろへ捋の動作は伝統楊式太極拳とは、運動の幅において異なる。伝統楊式太極拳は運動の幅が小さく、左肩を超えない。しかし、内勁は同じである。伝統楊式と比較しながら指導すればよい。

（5）弓歩前擠

　身体の重心を徐々に前へ移し、右弓歩にする。同時に上体をやや右へ回し、左肘を曲げ左腕を折り胸前に戻す。左手は右手首の内側（両手首の距離は約5cm離す）につけるようでつけてない。上体は引き続き右へ回し、前方に向ける。両手で同時にゆっくり前へ擠で出し、右掌心を後ろ（自分）向きに、左掌心は前向きにする。両前腕は半円形を維持する。目は右手の手首及び前方を見る（図4.110、図4.111）。

図4.110 右攬雀尾—弓歩前擠過渡—転体搭手
（この段階を搭手と言う、まだ後腿に重心）

図4.111 右攬雀尾—弓歩前擠定式　　203

【外形的要求】

左攬雀尾…弓歩前擠と同じである。左右の動作は逆になる。

【内意の動き】

前へ擠で出す時、先ず、意念で右胯の根元の気を下へ沈め、湧泉のツボを床にくっつけようと想い、膝を緩め、曲げ、襠部を開き張る。同時に床を外に潰し蹴る・左脚からの勁を想い、その勁を脚から腰、脊背を通して、前腕と手指で形にする。正に「節節貫串」「周身勁整」である。上体は下肢に随って下へ緩め、沈める。両手は重ねて一気に前へ擠で出す（両手でプレスする感じ）。意念で右の前腕の外側を想うと、熱っぽく、腫れぼったい感じがし、腰部の帯脈のツボには充実感がある。

【呼吸との関係】

前の動作に続いて、この動作は開、発であり、深く息を吐く。

【攻防の概要】

前の動作に続いて後捋する時、相手は本能的に後ろへ手を引くが、自分は相手の引く力を借り、両手の合力で相手の胸を擠（プレス）して倒す。勁力は相手の重心に到達する。この動作は、「曲中求直」であり、多方向への勁力変化を意味する。

【指導ポイント】

前の動作に続き、後捋から前擠への動作移行中、「圓活」と「勁整」は容易ではない。体を回し、前擠する時、先ず、左側の股関節を緩め内動を起こさせることが必要である。無理に体を回さないように指導する、または練習者に、まず、わざと回転幅を大きくして練習させ技術要求を理解してもらう。勁力については、腕で前へ擠するのは実際には脚で蹴った（蹬出した）時の勁力であり、周身一気のことを理解してもらう。指導者は練習者が擠する時の前腕を按で押さえ、練習者に左腿を曲げ、床を蹴らせ、足裏からの勁力が上へ伝わっていく感じを体得させる。

（6）後坐収掌

　体の重心を左腿に移し、右脚の足先を浮かせ（翹脚）、虚歩にする。同時に左手は、右手首の上方を経て右へ、前へ伸ばし、右手と揃え、掌心を下向きにする。右手は、掌心を下向きにし、両手は肩幅で左右に開く。上体を後ろへ座らせ、両肘を曲げ胸前に収め、両掌心を下向きにする。目は前方を見る（図4.112〜図4.114）。

図4.112 右攬雀尾—後坐収掌過渡（1）

図4.113 右攬雀尾—後坐収掌過渡（2）

図4.114 右攬雀尾—後坐収掌定式

【外形的要求】

定式： 両腕を曲げ、内に収め、両腕は体にくっつけていない。両手の甲は肩から約10cm離れ、両掌心は斜めに相対している。両肘は肋骨から平拳一個分、離れ両脇下には平拳一個分の空間がある。後坐は体の正直を保ち、後頭部、尾骨、踵がほぼ垂直（絶対ではない）になっている。左膝は左足先と方向が

同じで、右腿は膝が微かに曲がり、真っ直ぐ伸びていない。足先を浮かせている時、踵がリラックスしていて、両胯の根元は開いて張りだしている。

動作：両掌を内（自分の方）に収める時、腰で外旋させながら、弧を描き、収める。

【内意の動き】

　意念で左胯の根元を微かに後ろへ引き、上体を後ろへ座らせ、腎兪の気を下へ沈め、尾閭のツボを前へ送り、背中の夾脊を、後ろで椅子に座らせる／もたれかける感じである。同時に胸の気を下へ沈め、肩を沈め、肘を垂らし、肩で上腕を、上腕で前腕を連れて来て、両手は上体に随って後ろへ座ると共に胸前に収める。後ろへ収めている時も両手は前掤の勁を失わない。対向して引っ張り合う感じで、山河を飲み込む勢いがある。

【呼吸との関係】

　前の動作に続いて、この動作は収、化であり、息を吸う。

【攻防の概要】

　相手が攻撃してくる両手に対処するため、自分は両手を外旋させながら後ろへ座り、相手の勁を受け流し／相手の勁力を引き入れ空にさせると同時に、自分の勁力を蓄えて次の発勁に備える。

【指導ポイント】

　掌を収める時、本能的に胸を突き出してしまい易い。指導者は手で練習者の膻中のツボを軽く押さえ、または練習者自身の背中で後ろに靠しながら手を収めさせ、「含胸抜背」の要求を体得させる。この動作は先に足先を浮かせてから後ろへ座るが、伝統楊式太極拳は足先を浮かせないので要注意である。

（7）弓歩按掌

　前の動作から止まらず、この動作をする。体の重心を前へ移し、右腿は前へ曲げ、右弓歩にする。同時に両手は、ゆっくり後ろ（自分の方）へ収め、腹前を経て前へ、上へ按出する。掌心は前向き、手首は肩と同じ高さである。目は前方を平視する（図4.115、図4.116）。

図4.115 右攬雀尾─弓歩按掌過渡　　　　**図4.116 右攬雀尾─弓歩按掌定式**

【外形的要求】

定式：両掌心は斜めに相対し、両掌の間は概ね肩幅、掌縁（小指側）は前向きになっている。平掌で前へ伸ばしていないこと。親指側は微かに後ろへ反り、両腕は弧形になっている。右膝頭は足先を超えていないこと。上体は正直を保ち、弓歩の両脚の距離は横方向に平拳約二個分（20cm）となっていること。

動作：前按する時、上体は正直で、腰と胯を緩める。両腕は、足が弓歩に変わっていくに連れ、肩を沈め、肘を垂らし曲線を描きながら両掌を前按で出していく。この動作は腰で主宰する。両腕の動作は、円滑自然である。腿部の前弓と後坐は、軽快で安定的に行わなければならない。この按の動作は、その前の捋、擠から切れることなく、連続した動作であるから、一連の動作の過程で、踵を動かさないようにすることが大事である。

【内意の動き】

　意念で胸中の気を下へ沈め、右胯の根元から力を抜き、右膝を曲げ弓なりにし、両腎兪から気を下へ沈め、腰を緩めてその気を左脚に沈める。左脚を緩め、床を蹴り、その勁力を上へ、腰脊に運び、命門のツボを膨らませ、尾閭のツボを前に送り、含胸抜背で気を沈め、肩と肘の関節を開き、体の後ろ側で支える勁力を両掌の外縁（小指側）に到達させる。まさに「力由背発」「行於手指」である。意で勁を遠くへ、長く伝えるイメージである。

【呼吸との関係】

　前の動作に続いて、この動作は発であり、息を吐き、発勁する。

【攻防の概要】

　前の動作に続き、合わせて打つ（合即出）。相手の勁力を変化させ、自分は勁力を蓄え、両手で前按する。前按で、少し弧を描くようにして、相手の踵を浮かせ、倒す。

【指導ポイント】

　練習中、平掌、直腕で按出する傾向がある。攻防の意味をよく説明し、練習者に間違った動作で推し出してもらい、正しい動作と比較して、どこが間違ったのかを体験させ修正する。太極掌には「非圓即弧」の運動が多く、通常、直出直入がなく、按出時に弧形で按出する「圧弧逼出」という弧形運動をする。その弧形運動の良さを練習者に理解してもらう。

4.9 単鞭 (ダンビェン)

拳名解説：

　単鞭動作の過程では、片手の指全体で何かを摘まむような勾形にして後ろへ置き、もう片方の手は顔の前を経て前に払って推し出す。後ろの手は鞭を引き揚げ、馬を叩いて催促する、または両腕を鞭に喩え、鞭で打つ勁を含む意味で拳名を得た。

(1) 扣脚雲手（扣脚しながら、雲手をする）

　上体を後ろへ座らせながら、体の重心を徐々に左腿に移し、右脚の足先を内扣する。同時に上体を左へ回し、両手（左手が高く右手が低い）は左へ弧形に回し、左腕は左体側へ平らに肩の高さまで移動させ、掌心は左前向きにする。右手は、腹前を経て左脇の前まで運び、掌心は後ろ（自分の方）上向きにする。目は左手及び前方を見る（図 4.117、図 4.118）。

図 4.117 単鞭—扣脚雲手過渡　　　　図 4.118 単鞭—扣脚雲手定式

【外形的要求】

定式：右掌は左肘の下方に置かれ、右脚は踵を軸に足先が約 90°内側に入り、胸前と同じ方向を向いている。左膝は左脚、左肘は左膝と向きが同じである。右手の掌心は左肘から平拳約一個分離れ、両胯の根元は微かに縮み、上体は正直であること。

動作：腰脊で体を回転させ、安定的に左側へ移動させる。虚実を鮮明にし、勁力は連綿不断である。

【内意の動き】

　意念で左胯の根元を緩め、気を左脚に沈め、百会のツボから会陰のツボの間で気の軸が回転しているように、右側の腎兪で左側の腎兪を托し上げるように、上体を左へ回し、腰で両腕を左へ立円を描く。即ち、腰が主宰する。

【呼吸との関係】

　前の動作に続き、後ろへ座ろうとする時、まず息を吸い、息を調整し、扣脚、転体、雲手の時は息を吐く。

【攻防の概要】

　左肩を相手に捕まれた時、その左肩を緩め、体を回し相手の力を変化させながら、左腕を転がすように外旋・内旋し、相手の手から逃れ、次の動作に備える。

【指導ポイント】

　練習中、左肩を緩め、体の左側が左に自転する感覚を体得する。無理に回してはならない。指導者は、手で練習者の左肩を押さえ、要領を説明しながら肩をリラックスさせる方法を指導するとよい。伝統楊式太極拳のこの動作は「両掌向左抹転半个平面楕圓形（両掌は左へ抹転して半平面の楕円形を描く）」のであって、24式のこの動作とは異なっている。

(2) 丁歩勾手（丁歩で、勾手を作る）

　体の重心を徐々に右腿に移し、上体を右へ回し、左脚は右脚に寄せ、脚前掌を床に着ける。同時に右手は右上方へ弧（掌心は内側から外側へ翻転させる）を描きながら、右側まで回したら勾手に変える。腕は肩と同じ高さにする。左手は下へ回し、腹前を経て右上方へ弧を描きながら右肩前で停める。掌心は内向きにする。目は右手を見る（図4.119〜図4.121）。

図4.119 単鞭—丁歩勾手過渡（1）

図4.120 単鞭—丁歩勾手過渡（2）

図4.121 単鞭—丁歩勾手定式

【外形的要求】

定式：手指は勾型で軽く握られ、手首が吊られ、肘先は下へ垂れ、腕は弧形になっている。丁歩の左脚の脚前掌は軽く床に触れていること。

動作：収脚し終えた瞬間、勾手を作る。

【内意の動き】

　前の動作に続き、意念が途切れないようにし、意念で右腎兪の気を下へ沈め、右胯を緩め、臍と命門のツボを軸に左から右へ立体的に回転させる。同時に帯脈のツボに沿って平面で回転し、両腕の動きは慣性に従って右へ弧を描く。

【呼吸との関係】

　前の動作に続き、右へ歩を寄せる時、息を吸い、蓄とする。左脚を寄せ終わったら、息を吸うのも完了する。または自然に呼吸しても良い。

【攻防の概要】

　前の動作に続き、左手で相手からの攻撃力を変化させ、相手の手を絞り、腕に纏わりつき、右手で捋して勾手に変え相手を掴み、勢いを蓄え、次の発勁に備える。

【指導ポイント】

　練習中、一番重要なのは、腰の使い方である。前後の軸に沿って両腕を動かし、入れ替えて弧を描く動作は、完全に揃えて一気に行う。意念で臍と命門のツボの間で前後の軸を回転させることを想うとよい。両手の動きも一緒に加え、攻防のように左手で絞り、纏わりつくように、右手は勾手で掴むような練習をしてもよい。

（3）弓歩推掌（弓歩になりながら、推掌する）

　　上体を少し左へ回し、左脚を左前側へ一歩「邁出」（足先は進行方向に向かって正面に置く）。右脚の踵は後ろへ蹴り、体の重心を徐々に左腿に移し、左弓歩にする。同時に左掌は上体と共に引き続き左へ回し、ゆっくり掌を反し前へ推し出す。掌心は前向き、指は鼻先と同じ高さにする。腕は少し曲げる。目は左手及び前方を見る（図 4.122、図 4.123）。

図 4.122　単鞭─弓歩推掌過渡　　　　　　　　図 4.123　単鞭─弓歩推掌定式

【外形的要求】

定式：左腕は上腕と前腕が約 170°に彎曲している。右手の勾先は下へ垂れ、肘先は墜ち、両腕は前後一体で貫通し、左腕と右腕はほぼ 150°の夾角になっている。両腕は弧形で、真っ直ぐ伸ばしていないこと。上半身は正直で、腰は緩み、左手は前に推し出していて、左肘は左膝と上下に相対し、両肩は下へ沈んでいる。弓歩は順弓歩で、両脚の横方向の距離は平拳一個分（10cm）となっている。身体の正中線は左前方とは 45°になっている。

動作：左手は外側へ掌を反し前に推す時、体の回転とともに反しながら推し出す。掌を反すのが早すぎてはならない、また、最後にいきなり掌を反してはならない。すべての過渡動作は上下、協調一致していること。

【内意の動き】

　意念で左胯の根元をリラックスさせ、外旋し、胸中の気を下へ沈め、左肩を緩め、左脚は気に動きを促されるように、大腿、下腿、脚の順に動かし、左脚の足裏を徐々に、しっかりと踏み込む。右脚で床を蹴り、意念で会陰のツボが下へ浅い弧を描き、命門のツボを膨らませ、尾閭のツボを送り出すことを想う。腰を回す勁は左掌の外縁（小指側）に貫くと同時に両手は反対方向に引っ張り合い、弓を張っているようである。

【呼吸との関係】

　前の動作に続き、この動作は発であり、息を吐く。

【攻防の概要】

　前の動作に続き、右手は相手を捉え、左手は相手の脇下へ挿し込み、左足を上歩して足先を内に入れ相手の踵を抑え、足を封じる。即ち、伝統の「套封挿逼（套封とは、相手の前足を退けないように相手の足の後ろを脚で封じること、退路を断つ意である。挿逼とは、相手の股間に脚を挿しこみ接近すること）」の用法である。左手は掌を反し下向きにして前に推し、按して相手を倒す。

【指導ポイント】

　練習中、左手の運動方法に要注意である。引き上げて軽く按するのではなく、手を反しながら前に推す。指導者は、自分の手で練習者の推掌を遮り、練習者に腕を回しながら推し出してもらうようにする。体でこのポイントを体得させる。伝統楊式大架太極拳の後ろの勾手の腕と前の手は直線に近くなり、24式太極拳とは少し異なる。

4.10 雲手 （ュィンショゥ）

拳名解説：

　この動作は、両手が腰脊の回転の下で、上下、左右に雲のように切れずに回り、両足の並歩、開歩の動作に合わせ、静かに空を行き来する連綿不断な雲のようであることから雲手と言う。

(1) 扣脚雲手

　体の重心を右脚に移し、体を徐々に右へ回す。左足先を先ず内扣し、左手は腹前を経て右上に弧を描き、右肩前、肘下へ回し、掌心を斜め後ろ（自分）向きにする。同時に右手は掌に変え、掌心を右前向きにする。目は最初、左手の動きの方向、定式では右手を見る（図 4.124、図 4.125）。

図 4.124 雲手—扣脚雲手過渡　　　　　図 4.125 雲手—扣脚雲手定式

（2）収脚雲手（雲手して、収脚する）

　上体をゆっくり左へ回し、体の重心はそれに伴って左へ移動する。右手を下へ、左手を上に入れ替え、左手は顔前を経て左側へ回し、掌心はゆっくり左前向きにする。右手は右下から腹前を経て左肩前、肘下まで左上へ弧を描き、掌心は斜め後ろ向きにする。同時に右脚は、左へ移動し、左脚近くに寄せ、小開立歩（両脚の距離は約 10 ～ 20cm）にする。目は手を上下入れ替えた後は左手の動きの方向を見る（図 4.126 ～図 4.129）。

図 4.126 雲手―収脚雲手過渡（1）

図 4.127 雲手― 収脚雲手過渡（2）

図 4.128 雲手―収脚雲手過渡（3）

図 4.129 雲手―収脚雲手定式

【外形的要求】

定式：両腕は肘を曲げ、弧形を保ち、両膝は曲がり、少し座るようにし、両脚は平行で上体は正直を保っている。

動作：両腕は腰を軸に同じ方向へ回し、両腕は胸部・腹部との間に平拳三個分の距離を保ち、両腕とも自転する。回転中は終始、円く張りを保ち、体が上下に起伏しないようにする。左掌を少し按する時に右脚が寄り始める。

【内意の動き】

　意念で左胯の気を下へ沈め、帯脈のツボに沿って腰を右へ、左へ、弧を描き、回転させる。回転中、気を両腕に貫かせ、あたかも気が両手の内にある球面の回転を催促するかのように。そして右脚の足裏で床を蹴る勁力で左胯の根元を収め、膝を曲げ、腰を回し、腿を小開立歩にする。

【呼吸との関係】

　体を回す前に息を吐き、回転、脚を引き上げる時に息を吸う。脚を下ろし、揃える時は、発であり、息を吐く。

【攻防の概要】

　相手が攻撃してきた時、自分の左手で圓掤し、相手の勁力に粘着し、回転により相手の勁力を変化させ、右掌で相手の脇を攻撃し、または挿し込むか、相手を推し出し倒してもよい。

【指導ポイント】

　練習中、体の安定を保ち、腰で手を動かすことはなかなかできない。手法、歩法を別々に練習することが重要である。また、小開立歩時の両脚の間隔に注意すること。

（3）伸脚雲手（脚を伸ばして雲手をする）

　　重心を右腿に移し、左脚を左横に一歩開き、上体を右へ回し、右腿に更に重心を載せるように踏み込む。同時に両手は上下入れ替わり、右手は引き続き右へ回し、掌心を右前向きにする。左手は腹前を経て右肩の前、肘下まで右上へ弧を描き、掌心は斜め後向きにする。目は最初、左手、手を上下入れ替えた後、右手の動きの方向を見る（図4.130〜図4.132）。

図4.130 雲手—伸脚雲手過渡（1）　図4.131 雲手—伸脚雲手過渡（2）　　　　図4.132 雲手—伸脚雲手定式

【外形的要求】
定式：両腕は屈曲して、張りを保ち、両掌心は上下で相対している。両脚は平行で平拳四個分、離れ、側弓歩になっている。上体は正直で、両腕は弧形になっている。

動作：両手を上下入れ替えた後、左掌を腹前からやや上へ運び、右掌は少し下按する時に左腿と協調一致させ、ばらばらに動かさない。

【内意の動き】
　　先ず、意念で立身のことを想う。体の中軸で上体を右へ回転させると同時に両腕を上下入れ替え回し、右掌を下按しようとする時に左脚と一本の線で

218

繋っていることを想う。少し按すると同時に左脚を出し、両掌に掤勁を持たせ、全身を下へ緩め、沈める。

【呼吸との関係】

この動作では、息を吸う。その後の動作は発であり、息を吐く。

【攻防の概要】

前の動作に続き、体を沈める力で、掌で下按し、連続して相手を攻撃する。

【指導ポイント】

練習中のポイントは、手と脚が相随することである。そのカギは腰にある。腰脊をハブとして上は手を回し、下は脚を動かす。上下相随し、自然で円滑であり、緩慢で均一に動かす。

（4）収脚雲手

（2）の内容と同じようにする（図4.133〜図4.136）。

図4.133-5 雲手―収脚雲手過渡（1-3）　　　　図4.136 雲手―収脚雲手定式

（5）伸脚雲手

（3）の内容と同じようにする（図4.137～図4.138）。

図4.137 雲手—伸脚雲手過渡　　　図4.138 雲手—伸脚雲手定式

（6）収脚雲手

（2）の内容と同じようにする（図4.139～図4.141）。

図4.139 雲手—収脚雲手過渡1　図4.140 雲手—収脚雲手過渡2　図4.141 雲手—収脚雲手定式

4.11 単鞭（ダンビェン）

　雲手を三回行った後、右手は引き続き雲転し、右上方で勾手にする。同時に左脚を「邁出」して単鞭に変える。動作の過程及び要点は、すべて前の単鞭と同じである（図 4.142 〜図 4.145）。

図 4.142　単鞭過渡（1）　　　　**図 4.143　単鞭過渡（2）**

図 4.144　単鞭過渡（3）　　　　**図 4.145　単鞭定式**

4.12 高探馬（ガォタンマー）

拳名解説：

　一説では、大きくがっしりした馬を制するためには馬の頭を捩じることが良い方法であると言う。この動作に喩えて拳名を得た。もう一説では、動作のポーズは高い馬に立ち乗りして道を探している、または身を乗り出し、馬に跨ろうとする状態であることに喩えて拳名を得た。

（1）跟歩翻掌（跟歩しながら、掌を反す）

　重心を前の左腿に移し、右脚を半歩跟歩する。体は微かに右へ回し、体の重心を徐々に右腿に移す。同時に右手の勾手を掌にして、両掌心は反して上向きにする。肘は微かに曲げ、左脚はゆっくり床を離れようとする。目は左前方から、両掌を反した時、右手の方向を見て、また、左脚が床から離れようとする時、左前方に戻す（図 4.146 〜図 4.148）。

図 4.146　高探馬—跟歩翻掌過渡（1）　　図 4.147　高探馬—跟歩翻掌過渡（2）

図 4.148 高探馬—跟歩翻掌定式

【外形的要求】

定式：左掌心は上向き、右手は左掌より少し高く、掌心は下向き、両肘は下へ垂れ、両腕は弧形で、下肢は左虚歩の状態を維持している。

動作：跟歩で重心を変える時、体が上下に起伏しないこと。

【内意の動き】

　意念で左胯の根元を内に収め、右胯の根元を緩め、右腿は大腿、下腿、脚の順に引き上げ、跟歩する。頭は上領、立身で右胯を緩め、気を右腿に沈め、重心を後ろへ移す。同時に意念で右肩の気を沈め、右腕の中軸線に沿って気が流れ、自転し、勁力が肩から指先に伝わることを想う。

【呼吸との関係】

　この動作は止まらない収であり、息を吸う。

【攻防の概要】

　この動作は過渡動作であるため、ポイントは下に勁力を蓄えることである。右手が相手に捕まれた場合、腰を緩め、肩を沈め、腕を回し相手の手から逃れる。

【指導ポイント】

　この動作は、跟歩時のバランスが難しい。指導中、頭頂に手、または定規を載せ安定しているかチェックするとともに、両胯の機能を強調して指導する。

（2）虚歩探掌（虚歩で、掌で探るようにする）

　重心は右腿で、体を微かに左へ回し、顔は前方に向ける。左脚を少し前へ移し、足先を点で床に着け、左虚歩にする。同時に右掌は右耳傍を経て前へ推し出し、掌心は前向き、指は鼻と同じ高さにする。左手は左側の腰腹前に収め、掌心を上向きにする。目は右手及び前方を見る（図4.149）。

図 4.149 高探馬―虚歩探掌定式

【外形的要求】

定式：左手の掌心は右肘先に相対し、その間は立拳約二個分、離れている。両脇下は平拳一個分の虚の空間がある。上体は正直で、両肩は沈めている。左下肢は虚歩で、右肘は少し垂れていること。

動作：右掌で弧を描き、前へ推す時、左手の弧線と交差する。

【内意の動き】

　意念は、腰部の帯脈のツボの転動を想い、両手は相互に吸い合い、気が一本の糸で繋っているように、完璧に揃えて一気に両掌が前後に交錯する感じがする。

【呼吸との関係】

この動作は発であり、息を吐く。

【攻防の概要】

もし、相手がとてつもなく大きく強かったら、両手で相手の首を、大きくがっしりした馬の首を捩じるようにして制する。前の手が捕まれた場合、その手をずらして、右手で相手の顔面を推撃し、相手を倒す。

【指導ポイント】

練習中、攻防の意味を説明し、動作の要領を理解してもらう。右手は直線で無理に推してはならない。伝統楊式太極拳では右掌で平らに切掌にする人もいる。

4.13 右蹬脚 （ヨードゥンジァォ）

拳名解説：

この動作は、相手を踵で蹴って攻撃するところから名付けられた。

（1）丁歩合手（丁歩で、十字手にする）

重心は右腿で、左手の掌心は上向きのまま、前へ、右手の手首背面に伸ばし、両手が相互に交差すると、すぐ、両側に開き、下へ弧を描き、再び抱えるように「十字手」にする。同時に左脚は左前方へ「邁出」（足先は少し外側に向ける）、重心を前へ移し、左弓歩にする。そして右脚は左脚の内側へ収め、足先は点で床に着ける。目は右前方を平視する（図4.150～図4.153）。

図4.151 右蹬脚─丁歩合手過渡（2）
─弓歩分掌

図4.150 右蹬脚─丁歩合手過渡（1）
─提脚穿掌

図4.152 右蹬脚─丁歩合手過渡（3）
─弓歩分掌

図4.153 右蹬脚─丁歩合手定式

【外形的要求】

定式：両掌（右掌が外側、左掌は内側）は胸前で交差している。左腕の手首は膻中のツボから平拳約四個分離れ、下肢は丁歩の状態を保っている。

動作：両掌を胸前に持っていき、肩と同じ高さになった時、弧を描き、左右に開く。左脚は「上歩」し、「跟歩」した右脚の踵を引き上げ、支えている左腿の踝関節とほぼ同じ高さにする。移動は安定を維持し、前傾後傾してはならない。

【内意の動き】

　意念で左胯の根元を微かに内に収め、その収める力で左脚を床から引き上げ、「邁出」。踵が着地した時、気を徐々に右腿に沈め落とし、左手は肩から気を下へ沈め、肩で肘を催促し、左手が穿ち出ることを想う。両腕は両側へ開き、右脚は跟歩する時に床を蹴る感じで、その内勁を腕に運んでいく。動作完了時に両手及び背部は環状になり、腫れぼったい感じがする。両腿は曲げ緩め、沈める。

【呼吸との関係】

　高探馬に続き、左脚を引き上げて左手を穿掌する時は合であり、息を吸う。上歩して分掌する時、息を吐く。次にまた合手の時、息を吸う。

【攻防の概要】

　両手を十字にする技法は「十字手」と同じである。相手が両拳で打ってくる時、自分は両掌で下から上へ掤し、十字状に相手の両手を挙げ開く。この動作のポイントは次の動作のため勁力を蓄えることである。

【指導ポイント】

　練習中、この動作の重要性を強調する。この動作は身心の状態を上手く調整しないと、次の蹬脚の時、安定して行うことが難しいので、この動作の身型及び心理面の要点を押さえ、胯の根元を内に収め、立身中正に注意する。

（2）蹬脚撑掌（蹬脚しながら、両手を張り開く）

　重心を完全に左腿に移し、両腕は弧を描き、左右に開き、体の両側に平らに分け張る（肘は微かに曲げ、掌心は外向き）。同時に右膝を曲げ、引き上げ、下腿を斜め前方へゆっくり蹴り出す（足先は勾脚で自分向き）。目は右手を見る（図 4.154、図 4.155）。

図 4.154 右蹬脚―蹬脚撑掌過渡　　　　図 4.155 右蹬脚―蹬脚撑掌定式

【外形的要求】
定式：両腕は、弧形を保ち、左膝は微かに曲がり、右腿は側面から腰より低くならないように引き上げている。下腿を蹴り出しているので膝裏が伸び、足先は自分の方を向いている。

動作：両掌は頭を超えないように開き、分手と蹬脚は協調一致させる（掌で張り開く、脚を伸ばすイメージ）。蹬脚の時、左腿は少し曲げ、右腕と右腿は上下に相対する。蹬脚の方向は東からやや南（約 30°）であり、膝を引き上げる過程では、右足先は自然に下に垂らし、終始、右肘と右膝を相対させる。

【内意の動き】

　意念で右胯の根元の気を下へ沈め、右膝を自動的に引き上げ、あたかも右肘と右膝が吸い寄せ合っているように想う。同時に意念で気を肩から肘、手へ、胯から膝、脚へと届け、掌を張り開き、抜背にし、左脚を緩め下へ踏み込み力を出す様は、まるで百会のツボから左脚の湧泉のツボへ、一気に気を注ぐようである。

【呼吸との関係】

　膝を引き上げる時、息を吸い、掌を張り開き、脚を外側へ蹴り出す時は発力であり、息を吐く。

【攻防の概要】

　相手が右拳で胸を攻撃してくる時、自分は両手で相手の腕に粘着し、左へ掤し、相手が本能的に拳を引いたら、それに乗じて両手を開き右手で相手の顔を封じ、右掌で相手の耳を撃ち、下は脚を引き上げ、相手の腹部、襠部、脇等を蹴る。

【指導ポイント】

　腿を引き上げる全ての動作は体のバランスが問題である。気持ちをリラックスさせる以外に、体のバランス、柔軟性、強靭性の練習を増やす必要がある。但し、人によって異なるので無理に腿を引き上げることのないよう、高低を強調しない。練習者も無理に指導員の動作を真似してはならない。

4.14 双峰貫耳 （シュァンフォングァンアー）

拳名解説：

　一説では、両拳を山の峰に喩え、山から降り下ろす風の音が耳に入った感じから拳名を得た。もう一説は、相手に打たれた時、耳の中で蜂がブンブン羽ばたいているような感じから拳名を得た。双峰貫耳の峰の中国語の発音は「封」、「蜂」、「風」と同じである。24式は「峰」を使った。

（1）屈膝落手（膝を曲げ、手を落とす）

　重心を左腿に落としたまま、右下腿を収め、膝を引き上げたままにする。左手を左後からやや上、胸前へ右手と並べるように運びやや落とし、両掌心は掌を反して上向きにする。この状態から、両手を同時に下へ弧を描き、開いて右膝の両側に落とす。目は前方を見る（図4.156）。

図4.156 双峰貫耳―屈膝落手定式

【外形的要求】
定式：両掌の外縁はそれぞれ膝の両側から平拳約二個分離れ、右大腿と水平になっている。上体は自然に真っ直ぐ立っている。

動作：左手が右手と並んで体の前まで運んだら、両手はやや外旋しながら弧を描き、下へ膝の位置まで落とし、右腿は胯を緩め、膝を曲げ、床に落とそ

うとしている。

【内意の動き】

　意念で右膝の力を緩め、右下腿を自然に落とし、同時に右胯を内に収め、体をやや右へ回し、また、意念で両肩関節の肩井のツボの凹みを想い、気を下へ沈め、両腕を弧形に下へ落とし、勁力は両手の甲に貫く。

【呼吸との関係】

　腿と手を落とすのは、合であり、息を吸うのが良い。

【攻防の概要】

　相手が胸部を攻撃してくる時、自分は両手で相手の両手首に粘着しながら下へ沈め、左右に開いて相手の力を変化させる。膝頭で相手の胸部、襠部を膝蹴りすることもできる。

【指導ポイント】

　この動作で、右腿と手を強調させ、やや落とさなければならないが、右腿をコントロールしきれず、床に落としてしまうことがある。腿の力のコントロール能力を強化する練習を加える必要がある。

（2）弓歩双貫（弓歩になり、両拳に勁を貫く）

　右脚を右前方へ落とし、重心を徐々に前へ移し右弓歩にし、顔は右前方に向ける。同時に両手を下へ落とし、ゆっくり拳を握り、両拳を両側から上へ、前へ弧を描きながら、顔の前方に伸ばし、大きなペンチで挟むようにして耳と同じ高さで相対させ、両拳の拳眼は斜め内側、やや下向きにする（両拳の間は約 10 〜 20cm）。目は両拳の間を見る（図 4.157 〜図 4.159）。

図 4.157 双峰貫耳―弓歩双貫過渡（1）

図 4.158 双峰貫耳―弓歩双貫過渡（2）

図 4.159 双峰貫耳―弓歩双貫定式

【外形的要求】

定式：両腕は弧形を保ち、両拳は軽く握り、肩が沈み、肘は垂れている。両拳はほぼ耳と同じ高さで、頭と頸部は正直で、腰と胯は緩んでいる。

動作：貫拳は背部を開き、蓄えた合力で攻撃するので、脊柱を貫通する勁力があり、両腕を弧形に外に分け開く時、基本的には体幅を超えない。弓腿と貫拳は同時に完成する。

【内意の動き】

　脚を上歩する時、意念で襠部の会陰のツボが下へ弧を描くように想い、気を右腿、右足裏へ沈め、左脚は緩め、沈めながら蹴り回し、勁力は背中を経て両拳眼に運ぶ。胸中の気を丹田に沈め、含胸で全身の勁力を合わせた合力を両拳に貫き、気が背に貼っていて熱っぽく、腫れぼったい感じがする。

【呼吸との関係】

　この動作は、合力を開き、挟み撃ちするため、発であり、息を吐く。

【攻防の概要】

　前の動作に続き、両掌は弧を描き、相手が攻撃してくる拳を外に撥ね退け内側へ弧を描き、相手の両耳門のツボを打つ。

【指導ポイント】

　両拳で挟み撃ちにする時、背部の開合が重要であり、いわゆる力由脊発である。練習中に指導者が両掌で練習者の脊柱に沿って背中を両側へ軽く推し、背中の感覚を体得させる。

4.15 転身左蹬脚 (ジュァンシェンズォドンジァォ)

拳名解説：

この動作のポイントは振り向きざま、相手を蹴って攻撃するので転身左蹬脚との拳名を得た。

(1) 転身合手 (身体を回して、十字手にする)

重心を後ろの左腿に移し、上体を左へ回す時、右脚の踵を軸に足先を内に入れ、体を左後ろへ約180°回す。同時に両拳は掌に変え、左右に分け開き、体の重心を即、右腿に移し、左脚を持ち上げ、自分の方へ引き戻し、右脚の内側に落とし、左脚前掌を床に着け丁歩にする。両手は左右へ落し、下へ弧を描き、再び上へ回し、胸前で合抱して十字手（左手が外側）にする。目は左前方を見る（図4.160～図4.162）。

図4.161 転身左蹬脚―転身合手過渡(2)―扣脚転体

図4.160 転身左蹬脚―転身合手過渡（1）―扣脚転体

図4.162 転身左蹬脚―転身合手定式

（2）蹬脚撑掌

　　重心を完全に右腿に移し、両腕は弧を描き、左右に開き、体の両側に平らに分け張る（肘は微かに曲げ、掌心は外向き）。同時に左膝を曲げ、引き上げ、下腿を斜め前方へゆっくり蹴り出す（足先は勾脚で自分向き）。目は左手を見る（図 4.163、図 4.164）。

図 4.163　転身左蹬脚―蹬脚撑掌過渡　　　　図 4.164　転身左蹬脚―蹬脚撑掌定式

【攻防の概要】

　　相手と交戦中、手法を使うチャンスがない場合、いきなり体を回し、腿を上げ、相手の胸部や腹部を蹴る。

【指導ポイント】

　　体を安定的に回転させるため、足先を高く上げ過ぎないこと及び体を大きく起伏させないこと。その他は右蹬脚と同じである。

4.16 左下勢独立（ズォシァシドゥリ）

拳名解説：

　この動作は、高い姿勢から低い姿勢へと、蛇が床を這い進んでいるように見えるため、「蛇行下勢」という別名がある。また、独立勢があるため、「金鶏站立」「金鶏独立」の別名もある。24式太極拳では下勢独立と言う。

（1）収脚勾手（収脚して、勾手にする）

　重心は右腿のまま、左脚は膝を曲げ、引き戻し、右手は勾手に変え、左手は体の右転と共に上、斜め右下へ回し、右肩前に収める。目は最初、左手の動きに合わせ、最後は右手の方を見る（図4.165）。

図4.165　左下勢独立―収脚勾手定式

【外形的要求】

定式：右勾手の勾頂は耳たぶと同じ高さで、上体は正直であること。左膝は曲がり、足先は床に着いていないこと。

動作：左膝は持ち上げたまま曲げ、左脚を体側に引き戻し、跨を内に入れる感じにする。

【内意の動き】

意念で左脚の足先及び左手の指先を想い、丹田へ収めるように、気を丹田に引き入れる。

【呼吸との関係】

息を吸う。

【攻防の概要】

左脚を体側に引き戻し、跨を内に入れることにより、相手が自分の腿を掴もうとするのを防ぐ。

【指導ポイント】

支えている右腿は微かに曲げ、体の安定を保つことを強調する。

(2) 仆歩 穿 掌（仆歩になり、穿掌する）

重心は右腿のまま、右腿はゆっくり膝を曲げ、下へしゃがむ。同時に左腿は左後方へ出し、膝を真っ直ぐ伸ばし、左仆歩にする。同時に左掌は下へ沈め、掌心は外向きに変えながら、左腿の内側に沿って前へ穿ち出す。右勾手は体の右側で平らに挙げ、勾先は下向きにする。目は左手の動きに合わせる（図4.166、図4.167）。

図4.166　左下勢独立―仆歩穿掌 過渡

図4.167　左下勢独立―仆歩穿掌定式

【外形的要求】

定式：左腕は微かに屈曲し、沈肩墜肘で、左腿の内側に置かれ、指先は前を向いている。右勾手の勾先は下へ垂れている。仆歩の両脚は足裏全体が床に着いている。上体は前へ傾き過ぎていないこと。

動作：右脚を約45°外側に向けたまま、左腿を左後方に出し仆歩にする。左掌は体の前、大腿の内側に沿って弧を描きながら、前に穿ち出す。

【内意の動き】

　仆歩は意念で両胯の根元を特に緩め、沈め、開胯で行う。頭頂は上に引き上がっている意があり、上体は胯の緩み、膝の屈曲と共に自然に下に落ち、意念は左掌の指先に貫く。

【呼吸との関係】

　体を少し右転する時、息を吸い、仆歩になる時、息を吐く。

【攻防の概要】

　左手で相手の拳に粘着しながら、その勢いに乗り、相手の手を下へ引っ張り、相手の勁力を変化させ、自分の勁力を蓄え、次の発勁に備える。

【指導ポイント】

　この動作は非常に難しい動作である。指導中、練習者の状況に応じて下勢の高低を決める。そして踝関節と胯関節の柔軟性と強靭性を鍛える練習を付け加える。

(3) 提膝 挑 掌 （右膝を持ち上げ、右掌を上へ挑する）

　左足先を微かに外側に置き、体の重心を徐々に左腿に移し、右脚はゆっくり真っ直ぐ蹴り伸ばす。上体は前へ真っ直ぐ起こし、右脚の足先は内に収め、左腿は引き続き前に弓なりになる（弓歩起身）。右腿を持ち上げ左独立式にする。同時に右勾手を掌に変え、右体側に沿って前、上へ挙げ、右腿の上方

で停め、鼻と同じ高さにする。肘は膝と相対し、掌心は左に向ける。左手は左胯の傍に落とし、掌心は下向きにする。目は最初、左手前方、その後は右手及び前方を見る（図 4.168 〜図 4.171）。

図 4.168 左下勢独立―提膝挑掌過渡（1）―弓歩起身

図 4.169 左下勢独立―提膝挑掌過渡（2）―弓歩起身

図 4.170 左下勢独立―提膝挑掌過渡（3）―弓歩起身

図 4.171　左下勢独立―提膝挑掌定式

【外形的要求】

定式：右手の肘は膝と相対している。独立の左腿はやや彎曲している。上体は正直であり、力強い中にも安定してバランスが取れている。

動作：体を上へ起こす時、立身中正を保ち、提膝、挑掌、按掌は協調一致させ、上下相随させる。

【内意の動き】

体を起こす時、意念で、頭が胸部を、胸部で腹部を、上肢で下肢を導き、下肢が上肢を催促させて完璧に一気に行う。手を上に挑※(テイアオ)する時、手で膝を導き、互いに吸い合うように全身の勁力を合わせて上へ引き上げ、体を立てる。内気は足裏から胯の間に至り、膝を曲げ、気を沈めることにより右膝を引き上げる。背中は後ろへ寄りかかるようにし、意念で勁力を両腕及び膝部に貫く。

【呼吸との関係】

前の動作に続き、体を起こし、膝を引き上げるので、息を吸う。

【攻防の概要】

前の動作に続き、左手で相手の攻撃の手を受けとめ、その勢いで相手の手・腕を下方へ掴み（采(ツァイ)）、右掌は上に挑して相手の顎、または喉頭を突き、右膝で相手の腹部や襠部にぶつける。

【指導ポイント】

下勢の要求は難しい。初心者は一番低いところまでやらなくてよい。徐々に踝と腿に加圧する練習を増やし、胯部の柔軟性と強靭性及び腿部の力量を増強するようにする。この動作の難点はバランスを取るのが容易ではないところにある。指導中、「外三合」、即ち、膝と肘、手と足、肩と胯の三合、及び尾閭のツボを踵に向けることで体をバランスさせるコツを体得する。練習中、動作の名称も正しく使うこと。動作の主な用法により「挑右掌提右膝（右掌を上に挑して右膝を引き上げる）」ことから、左金鶏独立という。

※挑は下から上へ跳ね上げることを意味します。

4.17 右下勢独立（ヨーシァシドゥリ）

（1）仆歩穿掌

　重心は左腿のまま、右脚を左脚の前に落とし、足先を点で床に着ける。両脚前掌を軸に左へ体を回す。左脚の足先を微かに外に置き、体を左へ回す。左腿を曲げ、しゃがむようにしながら、踵で外側へ蹴るようにして、右腿を右後方に真っ直ぐ伸ばし、右仆歩にする。同時に右手は体の回転と共に上へ、左下へ左肩前に収め、左手は後ろで上げて勾手にする。右手を下へ沈め、掌心は外向きにしながら、右腿の内側に沿って前へ穿ち出す。左勾手は体の後ろで平らに挙げ、勾先は下向きにする。目は左手及び左後方から右手の動きに合わせる（図 4.172 ～図 4.175）。

図 4.173　右下勢独立―仆歩穿掌 過渡（2）

図 4.172 右下勢独立―仆歩穿掌 過渡（1）

図 4.174　右下勢独立―仆歩穿掌 過渡（3）

図 4.175 右下勢独立―仆歩穿掌 定式

(2) 提膝挑掌

　右足先を微かに外側に置き、体の重心を徐々に右腿に移し、左脚はゆっくり真っ直ぐ蹴り伸ばす。上体は前へ真っ直ぐ起こし、左脚の足先は内に収め、右腿は引き続き前に弓なりになる（弓歩起身）。左腿を持ち上げ右独立式にする。同時に左勾手を掌に変え、左体側に沿って前、上へ挙げ、左腿の上方で停め、鼻と同じ高さにする。肘は膝と相対し、掌心は右に向ける。右手は右胯の傍に落とし、掌心は下向きにする。目は最初、右手前方、その後は左手及び前方を見る（図 4.176 ～図 4.179）。その他の内容は左下勢独立と同じである。

図 4.176　右下勢独立―提膝挑掌過渡（1）　　　　図 4.177　右下勢独立―提膝挑掌過渡（2）

　　　　図 4.178　右下勢独立―提膝挑掌過渡（3）　　　　図 4.179　右下勢独立―提膝挑掌定式

4.18 左右穿梭 （ズォヨーチュアンスォ）

拳名解説：

　この動作は、伝統太極拳の中では、「四正四隅、旋転八面、往来不断（四隅を八面に旋転して行ったり来たりを繰り返す）」に動く。織機のシャトル（梭）のように往来することから穿梭と言う。伝統楊式太極拳では「玉女穿梭」と呼ばれる。24 太極拳はこの動作を取り入れ左右穿梭と言う。

1. 左（手）穿梭
(1) 丁歩合抱（丁歩で、ボールを抱える）

　重心は右腿のまま、体を少し左へ回し、左脚を左前方 45°に上歩し、足先を外に置き、重心をゆっくり前へ移す。右脚は左脚の内側に収め、丁歩にする。同時に両手は弧を描き、ボールを抱える。目は左手を見る（図 4.180〜図 4.182）。

図 4.180 左右穿梭─丁歩合抱過渡（1）　図 4.181 左右穿梭─丁歩合抱過渡（2）

図 4.182 左右穿梭─丁歩合抱定式

243

【外形的要求】
定式：合抱の時、両掌心は相対して体から 20cm 離れている。

動作：左脚を上歩し、右膝を前膝窩（左膝裏）に付けるようにして、丁歩であるが歇歩（後腿の膝を前腿の膝関節の裏側に当て、両腿を交差させ、両腿で互いに支え合い、安定、休息する姿勢を「歇歩」と言う）状にする。上歩と合抱は一致させる。

【内意の動き】
　意念で気を右腿下方へ運び、右膝を屈曲させる。胸中の気を下へ運び、両手は自然に合抱する。

【呼吸との関係】
　息を吸う。

【攻防の概要】
　これまでに出て来た「丁歩合抱」に同じ。

【指導ポイント】
　過渡動作の高歇歩状態を経て、次の「拗歩架推」に身体を安定的に移動させる。

(2) 拗歩架推（拗歩で、架推する）
　体を右へ回し、右脚を上歩する。重心を前へ移し、右弓歩にする。右手は上に架し、左手は推し出す。目は右前方の後、左手の方向を見る（図 4.183 〜図 4.185）。

図 4.184　左右穿梭─拗歩架推過渡 (2)

図 4.183　左右穿梭─拗歩架推過渡 (1)

図 4.185　　左右穿梭─拗歩架推定式

【外形的要求】

定式：左手の甲は、額前から平拳二、三個分離れ、右肘は垂れ、両腕は弧形を保ち、上体は正直を保っている。弓歩の両脚は横方向の距離が約 30 ㎝である。

動作：右手を上に挙げる時、肩が聳えてはならない。右掌は転がし内旋させながら、上へ架し、左掌はボールを転がすようにしながら、前に推す。前に推す動作は松腰と弓腿の動作を上下で協調一致させ、弓歩と架推は同時に完成させる。

【内意の動き】

　架推の時、意念で背中の両腎兪の左が下、右が上へ回転し、両腕を回しているように想う。

【呼吸との関係】

　息を吐く。

【攻防の概要】

　相手からの拳を、片方の腕で転がすように反し上に挙げ、もう片方の手で相手の胸部を推撃する。

2. 右（手）穿梭
（1）後坐翹脚（少し後ろに座り、右足先を浮かせる）

　体の重心を少し後ろへ移し、右脚の足先を外に浮かせると同時に、両手を
緩め下に落とし、抱球に備える。目は右前方を見る（図 4.186）。

図 4.186 右（手）穿梭―後坐翹脚

（2）丁歩抱球

　前の動作に続き、直ちに重心を右腿に移し、左脚は跟進して左丁歩（連続
した動作であるから左脚は床に着けない）状にする。同時に右手・腕は胸前
に収め、平らに曲げ掌心を下向きにする。左手は左から下へ弧を描き、腹前
に停め、掌心を上向きにして両掌心は相対してボールを抱える。目は右手を
見る（図 4.187、図 4.188）。

　　　　　図 4.187 右（手）穿梭―丁歩抱球過渡　　　　　**図 4.188 右（手）穿梭―丁歩抱球定式**

（3）拗歩架推

　重心は右腿のまま、左脚を左前方へ一歩「邁出」、左弓歩にする。左手は顔前を経て掌を反し上へ挙げ、左額前に置き、掌心は斜め上向きにする。右手は鼻先と同じ高さのところに前へ推し出す。目は左前方の後、右手の方向を見る（図4.189〜図4.191）

図 4.190 右（手）穿梭―拗歩架推過渡（2）

図 4.189 右（手）穿梭―拗歩架推過渡（1）

図 4.191 右（手）穿梭―拗歩架推定式

【内意の動き】

　意念で左腰をリラックスさせ、膝を曲げ、重心を後の左腿に移し、右腰を緩め、「両腎抽提（両腎兪を上げ下げする）」して重心をまた右腿に移す。意念で帯脈のツボを想い、気を左から右へ回転させ、両腕を促し、弧形に合抱する（ここまでは丁歩抱球）。左脚を上歩して左弓歩にする。左手は転がし内旋させながら、上へ架し、右掌はボールを転がすようにしながら、前に推す。その勁力は床を蹴った右脚から左腕の外側及び右掌心に運び、両腕に大きい風船を抱えているように「掤圓、滾動（うねる）、推出」する。

【呼吸との関係】

　後坐翹脚及び丁歩抱球で息を吸い、上架推掌では、息を吐く。

【攻防の概要】

　左掌は相手の攻撃の拳を転がすように反して上に挙げ、右掌は前へ伸ばし、相手の胸部を推撃する。推手の中では、上架を利用して相手の力を変化させると同時に相手に粘着しながら腕を回して推、按し、相手の両脚を床から離し、倒す。

【指導ポイント】

　練習中、特に上歩の方向に注意させる。初心者は床に線を引き、または目印となる物を利用し、動作を覚えるよう指導する。

4.19 海底針 （ハィディージェン）

拳名解説：

　海底とは、武術の中では会陰のツボを打撃することを指す。四指を鉄製の針に喩え、この針で会陰のツボを挿すことを海底針と言う。この動作は、海底から針を拾うことに喩えているとか、海底のことを血海のツボと言うからだと説く人もいる。しかし、これらは適切ではない。この動作の插掌は会陰のツボを挿す意味である。

(1) 後坐提手 （後ろに座り、右手を挙げる）

　重心を左腿に移し、右脚を前へ半歩跟進する。体の重心を、再度、右腿に移し、左脚をやや前へ移し足先を点で床に着け、左虚歩にする。同時に両手をリラックスさせ、弧を描きながら下に落とす。上体を微かに右へ回し、右手は上へ右耳傍に引き上げ、左手は体の前で下に按する。目は前方を見る（図4.192、図4.193）。

図 4.192 海底針―後坐提手過渡　　　　図 4.193 海底針―後坐提手定式

【外形的要求】

定式：右手は右肩を緩め、右耳傍に引き上げ、親指が上向き、他の指は前方を向いている。上体は正直であること。

動作：右手を引き上げる動作と後ろへ座る動作は同時に完成させる。

【内意の動き】

　前の動作に続き、意念で右の下腹の気を、先ず前へ送り、右腎兪の気も次いで前へ送る。この時、気が左腹に沈んだような感じで、胯の根元を内に収める。右腿は跟歩して意念で右腎兪を後ろへ引き、下へ沈めることを想う。右小腹は充実し、左胯は微かに内収して左腎兪の中で微かに上へ、内側へ移動する感覚、右腎で左腎を支えている感じになり、左脚が持ち上がり、置き直し虚歩になる。まさに「命意源頭在腰隙（人間の気と精神の源流は腰隙〈命門付近〉にある）」（『十三勢歌』）という感覚である。

【呼吸との関係】

　この動作では右脚を跟歩する時、息を吸う。

【攻防の概要】

　相手が自分の左手首を掴もうとしてきたら、自分が先に相手の手を掴んで

（下采（ツァイ））、相手を前に引き倒す。

【指導ポイント】
　跟歩の時、体の安定、虚実の変化に注意すること。

（2）虚歩插手（虚歩で、手を挿し込む）

　前の動作に続き、体を下へ沈め、少し左へ回す。体の回転とともに右手は
右耳側から斜め前、下方へ挿し、掌心は左向き、指先は斜め下向きにする。
同時に左手は前、下へ弧を描き、左胯の旁に落とし、掌心は下向きにする。
指先は前に向ける。目は前下方を見る（図 4.194）。

図 4.194 海底針―虚歩插手定式

【外形的要求】
定式：左手の手首は左大腿の根元から平拳一個分離れている。右手は下方へ
挿し、指先は襠部と同じ高さである。虚歩の横距離は 10cm を超えていない。
前後の距離は支えている腿の脚力に応じて決めている。完成時に上体が前へ
傾きすぎないように尾閭の中正を保ち、頭がお辞儀していないで、臀部が突
き出ていない。左膝は微かに曲っている。

動作：右手で立円を描き、左手で平円を描く。体は先に右へ回転、その後左
へ回転する。

【内意の動き】

　意念で両胯の根元を下へ緩め、沈める。勁は右脚の踵から発し、腰を経て背中から肩、肩から肘へ伝わり、「肩催肘，肘催手（肩が肘を促し、肘が手を促す）」、節節貫串、手指で形にする。意念で手指に勁を持たせ、指先に内勁を充満させ下へ挿す様は、鉄針を挿し込む感じである。

【呼吸との関係】

　左脚を落とし、掌で挿すのは発であり、息を吐く。

【攻防の概要】

　前の動作で、相手が自分の左手首を掴もうとしてきたら、自分が先に相手の手を掴んで（下采）、相手を前に引き倒す。もし、これが成功しなかったら、相手が本能的に後ろへ後退するのを利用し、右手で相手の襠部の会陰を手指で挿すか、掌で推撃する。

【指導ポイント】

　練習中、体力に応じてしゃがむ高低を決めればよい。最低の姿勢でも大腿と水平にし、上体の正直を保ち、前傾しない。頭の頂勁を強調し、丸椅子に座るようにする。同時に片腿の支持力を鍛える。上体は少し左へ回転すると同時に右手は耳側から斜め下方へ挿し、掌心は左向きにする。

4.20 閃通臂（シャントンベィ）

拳名解説：

太極拳の中で、自分の脊柱を扇の根（軸）に、両腕を扇骨に喩える。腰脊を軸に、両腕を分け張る様は扇子を広げるようであることから、「扇（または閃）通背」と言う。

（1）弓歩架推（弓歩で、上に架し前に推す）

上体を少し右へ回し、左脚を前へ「邁出」、膝を曲げ、腿を弓なりにし、重心を前へ移し、左弓歩になる。同時に右手は体の前を経て腕を曲げ、上へ挙げ、額前上方で停め、掌心は斜め上向き、親指は下に向ける。左手は上へ挙げ、胸前を経て前へ推し出す。手は鼻先と同じ高さにして掌心は前向きにする。目は左手及び前方を見る（図4.195～図4.197）。

図4.195 閃通臂—弓歩架推過渡(1)　　図4.196 閃通臂—弓歩架推過渡 (2)
　　　　　　　　　　　　　　　　　　　　　 —上歩提手

図4.197 閃通臂—弓歩架推定式

【外形的要求】

定式：左腕は真っ直ぐ伸びていない。背部の筋肉は伸び、上体は自然に正直で、腰、胯は緩んでいる。弓歩の時、両脚の踵は横方向の距離が攬雀尾の時と同じく、約 10cm である。右手の甲は髪の生え際から立拳二個分位離れ、両腕は弧形を維持していること。

動作：右手を上へ挙げる時、体の正中線に沿って手を挙げながら掌心の向きを上に反し、上架する。左手は下から上へ、前へ推し出す。推掌、挙掌、弓腿は協調一致させる。

【内意の動き】

架推の時、意念を用い右脚で床を蹴り捩じって勁を得て、背脊を経て直接、上架と前推の両掌の掌心に貫く。背中に掤勁の腫れぼったさを感じる。即ち、「収気入骨（気を骨に引き入れ）」「力由脊発（勁は脊から発し）」「気貼背（気が背に貼りついている）」の感じである。

【呼吸との関係】

この動作の内、上歩提手の時は蓄であり、息を吸う。弓歩架推の時、息を吐く。

【攻防の概要】

この動作は基本的に前の動作と一緒に使う。海底針に続き、上架、前推する。相手からの拳撃に対し、片手で上架し、掤勁で相手の力を変化させ、もう片方の手で推撃する。

【指導ポイント】

この動作は以前学習した「玉女穿梭」の「弓歩架推」とは区別しなければならない。この動作は側架であり、両腕はほぼ一つの平面にあり、体の側面から前に推し出す。比較しながら練習するとよい。この動作の勁力は順、通が非常に重要であり、背部を開いて全身の勁を整えること（順）を強調し、「通背」の勁力の特徴を体得させる。

4.21 転身搬攔捶 (ジュァンシェンバンランチュイ)

拳名解説:

　一説では、太極拳は槍術から変化してきたため、槍の中の「攔 (遮る)、扎 (刺す)、拿 (とらえる)」の発音が訛ったと言う。もう一説では、「搬」は運搬、移動、「攔」は遮る、阻むという意味があり、「搬攔捶」とは、手で相手の拳を搬 (運ぶ)、移 (移す)、更に攔 (遮る)、阻 (阻む) んで進歩して拳で相手を攻撃する意味があり、この動作の方法から拳命を得たと言う。『太極拳体用全訣』には「搬攔得法顕技芸 (搬、攔のポイントを押さえることがスキルに繋がる)」とあり、太極五捶の一捶と位置付けられている。

(1) 転体握拳 (身体を回し、右手で拳を握る)

　右腿の膝を曲げ、後ろへ座るように、重心を後ろへ移しながら上体を右へ回し、左脚は内に扣する。続いて左腿の膝を曲げ、後ろへ座るように、重心を左腿に移し、体を後ろへ座らせ、同時に両手で弧を描き、右手は下へ、左へ弧を描いて拳にする。左掌は頭上に架け、目は前方を見る (図 4.198 〜 図 4.200)。

図 4.198 転身搬攔捶—転体握拳過渡 (1)　図 4.199 転身搬攔捶—転体握拳過渡 (2)

図 4.200 転身搬攔捶—転体握拳定式

【外形的要求】

定式：左掌は頭頂から 20cm 離れ、右拳は腹前に置かれ、拳心は下向き、左脚は内扣していて、その角度はできるだけ大きくしている。

動作：重心を左右に移す時、虚実を鮮明にし、体の自然、安定、中正を保つ。

【内意の動き】

　意念で先ず、右胯を折り（凹ませる感じ）、重心を右へ移動させる。次に左胯を折り左へ移動する時、腹と腰が臍を中心に、気を一つの立転で回している感じである。この時、意念で気を左脚の足裏へ沈め、緩めながら、左胯の根元を内旋し、扣脚する。同時に脊柱を軸に右へ捻り回し、右手を下に収め、勁力を蓄え、次の発勁に備える。頭は上に引き上げるイメージがある。頂勁を失って体を前傾しないようにする。

【呼吸との関係】

　この動作は過渡動作であり、内に収め、勁力を蓄えるため、息を吸う。

【攻防の概要】

　相手が拳で胸部を打ってくる時、自分は体の回転を利用し、自分の右掌を収め、相手の拳を下に圧し、次の搬拳に備える。

【指導ポイント】

　練習中、一番難しいところは転身の安定である。緩め、沈める中の転動を強調する。無理に体を回さない。また、外形は襠部を狭める状態であるが、開襠の意もあることに注意する。細かいところだが、重心を入れ替える時、左脚を上げないように注意する。

（2）踩脚搬拳（右脚で踏みつけ、右拳を運ぶ）

　重心は左腿で、上体を右へ回しながら、右脚は引き戻し（この収脚は止まらず、足先を床に着けない）斜め横方向に踵で踏みつけるように一歩踏み出し、足先を外に向ける。左手を収脚・上歩と同時に左胯の傍に落とし、右拳は胸前を経て前へ向きを反し投げ出し、拳心は上向きにする。目は右拳を見る（図 4.201、図 4.202）。

図 4.201 転身搬攔捶―踩脚搬拳過渡　　　図 4.202 転身搬攔捶―踩脚搬拳定式

【外形的要求】
定式：左手は左胯の前から約平拳一個分離れ、右拳は膻中のツボと同じ高さ、踵を踏みつけた右脚は斜め横向きで、足先は約 45°外を向いている。左膝は左脚と向きが同じで、右肘と右膝は上下で揃っている。

動作：右掌は心窩（みぞおち）を経て上へ弧形に搬出し、拳は握りすぎないようにする。拳背と前腕は平らで、終始、肘を沈める状態を維持する。右脚は外旋しながら、弧形に上歩する。直進直退は不可である。踩脚と圧手、搬拳は同時に行う。

【内意の動き】
　意念で気を左脚に沈め、地下に根っこを張っているように安定して立つ。

256

右胯の根元を緩め、大腿、下腿、脚の順にチェーンのように連鎖させながら相手の脛を踏みつける意を持たせ、同時に右脚は上歩前の蹬（蹴り伸ばす）勁及び腰・背の鞭勁を利用し、意念を用いて、右拳の拳背に貫かせる。

【呼吸との関係】

この動作は上歩し攻撃するので、発であり、息を吐く。

【攻防の概要】

前の動作に続き、左手で相手の勁力を下に圧し、右手は反対に拳の甲で相手の顔面、鎖骨等の部位を攻撃する。同時に右脚は横に相手の脛を踏みつける意があり、上下相随して相手を倒す。

【指導ポイント】

練習中、上歩、搬拳、圧手を同時に行うことは容易ではない。下肢の上歩、上肢の圧手、搬拳、各々に分解し、単独練習してから上下肢、合わせて練習すればよい。

（3） 上歩攔掌（上歩しながら、左手で攔する）

　体の重心を右腿に移す。左脚を一歩前進し、踵を着地すると同時に、左手を体の左側を経て上へ挙げ、やや左に戻るように体の前まで弧を描きながら、攔する。掌心は前下向きにする。右拳は右へ弧を描いて腰部の右側に収め、拳心は上向きにする。目は左手及び前方を見る（図4.203、図4.204）。

図4.203 転身搬攔捶—上歩攔掌過渡　　図4.204 転身搬攔捶—上歩攔掌定式

【外形的要求】

定式： 攔掌の腕は内旋し、体の正中線の前で腕の長さ分離れ、左手の指先は鎖骨と平行になっている。右拳は右腰部に収め拳心が上向き、脇にくっつけないで、脇下に立拳一個分が入る虚の空間がある。左下肢は虚歩状態で、前腿と後腿の比重は1：9となっている。

動作： 両腕とも弧形に出入りし、直出直入は不可である。攔掌と上歩は同時に行い、腰で回す。

【内意の動き】

　意念で右胯を内に縮め、気を沈める。重心を右腿に移し、左胯は内に収め、左大腿で下腿、下腿で脚を動かし、前へ踏み打つようにする。同時に意念で百会のツボから会陰のツボの間に一本の縦軸があるように想い、腰で左手を左から右へ横に攔する（回して遮る）。勁力は左掌心に貫く。

【呼吸との関係】

この動作は攔、抜、引、化で、次の打捶動作の準備で蓄勢であり、息を吸う。

【攻防の概要】

前の動作に続き、相手が右拳で真っ直ぐ打ってくる時、自分は即、横に攔し、体を回して相手の勁力を変化させると同時に、蓄えていた自分の勁力を発勁する。太極拳の「直来横攔（直線で来た拳を横に攔する）」、直接、抵抗せず、柔を以て剛を制す思想を反映している。

【指導ポイント】

連続上歩を練習する。ポイントは、歩法の軽快、機敏、安定及び弧線運動である。練習者に太極拳の歩法中の攻防方法で「迂回套（回り込んで相手の脚を避けながら、相手の脚を封じる）」し、「挿上歩（上歩して相手の腿の間に挿し込む）」意味を説明し、適宜、専門的に歩法練習を増やし、「邁歩如猫行（歩みは猫足の如く）」「邁歩如臨淵（歩みは淵の近くを歩く如く）」等の特徴を体得させる。

(4) 弓歩打捶（弓歩しながら、拳を打ち出す）

重心を前へ移しながら、左腿の膝を曲げ、前腿を弓なりにし左弓歩になる。同時に右拳を前へ打ち出し、拳眼は上向き、胸と同じ高さにし、左手は右前腕の内側につける。目は右拳及び前方を見る（図 4.205）。

図 4.205 転身搬攔捶─弓歩打捶定式

【外形的要求】

定式：右拳と膻中のツボは同じ高さで、腕は弧形で、肘は垂れている。左手は右前腕の内側に貼り、弓歩の両踵は横方向の距離が攬雀尾の時と同じく、約10cmになっている。上体は自然に、正直で、右拳は軽く握られている。

動作：右拳を前へ打ち出す時、右肩は拳とともに少し前へ引かれていき、沈肩垂肘で右腕は微かに屈曲している。

【内意の動き】

　意念で胸中の気を丹田に沈め、胯から下へ右腿、湧泉、右脚の足裏に沈める。床を蹴って得た勁力は上へ伝わり、命門のツボを後ろへ膨らませる。腰を沈め、胯を回し、抜背の脊から発した勁は拳面に伝わり、即ち、内勁は「由脚而腿，由腿而腰，由腰而行於手指（脚から腿、腿から腰、腰から手指へ）」と伝わり、一勁が千斤（500kg）の重みとなる。

【呼吸との関係】

　この動作は外側へ開く発であり、息を吐く。

【攻防の概要】

　前の動作に続いて、左手で攬掌した後、直ちに右拳で相手の拳を腕の下、腕の外側へ流し、相手の脇を撃つ。

【指導ポイント】

　前の動作と、この動作の間には馬歩の移行があり、勁力の蓄積過程があることを強調し、発力の過程を明確にする。手で踵からの勁力の伝達ルートを軽く撫で、体を使ってよく認識してもらう。この動作は少し複雑なので、上下肢の動作を分解して練習するとよい。

4.22 如封似閉（ルーフォンスーービ）

拳名解説：

　封閉とは封鎖、格閉を意味する。太極拳の中で、右手を後ろへ撤退し、左手は横に攔することを「封」と言う。両手を前へ推し出すことは「格」と言う。この動作は相手の攻撃に対する両手の交差が、門を封鎖する時に使う×印を貼る状態を意味する。両腕を外に広げ相手の力の方向を変化させる様は、門を閉める状態に似ていることから拳名を得た。

（1）後坐収掌（後坐しながら、収掌する）

　重心を少し後ろへ移し、左掌は右手首の外側を経て前に穿ち出す。重心を徐々に右腿へ移し、上体は後ろへ座り、左脚の足先が浮き、体の重心は完全に右腿に移り、右拳は掌に変え、両掌心は徐々に上向きに反転し、分け開く。両掌は内旋しながら肩前に収める。目は前方を見る（図4.206〜図4.208）。

図4.206 如封似閉—後坐収掌過渡（1）　図4.207 如封似閉—後坐収掌過渡（2）
—弓歩穿手

図4.208 如封似閉—後坐収掌定式

【外形的要求】

定式：両掌は肩幅で、後ろへ座る時、右腿の膝先は足先と方向が合っている。

動作：後坐と収掌は同時に行う。左手は右手首の下を経て、手首の関節にくっつけ、前へ伸ばす。左右の手は交差し、互いにずらし、掌心を上向きに反転してから収める。体が後ろへ座る時、必ず腰と胯を緩める。上体が後ろへ倒れない。臀部を突き出さない。両腕を体と共に回収する時、肩、肘をやや外側へ緩め、開くようにし、直接引き戻さない。

【内意の動き】

意念で自分の体が大きい風船の中で、背中を風船の内面に靠れ掛けているように想う。同時に気を丹田に下ろし、足裏へ沈める。この動作は両手で鋏のように交叉して挟み撃ちのイメージがある。

【呼吸との関係】

息を吸う。

【攻防の概要】

右手を相手に捕まれた時、左手を右腕の下側から挿し出し、両腕を交差させ、鋏のように相手の手首を挟み撃ちし、相手から逃れる。

【指導ポイント】

左手を前へ穿ち出すのと、右手の後への撤収は協調一致させ、攻防法を使って体得させる。

(2) 弓歩按掌（弓歩になりながら、両掌で按する）

重心を前へ移し、左腿を前に弓なりにし左弓歩になる。同時に両手は胸前で掌心を下向きに反し、肩幅にし腹前を経て、また上へ、前へ掌心を前向きで推し出す。目は掌の動きに配慮しながら前方を見る（図4.209、図4.210）。

　　図 4.209　如封似閉─弓歩按掌過渡　　　　　　図 4.210　如封似閉─弓歩按掌定式

【外形的要求】

定式：両掌の間は肩幅を保ち、弓歩時の両脚の横方向の距離は平拳一個分となっている。

動作：両掌は下へ弧を描き按し、上へ、前へ推す。

【内意の動き】

　意念で気を徐々に湧泉に沈めると同時に、両手で大きいボールを抱え、転がして推し出す形に似ている。

【呼吸との関係】

　息を吐く。

【攻防の概要】

　両手を相手に捕まれた時、交差、穿手で逃れ、後ろへ座って勁力を蓄積し、相手を推撃する。

【指導ポイント】

　この動作は、含胸の特徴、及び「力由脊発」の原理をよく反映している。よって、熟練したら発勁練習をしてもよい。

4.23 十字手 （シーズーショゥ）

拳名解説：

両手を胸前で交差し、環抱する形状が「十」の字のようであることから拳命を得た。

（1）転体展臂（身体を右に回し、両腕を展げる）

体の重心を右腿に移し、左足先を内に扣し、体を右へ回す。右手は体の回転と共に右へ平らに弧を描き、左手と共に両腕側に平らに挙げ、掌心は前に向け、肘は微かに曲げる。同時に右脚の足先は体の回転とともに少し外に置き右弓歩になる。目は右手を見る（図 4.211、図 4.212）。

図 4.211 十字手—転体展臂過渡

図 4.212 十字手—転体展臂定式

【外形的要求】

定式：両手の指先はほぼ肩と同じ高さで、両肘は垂れ、両腕は全体的に一つの弧形になっている。

動作：左脚は踵を軸に 90°内に入れる。腰を右へ 90°回し、右脚は 45°外に置き左右の足先は身体の正面方向に向ける。右掌の弧形は腰で動かされ平らに外側に置く。

【内意の動き】

意念で気を右脚の足裏へ沈め、右踝を緩め、右膝を曲げ、右胯を縮め、命門のツボを後ろに靠れ掛け、体は自然に後ろへ座る。同時に意念で体の中垂線を想い、上下一気に右へ回転させ上下肢の動きを導く。勁力は右腕に貫く。

【呼吸との関係】

この動作の前半、後坐で、息を吸う。扣脚、転身の時、息を吐く。

【攻防の概要】

右肩を相手に按されたり、または捕まれた時、即、右肩を緩め、相手の勁力を変化させ、同時に右に振り向きざま、右掌で相手を空手の手刀打ちのように攻撃する。

【指導ポイント】

体を右へ回転する時、先ず右側の肢体を緩めてから回転することが大切である。そして、重心を左から右へ、再度、次の収脚合手で左へ戻すやり方は、伝統楊式太極拳の重心移動とは異なることに注意する。楊式太極拳は重心が左脚に移動したら直ぐ次の動作に入り、行ったり来たりの重心移動がない。

（2）収脚合手（右脚を収め、両手を合わせる）

　体の重心をゆっくり左脚に移し、右脚の足先を先ず内に扣し、即、左へ収める。両脚の距離は肩幅で、足先は前向き、両脚の踵を床に踏みつけ、次第に真っ直ぐ伸ばし開立歩になる。同時に両手は下へ弧を描き、腹前を経て胸前で交差して合抱し、両腕は丸く開き張る。手首は肩と同じ高さにする。右手は外側で十字手にし、両掌心は内側に向ける。目は前方を見る（図4.213〜図4.215）。

図 4.213 十字手─収脚合手過渡（1）　　**図 4.214 十字手─収脚合手過渡（2）**

図 4.215　十字手─収脚合手定式

【外形的要求】

定式：両腕で胸前で大きなボールを抱く時、円満で気持ち良く、沈肩垂肘で、左手首は胸部から平拳約二個分離れ、両膝の関節は微かに屈曲し、体は正直であること。

動作：分開した両手を合抱する時、上体が前傾しない。右脚を回収する時、足先を先ず内側に入れる。体を起こした後、姿勢は自然に正直で、頭頂をやや上に引き上げ、下顎は微に後ろへ収める。

【内意の動き】

　意念で左胯の根元をリラックスさせ、下へ沈め、会陰のツボで浅い弧を描き、右胯を曲げ、順次、大腿、下腿を動かす。右腿を収め、開立歩になる。同時に意念を両手の中指先に貫き、中指で勁を動かし、両手で弧を描き、合抱（十字手）にする。

【呼吸との関係】

　この動作は内側へ収めるため、息を吸う。

【攻防の概要】

　相手が両手で胸部を推してくる時、自分は即、両手の手首を相手の両手に粘着させながら上に挑ね上げ、左右へ開き、相手の両手を撃ち、右手で下に采し、左手で推撃する。または直接、両手を重ね十字状にし相手に突撃することもできる。

【指導ポイント】

　両掌を下へ、また上へ弧を描き、互いに合わせる時、臀が突き出て、体が前傾し易い。練習者の臀部を座らせ、尾閭のツボを前へ送るようにして動作を直す。なお、腿部の力及び胯関節の柔軟性と強靭性を強化する練習を加える必要がある。

4.24 収勢 (ショーシ)

拳名解説：

　この動作は、無極状態に戻るものであり、即ち、無極から太極と一周循環したので、収勢還原は合太極とも呼ばれる。太極拳の套路練習が終了し、動作は開始の位置まで還原させ、無極の状態に戻す意味である。「動静而帰合一」の哲学思想を内包している。

（1）分掌下按（両掌を分け、下に按する）

　重心を両腿の間に落とし、両手は外側へ掌を反し左右に分け開き、掌心を下向きにしてゆっくり両腿の外側に按で落とす。目は前方を見る（図4.216、図4.217）。

図4.216 収勢―分掌下按過渡　　図4.217 収勢―分掌下按定式

【外形的要求】
定式：全身はリラックスし、予備勢と同じであること。

動作：両手を落す時、気を徐々に下へ沈める（即ち、やや長く息を吐く）。分掌は肩幅に開き、手首を上へ挙げすぎないようにする。按掌と起身は同時に行う。

【内意の動き】

意念で胸中の気を按掌と共に、丹田に沈めることを想う。

【呼吸との関係】

息を吐く。

【攻防の概要】

起勢の屈膝下按と同じである。両掌で下按するのは、相手を采、捋する用法である。

【指導ポイント】

按掌は呼吸と起身を協調させなければならない。

(2) 並歩還原（並歩にし、開始の状態に戻す）

重心を右腿に移し、左脚を右脚に寄せ、立正、還原する。同時に両掌は自然に垂らし、軽く大腿の両側に付ける。目は前方を見る（図 4.218 〜 図 4.220）。

図 4.218 収勢—並歩還原過渡（1）　図 4.219 収勢—並歩還原過渡（2）　図 4.220 収勢—並歩還原

【外形的要求】

定式：予備勢と同じようになっている。

動作：左脚を引き上げる時、先ず踵を引き上げ、次第に足先を引き上げる。左脚は右脚の踝を超えないようにする。脚を落とす時、先ず足先から、次第に足裏全体を落とす。即ち、「点起点落」で安定的に移動する。

【内意の動き】

　頭頂から足裏まで意念を運び、シャワーを浴びたようにリラックスする。並歩時に意念で気を右脚へ沈め、左胯を微かに縮め、大腿で下腿を引き上げ、脚を収め、並歩する。全身は百会のツボから湧泉のツボまで下へ気を沈める感覚である。

【呼吸との関係】

　息を吸う⇒息を吐く。数回深呼吸してもよい。

【攻防の概要】

　静を以て動に備える。

【指導ポイント】

　起勢と収勢の両方とも重要である。太極拳の練習が終わったら即、歩いたり動いたりしないで、数分間静かにしてからゆっくり歩き、動く。すこし休息した方が良い。終わった直後に激しい運動は不適当である。

第5章
24式太極拳
攻防法の解説

太極拳は、先ず武術であり拳術である。これは紛れもない事実である。

　武術の本質は、攻防性にある。当然、太極拳には独特な健身効果が備わってはいるが、太極拳の攻防性は常に忘れられがちである。

　実際には太極拳の健康効果は、本質的に攻防の動作と攻防の方法の練習を通じ、身心をバランスさせ健康の効果を実現するのである。従って、一方的に太極拳の健康効果だけを強調してはならない。攻防の動作と攻防の方法の練習のような訓練を通じて得られた健康効果こそ、他の運動と区別される太極拳健身運動の特徴であり、太極拳の動作が正しいかどうか、最適な健身効果が得られるかどうかを判断する基準である。この基準が太極拳の健身の要求である。

　ところで、ここで太極拳動作の攻防性を強調することは、誰かを打つ、攻撃するためではなく、太極拳の技術及び動作を正確に身につけるためである。これらが太極拳の健身効果、娯楽効果、修身・養性の効果等多重な機能を実現するための条件である。太極拳の健身機能は攻防機能に含まれる故に、健康の目的であっても太極拳の「用法」を強調し、正しい動作を習得する方法が大切である。

　太極拳は、「体」と「用」の技術である。運動形式により「体」は、功法の内容を含めた套路を主とする運動であり、「用」は、散打の内容を含めた推手を主とする運動である。「体」は套路から見ると套路の姿勢練習であり、「用」は動作の用法を指す。究極的に言えば、体と用の両方があっての正確な太極拳運動方法である。故に、太極拳動作の基本動作から入り、基本動作に含まれる攻防の意味、攻防の動作の正しい練習方法を理解して初めて、太極拳の哲学思想を理解でき、護身の能力を高め、健康の目的を達成することができる。

5.0 予備式

【技術的ポイント】

　予備式は平淡平凡に見えるが、実際は多くの太極拳の技術的要求を含んでおり、套路全体を貫いているので、攻防上、一種の重要な心理状態の調整にとって、とても重要な要素であるため、注意を喚起する必要がある。「拳芸以沈着為本（拳の技術は沈着を本とする）」とは、身心状態を調整し、良好な心理状態を保ち、静を以て動を制す、時機を狙って発することを意味している。

5.1 起勢

（1）左脚開歩
【技術的ポイント】

　この動作は多くの人が攻防の機能はないと思っている。しかし、実は自分の左脚を相手の両脚の間に挿し込む、「脚踏中門（中門に脚を踏み入れる）」という、肩で靠して相手を攻撃するという機能がある。

　『太極拳譜』には、「纏繞諸靠（纏わりついて靠する）」「肩胯膝打靠為先（肩、胯、膝で打つより靠が先）」と言う。

　靠は、太極拳八法の一つであり、太極拳の中で攻撃力の強い技法である。靠の際、

図 5.1 左脚開歩

もし自分の体が中正を失い、片方へ傾いたら重心が崩れ、倒れてしまうため、靠の前には体を十分リラックスさせ、相手と接触する瞬間、勁を集中して発勁する。即ち、「靠要崩（靠は必ず相手の重心を崩す）」ことである。その時、体を緩め、息を吐き、全身の合力で相手の胸部を靠するのが一番良い。即ち、『拳経』に云う「披従側方入（突然打つ時は横から入る）」の要求に従って自分の竪勁を以て相手の横勁を破ることである（図 5.1）。

(2) 両臂（腕）掤挙

【技術的ポイント】

　自分の両手首を握られた時、腕を上げる力で相手の掌心へ発勁し、自分の腕で相手の体の重心を動かし、相手を仰向けに倒す。掌ではなく、勾手にして発勁することもできる。

　『太極拳譜』には、「掤在両臂（掤勁は両腕にあり）」「掤要撑（掤は開き張る勁なり」と言う。掤には、多様な形式があり、両腕の環抱だけが掤ではない。実際には、手首も掤にできる。手首で掤する時は、足裏の力を緩めて床を蹴った反発力を手首に伝え、松肩垂肘で、相手からの力の中心点と対抗せず、相手の重心を見つければ相手の発勁点を変えて相手を倒すことができる（図5.2）。

図 5.2 両臂（腕）掤挙

(3) 屈膝下按

【技術的ポイント】

　前の動作と合わせて使う。自分の外掤発勁の意図が相手に見抜かれた時、相手が本能的に反抗して前按するであろう。その時に、自分は相手のその勢いに乗り、自分の手を反転させて相手の手腕の上に自分の手を持っていき、体、腕、腿の力を同時に緩め、全身の合力で相手を下按して相手を前へ引き

倒す。屈膝下按の時、歩法、身法と併用して閃転（素早く体を回転する）する方法もある。また、相手に手首を捕まえられ、後ろへ引っ張られた時、相手の力を聴いたら（感じたら）、自分の両手指先を少し前へ緩め、相手の勁力を変化させ、自分の力で相手の手を下按して相手を倒す、または相手に胸を推された時、自分は含胸にし、相手の推した手を下按してやり返す方法もある（図5.3）。

図5.3 屈膝下按

5.2 左右野馬分鬃

1. 左野馬分鬃
（1）丁歩抱球

【技術的ポイント】

　正面から相手が右足を上歩して、右拳で自分の胸部を打ってくる時、自分は右手で相手の拳を下采（または上掤でもよい）し、自分の左手は上架の準備をして相手の攻撃方向を変化させる。攻防の中では、右手で描いた弧は、胸幅を超えないことが大事である。ボールを抱えるのはただのプロセスであり、そのまま止まらず次の動作に移行する（図5.4）。

図5.4 丁歩抱球（上掤の例）

(2) 弓歩分靠

【技術的ポイント】

前の動作に続き、『太極拳体用全訣』には、「野馬分鬃攻腋下（野馬分鬃は相手の脇下を攻める）」とある。相手が左拳で胸を打ってくる時、自分の右手で下采し、左手を相手の脇下に挿し込み、左脚は上歩して相手の踵を抑え、左腕の外側で分け開き靠する。両手で挟んで分け開く意があり、相手の手腕を裁断すると同時に、自分の左脚足先を浮かせ、相手の前腿の後ろに挿し込み、相手の踝と下腿を封じ、相手の腿を跪撃（膝で撃つ）する。更に左腕と肩は体の合力に催動（催促されて動く）し、靠で攻撃する（図5.5）。

図5.5　弓歩分靠

2. 右野馬分鬃
(1) 後坐翹脚

【技術的ポイント】

推手、または実戦中、相手の攻撃力が大きい場合、左手で相手の攻撃の手を受け、外側へ弧を描き、相手の手を引き落とし相手の力を空にする。ただ、ここでは特に注意する点がある。それは相手を自分の後方へ引き入れる時、前掤の勁があり、接触点で自転し、含胸圓背（含胸の円い背中）を保ち、後坐した時の足先と床との角度が60°を超えないで浮かせることである。支えている腿の膝関節と足先を相対させ、圓襠開胯で、体の重心が崩れない、体が上下しない、全身で一気に完璧に行うことを要求する。実は、「後坐翹脚」

の方法に反対する人もいる。伝統太極拳には明らかな後ろへ座る動作がない。それも攻防上の理由がある。しかし、勁力を失わなければ後ろへ座っても良いと言う意見もある。その理由は、相手からの力が大きすぎる時、適切に後ろへ座ることで相手の攻撃力を変化させることができるからである（図5.6）。

図 5.6　後坐翹脚

（2）丁歩抱球

1.の左野馬分鬃の（1）丁歩抱球と同じで、左右逆にする。

（3）弓歩分靠

1.の左野馬分鬃の（2）弓歩分靠と同じで、左右逆にする。

5.3 白鶴亮翅

（1）跟歩合抱

【技術的ポイント】

正面から相手が胸部を推そうとしてきた時、自分は合胸にして、左手で相手の攻撃してくる手を下持し、右手で下から上へかすめ取って相手の攻撃を変化させ、次の動作に備える。右手で相手の手腕を錯撃（挟み開き撃つ）し、または相手の腕を挑動（下から上へ梃のように動かす）して相手の攻撃力を変化させて次の動作に備えることもできる（図5.7）。

図 5.7　跟歩合抱

(2) 転身後坐

【技術的ポイント】

　相手が拳を突然、打ち出してくる時、自分の右手で相手の拳を上へ掛けるように持ち上げ、左手で顔を守り、相手の肘拳を防ぎ、相手の攻撃を変化させて次の動作に備える。また、左脚で踢撃（蹴る）することもできる。

(3) 虚歩分手

【技術的ポイント】

　前の動作に続き、左手の竪掌で素早く相手の肋軟骨を切る。楊班侯の『太極九訣』には「海底撈月亮翅変，挑打軟肋不容情（海中撈月の姿勢で相手の脚を掬い、白鶴亮翅に変えて左手で相手の肋軟骨を容赦なく挑撃する）」とある。相手が右拳で、顔または胸を攻撃してきたら、自分は前の動作に続いて、左掌で相手の脇腹を平手打ちするか、自分の左手を反し回して相手の右手首を掴み、采したり、右手を上へ挙げて相手の顎を揮撃（振り上げて打つ）する。また、左手を左へ反し回して推し、相手の力を制御し、右手を相手の脇下へ挿し込み、擠、靠、分の方法と歩法を組み合わせ、相手を倒す。あるいは、虚歩で相手が自分の下盤を蹴ることを防ぎ、タイミングを見て虚の脚で攻撃することもできる（図5.8）。

　　図5.8 虚歩分手

5.4 左右搂膝拗歩

1. 左搂膝拗歩
（1）丁歩托掌

図5.9 丁歩托掌

【技術的ポイント】

　前の動作に続き、相手が右脚を出し、右手で胸部を攻撃してくる時、自分は腰で右手を使って弧を描きながら、下に圧し、左手で相手の両手を抑え、相手を劣勢に立たせる。そして左手甲で相手の顔面を反撃し、左脚を引き収め相手の前足にひっかけて倒す。この時、もし、相手が脚を上げて避けた場合、力を蓄え次の弓歩推掌のための発勁に備える（図5.9）。

（2）弓歩搂推

【技術的ポイント】

　前の動作に続き、『太極九訣』には「搂膝拗歩斜中找（搂膝拗歩は斜めの中に求める）」とある。相手の左腿が前（または右腿が前）で、左拳で突然打ってくる時、または左腿で攻めてくる時、自分は左手で相手が攻めてくる腿、または掌を払い、左脚を上歩して相手の踵を封じる。または相手の（両腿の間）中門に踏み入れ、右手で相手の胸部、または肩部を推撃し、斜め方向へ発力し相手の重心を崩し、推し倒す（図5.10、図5.11）。

図5.10 弓歩搂推（1）

図5.11 弓歩搂推（2）

279

図 5.12 後坐翹脚

2. 右搂膝拗步
（1）後坐翹脚

【技術的ポイント】

　相手が左順歩で、突然、左拳で顔面を撃ってくる時、先ず左搂膝、右推掌の後、相手を捕まえる。相手の攻撃力が大きすぎる場合、「後坐翹脚」と「両臂擰転」の両方を使って、相手の力を変化させ、次の発勁のため勁力を蓄える（図 5.12）。

（2）丁歩托掌

　左側のやり方と同じで、左右逆にする。

（3）弓歩搂推

　左側のやり方と同じで、左右逆にする。

5.5 手揮琵琶

（1）跟歩松手

図 5.13　跟歩松手

【技術的ポイント】

　相手が突然、右拳で胸を撃ってくる時、自分は右手で相手の拳を左へ抜きかわし、回す吸引の勁で相手の拳を内側へ引き込む。太極拳に言う「引進落空（引き入れて空にする）」を使う。この技法は、無理に対抗せず、相手が撃ってくる手の力を借り、含胸抜背で相手の攻撃してくる方向を変化させ、次の動作のために勁を蓄える（図 5.13）。

（2）後坐挑掌

【技術的ポイント】

　前の動作に続き、左手で素早く相手の右肘
関節への反撃に移り、両手で相手の肘関節を
挟み撃ちして、相手の肘関節を挫く。

（3）虚歩送手

【技術的ポイント】

　もし、相手の防御が完璧なら、自分の左手
で相手の右肘を、右手で相手の手首を押さえ、

図 5.14　虚歩送手

両手で挟み撃ちして相手を前へ送る発力をする。即ち、「合即出（合わせる
と出す）」の技術を使い、発勁で相手を突き放す。虚歩送手を使う時、左脚
を相手の前腿に引っかけるか、または蹴飛ばすこともできる（図 5.14）。

5.6 左右倒巻肱

1. 右倒巻肱
（1）転体撤手

【技術的ポイント】

　相手に後から抱きつかれた時、右手を撤
収して相手の股間に挿し込む、または相手
の襠部を撩撃（掬い上げるようにして打つ）
し相手の攻撃から逃れ、次の動作に備える。
右手を撤収する時は、体で手腕を回すが、
肩で腕肘、肘で手を回し、関節の一節一節
から勁を引き抜く。頭の回転が手の撤収よ
り早くなって、相手に顔面を撃たれないよ
う、撤手してから頭を回す（図 5.15）。

図 5.15　転体撤手

（2）虚歩推掌

【技術的ポイント】

　正面から相手が胸を攻撃してくる時、または左手を捕まれた時、自分の前の手で相手の手に粘り付き、相手の勢いに任せ、退歩して抽帯（相手の手に粘り付きながら自分の手を引き抜く）する。抽帯時には体で腕を回すが、肩で腕肘、肘で手を回し、関節の一節一節から勁を引き抜く。後ろの手は相手の顔面を撃ち、両手は一出一入（一方は出して、一方は引く）して協調させ勁力を使う（図5.16）。

図 5.16　虚歩推掌

2. 左倒巻肱

　右倒巻肱と同じであるが、左右逆である。

5.7 左攬雀尾

（1）丁歩抱球

【技術的ポイント】

　相手が打ってくる拳を受け止めるため、腰を回し、腕を内旋・外旋して相手の拳を掤（ポン）で受け、捋（リュイ）でその勁力を変化させ、同時に勁力を蓄え、相手の力を借り、次の攻撃に備える。これは太極拳の攻防の特徴であり、無理に対抗せず、相手の勁力を受け、変化させて打つ。「化して自分の力と合わせ打つ」ことは、拳譜にいう「引進落空」である。

(2) 弓歩掤臂（左）

【技術的ポイント】

　前の動作に続き、相手の勁力を引き
入れ、自分の勁力を蓄え、発勁に備え
る。右手で相手の腕を下按し、進歩し
て相手の踵をめがけて差し込み、足先
で内側に扣して、相手の下盤を押さえ
る。その勢いで、左腕で掤発して相手
の体を押し倒す。これこそ、太極拳の
「動必進歩以占勢，進必套插以跌人（動

図 5.17　弓歩掤臂

けば進歩で自分を有利にし、進歩すれば必ず相手の脚の間に自分の脚を差し
込み、相手の足を封じて倒す」の攻防の特徴を反映している。勁力の使い方
として前の動作「引き入れて空にする」に続き、この動作で「合わせて出す」
となる（図 5.17）。

(3) 後坐下挒

【技術的ポイント】

　相手が打ち出して来る腕に対し、
自分の左手を相手の肘に粘っこく
貼り付け、右手は相手の手首を引
くように掴み、相手の攻めて来る
力を借りて右側へ弧形に挒して相
手を前転させる。他の武術では「順
手牽羊（原意は時機を狙って他人
のものを持ち去ることを意味する

図 5.18　後坐下挒

が、ここでは時機を逃さず、相手の手を掴む意）」と言う。推手の中では、
相手が胸を押してくる時、一方の手で相手の手を外旋させながら、両手で挒
して攻撃することも出来る。挒撃の路線は、下へ挒撃するのではなく、自分

の体の右後方へ捋する。もし下捋すると、相手の勁が自分に向かってくるか、または相手に頭突きされる危険がある。太極拳訣に曰く、「捋要軽（捋は軽く）」は、捋する前に先ず、力を入れず、相手の力を聴くのである。力を入れると直ぐ、相手に自分の捋の意図が知られてしまう（図5.18）。

図5.19　弓歩前擠

（4）弓歩前擠

【技術的ポイント】

　前の動作に続いて後捋する時、相手は本能的に後ろへ手を引くが、自分は相手の引く力を借り、両手の合力で相手の胸を擠（プレス)して倒す。勁力は相手の重心に到達する。この動作は、「曲中求直」であり、多方向への勁力変化を意味する。太極拳訣に曰く「擠要横（擠は横方向に）」。左腕を胸前で曲げ、右手で左手手首の内側で縦に支え、合力で打撃する（図5.19）。

（5）後坐収掌

【技術的ポイント】

　相手が攻撃してくる両手に対処するため、自分は両手を外旋させながら後ろへ座り、相手の勁を受け流し／相手の勁力を引き入れ空にさせると同時に、自分の勁力を蓄えて次の発勁に備える。後ろへ引き入れる時、前への掤勁を失わない、一方向へのみ力を使わないことが大事である。胸と腰の変化にも注意する（図5.20）。

図5.20　後坐収掌

(6) 弓歩按掌

【技術的ポイント】

太極拳訣に曰く、「按要攻（按は攻めなり）」、「按手用招似傾倒（按の手にはコツがあり、そのコツで相手を倒す）」。前の動作に続き、合わせて打つ（合即出）。そのコツは

図5.21　弓歩按掌

相手の勁力を変化させ、自分は勁力を蓄え、両手で前按すると同時に、体を少し前傾させる。勁力は足裏から腿、腰、背、最後、両手に伝わる。前按で、少し弧を描くようにして、相手の踵を浮かせ、倒す。または勁力を床下へ向けて按する勢いで相手を倒す（図5.21）。

5.8 右攬雀尾

(1) 転体展臂

【技術的ポイント】

相手から右肩を按で攻撃され、または右肩を捕まれた時、自分は直ちに右肩を緩め、相手の勁力を変化させると同時に、体を回転し、振り向きざまに右掌で相手を空手の手刀打ちのように攻撃する。または相手の腕に纏わりつき相手を擒拿（関節を反対に回して捻る）する。この動作は、正に相手と張り合わず、緩めて防御、反撃といった太極拳の技術的特徴を反映している（図5.22、図5.23）。

図5.22　転体展臂1

図5.23 転体展臂2

（2）丁歩抱球
（3）弓歩掤臂（右）
（4）後坐下捋
（5）弓歩前擠
（6）後坐収掌
（7）弓歩按掌

（2）～（7）は、左攬雀尾の動作と同じであり、左右を逆にする。

5.9 単鞭

（1）扣脚雲手

【技術的ポイント】

　左肩を相手に捕まれた時、その左肩を緩め、体を回し相手の力を変化させながら、左腕を滾動（転がす）するように外旋・内旋し、相手の手から逃れ、次の動作に備える。この動作と右攬雀尾の「転体展臂」とは、攻防の意味が同じで、相手と張り合わず、緩めて防御、反撃する太極拳の技術的特徴を反映している（図5.24）。

図5.24 扣脚雲手

(2)　丁歩勾手

【技術的ポイント】

　前の動作に続き、左手で相手からの攻撃力を変化させ、相手の手を絞り、腕に纏わりつき、右手で捋して勾手に変え相手を掴み、勢いを蓄え、次の発勁に備える（図5.25、図5.26）。

図5.25 丁歩勾手（1）　　　　図5.26 丁歩勾手（2）

(3)　弓歩推掌

【技術的ポイント】

　前の動作に続き、右手は相手を捉え、左手は相手の脇下へ挿し込み、左足を上歩して足先を内に入れ相手の踵を抑え、足を封じる。即ち、伝統の「套封插逼（套封とは、相手の前足を退けないように相手の足の後ろを脚で封じること、退路を断つ意である。插逼とは、相手の股間に脚を挿しこみ接近すること）」の用法であ

図5.27　弓歩推掌

287

る。左手は掌を反し下向きにして前に推し、按して相手を倒す。この時、左手は進みながら掌を反し、滚動しながら動く勁を持たせる。実戦では、直接、左手を転がしながら引き、相手の力を変化させ、攻め込みながら相手を推撃する（図5.27）。

5.10 雲手

（1）扣脚雲手

5.9の単鞭（1）と同じである。但し、右側への動作をする（図5.28）。

図5.28 扣脚雲手

（2）収脚雲手

【技術的ポイント】

相手が右拳で前から打ってくる時、自分は左手で、右から左への雲手で遮る。そして相手を引き入れて空にし、纏わりついて相手を捕まえる。または、相手が打ってくる時、左手を掤して相手の勁を受け、粘着しながら自分が回ることにより、相手の力を変化させ、右掌で下から相手の肋骨を撃つ。攻める時、挿し込み、または推してもよい（図5.29）。相手が左拳で前から打ってくる時は、自分は右手で左から右への雲手で遮る。

図5.29 収脚雲手（相手が右拳で来る時の例）

（3）伸脚雲手

【技術的ポイント】

　前の動作に続き、体を沈める力で、掌で下
按し、連続して相手を攻撃する。実戦では、
脚で相手の踝関節を鏟撃（すくって撃つ）す
ることができる（図5.30）。

（4）収脚雲手

　前の収脚雲手の動作の用法と同じである。

図 5.30 伸脚雲手

5.11 単鞭

　5.9の単鞭の動作の用法と同じである。

5.12 高探馬

（1）跟歩翻掌

【技術的ポイント】

　この動作は過渡動作であるため、ポイン
トは下に勁力を蓄えることである。右手
が相手に捕まれた場合、腰を緩め、肩を
沈め、腕を回し相手の手から逃れる。

（2）虚歩探掌

図 5.31 虚歩探掌

【技術的ポイント】

　もし、相手がとてつもなく大きく強かったら、両手で相手の首を、大きく

がっしりした馬の首を捩じるようにして制する。このため、両手で挟み撃ちして捩じり回す勁を使う。また、相手が拳で撃ってくる時、あるいは前の手が捕まれた場合、その手をずらして、右手で相手の顔面を推撃し、相手を倒す。太極拳訣に言う「高探馬上攔手刺（高探馬は上に攔して手で刺す）」用法である（図5.31）。

5.13 右蹬脚

（1）丁歩合手

【技術的ポイント】

図5.32　丁歩合手（喉部を插撃）

この動作の前、左掌で前へ穿ち、相手の喉部を插撃（挿し込んで攻める）してもよい。両手を十字にする技法は「十字手」と同じである。相手が両拳で打ってくる時、自分は両掌で下から上へ掤し、十字状に相手の両手を挙げ開く。または相手に両手を捕まれた時、自分は両手を十字に交差し、相手から逃れ、次の動作のため、勁を蓄える（図5.32）。

（2）蹬脚撑掌

【技術的ポイント】

『太極拳論』に曰く「右蹬脚上軟肋踹（右蹬脚は肋軟骨を蹴る）」。相手が右拳で胸を攻撃してくる時、自分は両手で相手の腕に粘着し、左へ掤し、相手が本能的に拳を引いたら、それに乗じて両手を開き右手で相手の顔を封じ、右掌で相手の耳を撃ち、下は脚を引き上げ、相手の腹部、襠部、脇等を蹴る（図5.33）。

図5.33　蹬脚撑掌

5.14 双峰貫耳

（1）屈膝落手

【技術的ポイント】

　相手が胸部を攻撃してくる時、自分は
両手で相手の両手首に粘着しながら下へ
沈め、同時に含胸にして、左右に開いて
相手の力を変化させ、相手の両耳を撃つ。
また、膝頭で相手の胸部、襠部を膝蹴り
することもできる（図 5.34）。

図 5.34　屈膝落手

（2）弓歩双貫

【技術的ポイント】

　前の動作に続き、両掌は弧を描き、
相手が攻撃してくる拳を外に撥ね退け
内側へ弧を描き、相手の両耳門のツボ
を打つ（図 5.35）。

5.15 転身左蹬脚

（1）転身合手

【技術的ポイント】

　左肩を相手に按撃され、または捕ま

図 5.35　弓歩双貫

れた時、直ちに左肩を緩め、相手の力を変化させる。同時に転身して左掌で
相手の手腕を捻り絞る。この動作は、力で相手と対抗せず、緩めて防御、反
撃する太極拳の技術的特徴を反映している。

(2) 蹬脚撑掌

【攻防の方法】

　相手と交戦中、手法を使うチャンスがない場合、いきなり体を回し、腿を上げ、相手の胸部や腹部を蹴る。または後ろから襲撃された場合に使う。

図 5.36　収脚勾手

(2) 仆歩穿掌

5.16 左下勢独立

(1) 収脚勾手

【攻防の方法】

　左脚を体側に引き戻し、跨を内に入れることにより、相手が自分の腿を掴もうとするのを防ぐ。同時に掌を出したままにしておき、相手の顔面を撃つ（図 5.36）。

【技術的ポイント】

　前の動作に続き、左手を相手に捕まれた時、自分は左手で相手の手に粘着しながら、その勢いに乗り、相手の手を下へ引っ張り、相手の勁力を変化させ、前へ倒す。続いて掌で前へ穿ち、相手の膝を靠撃する。これは、伝統太極拳に言う「七寸蛇形靠（七寸蛇の形で靠）」である。または勁を蓄え、次の発勁に備える（図 5.37、図 5.38）。

図 5.37　仆歩穿掌（1）

図 5.38　仆歩穿掌（2）

（3）提膝挑掌

【技術的ポイント】

　前の動作に続き、左手で相手の攻撃の手を受けとめ、その勢いで相手の手・腕を下方へ掴み（采、ツァイ）、右掌は相手の顎、または喉先を挑撃（はねあげる）するか、戳撃（突く）する。右膝で相手の腹部や襠部に撞撃（ぶつける）する（図 5.39）。

図 5.39　提膝挑掌

5.17 右下勢独立

　5.16 の左下勢独立と同じであり、左右を逆にする。

5.18 左右穿梭

（1）丁歩合抱

図 5.40　拗歩架推（1）

　これまでに出て来た「丁歩合抱」と同じである。

（2）拗歩架推

【技術的ポイント】

　相手からの拳を、片方の腕で滾翻（グンファン）（転がすように反し）し上に挙げ、もう片方の手で相手の胸部を推撃する。推手では相手の腕に纏わりついて架推する（図 5.40、図 5.41）。

図 5.41　拗歩架推（2）

293

5.19 海底針

(1) 後坐提手

【技術的ポイント】

相手が自分の左手首を掴もうとしてきたら、自分が先に相手の手を掴んで（下采）、相手を前に引き倒す。

(2) 虚歩插手

図 5.42　虚歩插手

【技術的ポイント】

前の動作で、相手が自分の左手首を掴もうとしてきたら、自分が先に相手の手を掴んで（下采）、相手を前に引き倒す。もし、これが成功しなかったら、相手が本能的に後ろへ後退するのを利用し、右手で相手の襠部の会陰を挿すか、掌で推撃する（図 5.42）。

5.20 閃通臂

(1) 弓歩架推

【技術的ポイント】

『太極拳訣』には「閃通臂上托架功（閃通臂は上に托架の功である）」と言う。この動作は基本的に前の動作と一緒に使う。海底針に続き、上架、前推する。相手からの拳撃に対し、片手で上架し、掤勁で相手の力を変化させ、もう片方の手で推撃する（図 5.43）。

図 5.43　弓歩架推

5.21 転身搬攔捶

（1）転体握拳

【技術的ポイント】

相手が拳で胸部を打ってくる
時、自分は体の回転を利用し、自
分の右掌を収め、相手の拳を下に
圧し、次の搬拳に備える。

（2）踩脚搬拳

図5.44　踩脚搬拳

【技術的ポイント】

前の動作に続き、左手で相手の勁力を下に圧し、右手は反対に拳の甲で相
手の顔面、鎖骨等の部位を攻撃する。同時に右脚は横に相手の脛を踏みつけ
る意があり、上下相随して相手を倒す（図5.44）。

（3）上歩攔掌

【技術的ポイント】

前の動作に続き、相手が右拳で
真っ直ぐ打ってくる時、自分は即、
横に攔し、体を回して相手の勁力
を変化させると同時に、蓄えてい
た自分の勁力を発勁する。太極拳
の「直来横攔（直線で来た拳を横
に攔する）」、直接抵抗せず、柔を
以て剛を制す思想を反映している
（図5.45）。

図5.45　上歩攔掌

（4）弓歩打捶

【技術的ポイント】

　前の動作に続いて、左手で攔
掌した後、直ちに右拳で相手の
拳を腕の下、腕の外側へ流し、
相手の脇を撃つ（図5.46）。

5.22 如封似閉

（1）後坐収掌

図5.46　弓歩打捶

【攻防の方法】

　太極拳訣に曰く「如封似閉護正中（如封似閉は正中を守る）」。右手、また
は右の肘、手首を相手に捕まれた時、自分は左手を右腕の下側から挿し出し、
両腕を交差させ、鋏のように相手の手首を錯撃（挟み撃つ）して相手から逃
れ、同時に胸部と肘を守る。

「後坐挂掌，転而下按」。後ろへ座り、掌を引っ掛け、相手の手首またはそ
の他の部位を下按する。推手の中では、左手で外側へ穿ち、相手の力を変化
させる（図5.47、図5.48）。

図5.47　後坐収掌（1）

図5.48　後坐収掌（2）

（2）弓歩按掌

【攻防の方法】

　　両手を相手に捕まれた時、交差、穿手で逃れ、後ろへ座って勁力を蓄積し、相手を推撃する。太極拳訣には「如封似閉顧盼定」と言う。即ち、この動作の時は、自分の手前、足前、眼前を見る（顧三前）、相手の肩、肘、膝、胯、頭、手、足の七部位の出方を確かめる（盼七星）を強調する。定は、心と体の安定である。心の安定とは、心と精神の安定、鎮定が自然であることを指し、身の安定とは、重心の安定を指す（図 5.49、図 5.50）。

図 5.49　弓歩按掌（1）　　　　　　　　　　　　図 5.50　弓歩按掌（2）

図 5.51　収脚合手

5.23 十字手

（1）転体展臂

　5.8 右攬雀尾の動作と同じである。

（2）収脚合手

【技術的ポイント】

　相手が両手で胸部を推してくる時、自分は即、両手の手首を相手の両手に粘着させながら上に挑ね上げ、左右へ開き、相手の両手を撃ち、右手で下に采し、左手で推撃する。または直接、両手を重ね十字状にし、相手に弾撃（ここでは、自分が膨らんでいる最中の風船のように大きく相手に迫る）することもできる（図 5.51）。

5.24 収勢

（1）分掌下按

【技術的ポイント】

　起勢の屈膝下按と同じである。両掌で下按するのは、相手を采、捋する用法である。

（2）並歩還原

【技術的ポイント】

　静を以て動に備える。

第6章
24 式太極拳動作
連続写真

この 24 式太極拳動作の連続写真は、動作の一つ一つを正確に行うことができるようにするために動画から毎秒 2 枚のスクリーンショットを撮ったものである。太極拳を練習する時にこれらの連続写真を活用して頂きたい。

6.2 左右野馬分鬃

6.3 白鶴亮翅

6.4 左右搂膝拗歩

6.5 手揮琵琶

6.6 左右倒巻肱

6.7 左攬雀尾

6.8 右攬雀尾

【訂正】本ページの連続動作の一部に誤りがありました。
正しくはこちらとなります。お詫びして訂正致します。

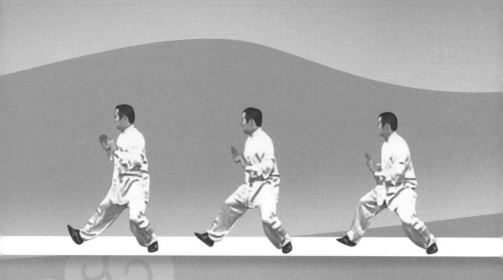

6.9 单鞭

6.10 雲手

6.11 単鞭

6.12 高探馬

6.13 右蹬脚

6.14 双峰貫耳

6.15 転身左蹬脚

6.16 左下勢独立

6.17 右下勢独立

6.18 左右穿梭

6.19 海底針

6.20 閃通臂

6.21 搬攔捶

6.22 如封似閉

6.23 十字手

6.24 収勢

第 7 章

太極拳練功要論解説及び実践

7.1 用意論

　太極拳は、意を練り、意を用いる内家拳と呼ばれる。それでは、意とは何か？
どのように意を用いるのか？　これらは常に関心を集める問題である。

　まず、古典拳論の論述を見てみよう。

　一番古い太極拳経典『太極拳論』には「意」について、明確な要求はなかった。
『太極拳理論経典摘録「研手法（二）」』には、「意上寓下後天返（上への意は
下に意味がある。有形の後天は先天に戻る）」と言う。『十三総勢説略』には
「始而意動，既而勁動，転接要一線串成（始めに意が動き、勁が動き、繋がっ
て一本の線で串となる）」「凡此皆是意，不在外面（全ては意にあり、外には
ない）」と言う。『十三勢行功歌』には「命意源頭在腰隙，変転虚実須留意（命
たる意の源流は腰の隙間にあり、虚実を切り替える際は意のことを心に留め
るべし）」「勢勢存心揆用意，刻刻留意在腰間（全ての動作は意を用い、絶え
ず意を腰に留めておくこと）」「意気君来骨肉臣（意と気は主君なり、骨と筋
肉は臣下なり）」と言う。『太極拳解』「心為令，気為旗（心が司令なり、気
は旗なり）」「先在心，後在身（心が先、体は後）」「全身意在蓄神，不在気（全
身の意は精神の蓄積にあり、気ではない）」と言う。『五字訣』には「一曰心静。
……彼無力我亦無力，我意仍在先。要刻刻留意，挨何処，心要用在何処須向
不丢不頂中討消息（一に曰く……心を静めること。相手が無力であれば我も
無力であるが、なおも、わが意はその前にある。絶えず意のことを心に留め
る。どこにいても心が向かうところ、頂勁を使わずとも、相手の動きを聴か
なければならない）」「此全是用意，不是用勁（全て意を用いるのであって勁
を用いるのではない）」と言う。「太極拳術十要」の第六要は、「用意不用力（意
を用い、力を用いない）」「若不用力而用意，意之所至，気即至焉（力を用い
ず、意を用いる者は、その意が至るところに気が至る）」と言う。その他の
拳論の中にも、意についての記述が多くあるが、ここでは省略する。

　概念として提起され、実践された意のおかげで、太極拳技術が更なる水準
に発展してきたし、それほど意は太極拳における重要な位置づけであること
を物語っている。

それでは、太極拳における意とは一体何かを見てみよう。

7.1.1 用意の定義

　用意とは、一種の心理が一定の方向へ向かう活動、即ち、太極拳を練習する時の考え方を言う。意と言う漢字は、『現代漢語詞典』では意念、考え方であり、意は意識、考え方だと解釈している。太極拳の用意も一種の、太極拳練習時の意識、考え方である。生理学及び心理学の視点から見ると、物質器官の大脳皮質から生まれた心理が一定の方向へ向かう活動であり、生理学の誘導規則と符合する。俗に言えば、太極拳の意は、一種の考え方、注意活動である。拳論には、「変化虚実須留意（虚実の変化を意に留める）」「勢勢存心揆用意（全ての動作に意を用いること）」と言う。この中の意こそ、注意であり、考え方である。

　それでは、何に注意するのか、何を考えるのか。

　太極拳の用意（意を用いる）の内容は豊富である。練習の主要な目的及び考える内容により健身の意と攻防の意に大別する。

1. 健身の意
　練習の重点は「体」であり、健身を目的とする。

（1）松静の意（体を緩め、心を静める意）
　体を想い、精神のリラックスを想うことを内容とする心理活動である。
【具体的方法】
　放松論（緩める）論で詳細を説明する。

（2）端正の意
　体の端正を想うことを主とする心理活動である。
【具体的方法】三横一縦、十字座標
　人体の内部構造からみて、百会のツボから両脚の湧泉のツボまで連続する

中心点は人体の中垂線である。肩の両端と大椎のツボの三点は一本の水平線を構成する。百会、人中、中丹田、下丹田、会陰の各ツボは体の前側の中心垂直線を構成する。尾閭、命門、大椎、玉枕、更に百会のツボまでは体の後側の中心垂直線を構成する。前後二本の垂直線（即ち、任脈と督脈）が接続すれば小周天の気輪となり、水平線と中垂線が交差して人体内の十字交差平衡線、十字の座標になる。気輪は、三つの平輪と一つの竪輪の四つの輪がある。

平輪が肩輪、腰輪、胯輪であり、竪輪が下丹田の立体輪である。その他に手、手首、肘、肩、胯、膝、足首及び頸部の各関節の中輪がある。大腿、下腿及び上腕、前腕も若干の小輪を想像することができる。人体は、十字架を内蔵する大きい球体に喩えることができる。三横一縦の四大輪はそれぞれの役割分担がある。例えば、肩輪が人体のバランスを、腰輪が人体の回転を、胯輪が人体の進退を、丹田の立体輪が攻防時の勁をそれぞれ主宰する。

行功走架（太極拳の練功）において、体の進退は球体が水面を漂っているようである。体の起落は、球体の如く、膨れたり、縮んだりしている状態である。体の回転は球体が大波に翻弄され、転がされている状態である。体という球体は、方位が如何に変化されても体内の十字交差線は必ず中正とバランスを保たなければならない。長く練習を続ければ、置かれている状況が如何に変化しても体が自ずと中正を保つようになる。

（3）虚実の意

体の重心の位置及び勁力の変化を想うことを主とする心理活動である。

【作法】虚実交替、一虚一実

太極拳練功中、上肢の左手と右手、下肢の左足と右足、体の各部位は、全て虚から実へ、または実から虚へ交替、変化する。動作中も定式でも、実の時は実の意を用い、虚の時は虚の意を用いる。意識に誘導され、重心、勁力の虚実の変化が起こる。手に虚の意を用いる時は、水に浮いているボールを抑えていて、少し油断すると、抑えている感覚がなくなってしまう感じである。足に虚の意を用いる時は、薄氷を歩く如く、少し油断すると、氷が割れ、墜ちる恐れがある感じである。手に実の意を用いる時は、（強敵に遭遇すると）腰から発力し、気を指先に貫き、手は掌心から力を吐き、拳は指と指の隙間

から力を吐く。意は皮膚に浸透し、骨に入る。足に実の意を用いる時は、五趾で床を掴み、踵で床を踏み込む勁で床が凹むくらい届く。その勁と一体になれば、どんな巨漢でも揺るがぬことはない。床を蹴ると、足の湧泉のツボから力を吐き、阻む者は皆、倒されてしまう。蹴る時に、もし足先から力を吐けば、蹴られた者は必ず怪我を負う。躯体の虚実は、上下、左右の弛緩と緊張の変化を通じて重心の偏移をもたらし、重心が一方に偏ると実となり、反対側は虚となる。太極拳練功中は、虚実分別の基本原則のため、左腿が実になれば、右腿は必ず虚になるし、右腿が実になれば、左腿は必ず虚になる。上、下肢の虚実は反対である。左腿が虚になると、左手は実になり、右腿が虚になると、右手は実になる。前が実になると、後は虚になる。上が虚になると、下は実になる。前後、左右、上下は必ず一虚一実である。左半身または右半身の全実または全虚は禁物である。但し、単鞭及び左右分脚等の動作は別の問題である。実際には陰陽と虚実が内包されていて、虚実が意の変化に伴って内在的に変化したに過ぎない。

（4）貫串の意

全身の勁力が節々を串刺しに貫いて行くように想うことを主とする心理活動である。

【具体的方法】三節運動，節節而動

貫串の意を理解するためには、先ず、上、中、下の三盤と、梢、中、根の三節、及び手、肘、肩、胯、膝、足間の運動関係を理解する必要がある。回転、進退、起落等全ての動作は、先ず、その動く部位のどの部分が先に動くか、どの部分が最後に動くか、どの部位がどの部位をリードするかを理解し、そのうえで、意でリードする。一つの関節が次の関節をリードして順次、動く。節節貫串（ジェジェグァンチュアン）において、全ての動作では梢節がリードしている。例えば、上肢が動く時、指で掌、手首を、掌と手首で前腕を、前腕で上腕をリードする。下肢が動く時、足で下腿を、下腿で大腿をリードする。その基本規則は、上から下へ、左から右へ、前から後ろへという順番である。梢節が動けば、中節が相随、根節が追随する。24式の単鞭式で、左掌を斜めに出すと同時に、左足を斜めに出し、手と足、肘と膝、肩と胯は一斉に動く。下肢の場合、足

で下腿を、下腿で大腿をリードして一節一節、送り出し、ゆっくり蹴り出す。上肢は、左掌で前腕を、前腕で上腕及び肩をリードし、一節一節が動き出し、ゆっくり按出し、掌心から力を吐く時、内気が左腎上方の勁源から発勁し、肩、上腕、肘、前腕を経て指先に到達する。内気の運行は、節節貫串の順番とは逆になる。内気の伝達は閃光の如く素早い。意に合わせることを理解するだけで良い。力を吐く時、感じる必要はない。全身の意は、精神にあり、気にはない。意が気にあれば滞る。節節貫串の法則が分かれば、それに従ってやればよい。最初は想像で意を考え、意を以て動かす。慣れれば心の欲するままに節節貫串の力が得られる。

（5）開合の意
　胸と腰及び四肢の収、放運動を想うことを主とする心理活動である。
【具体的方法】開発合収，身肢伸縮
　究極に言えば、太極拳の技術方法は開合の一言に尽きる。
　太極拳は、起勢から収勢まで套路の全てが一開一合から構成されている。開くと、必ず合せる、合わせると、必ず、開く。開の終了が合の始まりであり、合の終了が開の始まりである。開が、即ち合であり、合が、即ち開である。一般的に言えば、発の時に開き、収の時に合わせる。攻める時に開き、守る時に合わせる。伸ばす時に開き、縮む時に合わせる。攻防の時は、開くと、相手を撃つ、合もまた、相手を傷つけることができる。
　太極拳練功中、開く時は、意念で全身の各関節、筋肉、骨を長く伸ばすことを想い、体だけを開くだけではなく、心も開く。合わせる時は、意念で全身の各関節、筋肉、骨を収縮させることを想う。体だけを合わせるだけではなく、心も合わせる。開く時は、内気が下から上へ発し、腰眼から出て、脊骨を経て背に集め、更に上腕、前腕を経て指先で形になる。合わせる時には、内気を上から下へ収め、前腕、上腕、肩、脊骨を経由して腰眼に収める。開合の意を練習する際は、内気運行の感覚を考えなくてよい。両腕から脊骨部までの間に弾性のある一本のゴムがあり、上端は指先に通じ、下端は脊骨に繋がっていて、開く時に、意念で、このゴムを長く伸ばすことを想い、合わせる時には、ゴムを短く縮めることを想う。太極拳練功中、終始、意念でこ

のゴムを上手に伸縮させることを想う。慣れて来ると、指先に異様な感じが
生じるようになる。

（6）螺旋の意
四肢及び体の弧形回転運動を想うことを主とする心理活動である。
【具体的方法】軸心固定，松緊交替
太極拳練功中、指、掌、手首、胯、膝、腰、頸等各関節が終始、回転、ひ
ねりまわり、絞り、引っ張られる状態にある。回転の形式は、その多くが内
旋、外旋、または左旋、右旋である。他の回転形式があるとすれば、全てが
これらの回転形式から変化したものである。円を描き、弧で運ぶのは外形的
な螺旋の意であり、攻防時に粘着して変化させる勁を引き出すためで、緩む
弾性を培うことでもある。そのため、螺旋の意を訓練する時は、緩める意と
縮める意もその中に含める。また、局部、或いは全体の螺旋運動の時に一つ
の固定軸、または一つの点を想うことを要求する。例えば、躯体の螺旋運動
の時には、頭頂から会陰のツボまで垂直軸があることを、手腕の螺旋運動の
時には、手腕の真ん中に軸があり、肩または手首を固定することを想う。こ
の状況は、縄を捻る、またはネジを締める状況に喩えられる。その中で縄を
捻るイメージが一番似ている。指、掌、手首、腕の内旋または外旋は、全て
その軸またはその点を中心に緩めてから縮める、または縮めてから緩める中
で完成する。起点は緩めることで終点は縮めることである。勁の意は、捩じ
れば捩じるほど、緩める時の弾性や反発力が強い。螺旋の意の極意は、公転
すると同時に肢体を緩めたら縮み、または縮んだら緩む自転になる。このよ
うにして、内勁を筋肉、皮膚、骨の弾性運動に注ぎ融け込ませるのである。

（7）蓄放の意
蓄勁を以て発力、放勁を想うことを主とする心理活動である。
【具体的方法】蓄合放開，蓄放循環
蓄勢の時、内外三合を要求する。意念で全身の各関節、筋肉を適度に外へ
開き伸ばし、筋肉に予め、張りを持たせることを想い、関節の角度を調整し、
蓄勢は弓を張る如くである。勁を放つ寸前、前の開く動作の時の全身の膨張

感だけでなく、意念で内勁を中から発し、外に形として出し、四方に到達することを想う。掌で撃つ時は、内勁が腰眼から発し、掌で形になり、指に集まり、外に突き出る。例えば、単鞭推掌の時、掌心から力を吐く。内勁が数メートル遠くへ出て行くことを想う。左右分脚の時、内勁は、足先から外へ発する。左右蹬脚の時は足裏から力を吐く。内勁が湧泉のツボから外へ発することを想ってもよい。例えば、搬攔捶、指襠捶、栽捶等の時は、内勁が指と指の隙間から外へ突き出る。発勁は矢を放つ如くではあるが、内勁は手から出ても、必ず収の意念がなければならない。即ち、内勁は合わせる動作とともに元のルートを経由して腰眼に戻し、蓄と発の循環は止まらない。

(8) 呼吸の意

呼吸の形式と肢体動作を合わせることを想う心理活動である。

【具体的方法】一開一合，一凸一凹

太極拳を練習する時、初心者は、先ず、自然呼吸でよい。「用意」の段階に入り、功力の向上に伴い、徐々に自然呼吸から逆式呼吸に変え、意識的に呼吸に動作の開合を協調させるようにする。開く時に息を吐き、外へ吐き出す意念を持たせ、小腹が突き出てもよい。合わせる時に、息を吸い、吸い込む意念を用い、小腹は凹む。息を吐き出す時は意念で全身の毛穴が開くことを想い、吸い込む時には、意念で全身の毛穴が閉まることを想う。動作の一開一合に伴い、下腹部は一凸一凹、毛穴は一開一閉になる。このように繰り返し練習することを通じて、呼吸と開合動作が協調するようになる。結果的に、呼吸が自然と深く、細く、長く、均一になり、徐々に内気の鼓蕩（大きく膨らむ）と巻放（巻き放つ）になる（詳細は「7.3 内気論」の内容参照）。

(9) 経竅の意

意念でツボや経絡を想うことにより、気の流れに導かれ、太極拳の技法を練習する時の心理活動である。

（10）卦象の意

　太極拳の技法である八法を八卦卦象に合わせ、卦象の特徴を借りた太極拳の技術的特徴を想う心理活動である（366 ～ 367 頁　表 7.1、表 7.2 参照）。

　経窍の意と卦象の意は、太極拳における特殊な意念活動であり、「比類取象（異なる事物の間に存在する相似性から潜在的な本質を読み取る。または「取象類比」ともいう）」の伝統思想を反映している。

　太極拳の練習にとってよい方法であるかも知れない。但し、個々人の理解や悟性が異なるため、これに関しては認識の差は否めない。加えて実証的研究がまだ足りないため、過度に執着する必要はない。ここで表形式に整理し、読者の参考に供する。

表 7.1　太極拳八法と八卦、五行、経絡・ツボ、臓腑との関係及び意念の使い方

	掤	捋	擠	按	採	挒	肘	靠
八卦	坎	離	震	兌	乾	坤	艮	巽
方位	真北	真南	真東	真西	北西	南西	北東	南東
臓腑	腎臓	心臓	肝臓	肺	大腸	脾臓	胃	胆のう
ツボ	会陰	祖窍	夾脊	膻中	百会肺腧	中丹田	肩井	玉枕
五行	水	火	木	金	金	土	土	木
経絡	腎経	心経	肝経	肺経	大腸経	脾経	胃経	胆経
卦象	☵	☲	☳	☱	☰	☷	☶	☴
卦象を倣う「用意」	意念は腰、胯部へ横一線に「☵、坎卦」のように運び、下丹田に集中し、「掤勁」を発勁する。	意念は腰に運び、力を虚にして「頂勁」を使わず、車軸のように柔軟に回し、「☲、離卦」のように腰をひねりまわし、「捋勁」を発勁する。	意念は下盤へ運び、床から反発勁をもらい、上肢のことを忘れ、「☳、震卦」のようにして全身の合力で足元から「擠勁」を発勁する。	意念は膻中及び上肢に運び、腕の関節を緩め、「☱、兌卦」のようにして腰の中下盤から「按勁」を発勁する。	意念は体の上、中、下の三丹田の勁を合わせ、「☰、乾卦」のように「三丹田」を一体にして「採勁」を発勁する。	意念は肩、肘、手首、寛骨、膝、足の6大関節を緩めた合力で「☷、坤卦」のように「挒勁」を発勁する。	意念は肘に運び、下盤を忘れて「☶、艮卦」のように「肘勁」を発勁する（肘勁については現在研究中である）。	意念は勁力を足裏から上に運び、緩め、「☴、巽卦」のように、全身を利用して「靠勁」を発勁する。
意念でツボを想う「用意」	意念で、下丹田から気を導き、手へそして上丹田（祖窍）に運んで「掤勁」が生まれる。	意念で祖窍を想い、気を導き、内側へ　手も自然に内側へ引き戻し、「捋勁」が生まれる。	意念で夾脊を想い、気を導き、前へ　手は自然に伸び、「擠勁」が生まれる。	意念で膻中を想い、気を導き、下丹田に向って沈め、手は気に従い、自然に降り、「按勁」が生まれる。	意念で百会を想い、気を導き、肺俞へ　さらに気を吸い込み、足の湧泉へ、手はそれに従って降り、「採勁」が生まれる。	意念で中丹田を想い、気を導き、両脇を経て頭上の百会へ　両手の動作と合わさり、「挒勁」が生まれる。	意念で下丹田を想い、気を湧泉に運び、肘で打つ時、再び湧泉から気を導き、尾閭、両脇、肩を経て肘から「肘勁」が生まれる。	意念で気を下丹田から湧泉へ　また湧泉から尾閭、玉枕を経て小周天路線に沿って循環させ、内側から外側へ発勁して「靠勁」が生まれる。

表 7.2　太極拳の五歩と五行、ツボ、臓腑との関係及び意念の使い方

	進	退	顧	盻	定
五行	水	火	金	木	土
ツボ	会陰	祖窮	膻中	夾脊	中丹田
臓腑	腎臓	心臓	肺	肝臓	脾臓
意念の使い方	意念で会陰を想い、下へ弧を描き、足を一歩進め、体を前へ。	意念で祖窮を想い、気を吸い込み、体を後退させ、一歩下がる。	意念で膻中を想い、気を導き込み、体を左へ回し、その方向を「顧（目を配る）」する。	意念で夾脊を想い、気を導き込み、体を右へ回し、その方向を「盻（遠くを見る）」する。	意念で中丹田を想い、そこから下丹田に気を沈め、「定勁」が生まれる。

2. 攻防の意

用意の「用」に着目するのは、攻防を主目的とするからである。

①用法の意

意念で各動作の攻防方法を想うことを主とする心理活動である。

②格闘の意

敵または自分と格闘する（格闘の方法は固定すべきではない、固定的な動きでは敵に対応できない）ことを想う心理活動である。

健身の意と攻防の意は、必然的な関係がある。健身の意は、攻防の意の基礎であり、健身の意の中には、攻防の意の内容が含まれている。攻防の意は、健身の意を促進し、運動量を増やせば、動作の外型を固めることができる。実は二者一体であり、「体用兼備」を目指して技術の向上とともに両方を練習するのがよい。

7.1.2 用意の主要な実践方法

用意は、一種の心理活動である。生理学では「全ての心理活動は、感覚的な興奮に始まり、一定の心理活動を中継し、筋肉運動で終わる」と言う。太極拳の過程は、第二信号システム及び外界の刺激の下で感覚的な興奮が引き起こされ、続いて大脳皮質の中で心理の一定方向への活動が生まれ、最終的には内臓の運動と体の運動が指揮される。

用意には、主に次の方法がある。

(1) 言語暗示

　言語暗示は、第二信号システムに属する。例えば、自己暗示の「三平一竪」は、意念で、両肩、両胯、両膝を平らに（三平）、脊柱を真っ直ぐにして（一竪）、体の中正を保つことを想う。また、言語暗示を利用して、意念で筋肉の力を調整し、体の内外運動を生み出す。

(2) 外界からの刺激

　外部からの言語、助力、抵抗力の刺激により、大脳皮質が相応の心理活動を生み出す。例えば、言葉で練習者に肩を緩めることを教えると、練習者に肩を緩める意が生まれ、肩周りの筋肉群及び関節を調整し、外形の変化を引き起こす。

7.1.3 用意の機能

　心理活動を通して生理的な変化を引き起こすことは、意を用いる目的にある。太極拳で、意念を用い、意を練ることを重視する本質は、心理活動を通して生理的な変化を引き起こし、心と体を鍛え、健身と攻防の機能を実現することにある。健身の機能から見ると、太極拳の用意により、思考を太極拳の練習に集中させ、体を緩め、心を静め、勁を貫き、体の中正等一連の意識活動を通して生理的な変化を引き起こす。具体的には、内分泌システム、循環システム、呼吸システム、心血管システム等の機能を変化させ、健康を促進する。攻防の機能から見ると、太極拳の用意により、神経の筋肉への支配力を強化し、勁力と功力を高め、勁を聴き、勁を変化させ、発勁できるようになり、敵を制し、勝利に導く。

7.2 放松（緩める）論

　太極拳を練習する時、よく言われるのは放松（緩める）である。練習者も緩めたいが、緩めることとは何か、どのように緩めるのか、緩める意味は何

か等はっきり分からないことが多い。

『十三勢行功歌』には、「腹内松浄気騰然（腹内を緩め、空にすれば気が昇る）」と言う。『十三勢行功要解』には、「発勁須沈着松静，専注一方（発勁は沈め、緩め、心を静め、専ら一方向に注ぐ）」と言う。即ち、「静中触動動犹静也（静かだが触れると動き、動いても、なお静かなり）」である。『太極拳解』には、「極柔軟，然後極堅剛（極めて柔らかく、その後、極めて剛い）」と言う。『太極拳走架打手白話歌』には「松肩沉肘須下勢（下勢〈例えば仆歩穿掌〉の時に肩を緩め、肘を沈める）」と言う。『太極拳図解』には特に緩める、心を静める要求があり、両腕を緩める——肩を沈め、肘を垂らす（両肘を下垂するイメージ）。腰を緩める——腰を緩めると、気が自ずと下へ沈む。全身を緩める——全身を緩めて初めて沈着になれる。松勁総説——「周身無処不松静（つまり、勁を緩めるとは、体全体で緩めず静めないところはない）」と言う。『太極拳術十要』の第三要には、腰を緩めることである。腰を緩めると、両足に力が入り、下盤が安定するとある。『撒放密訣』の四字訣には「松開我勁勿使屈（緩めて発勁する。屈曲のまま発勁してはならない）」と言う。これらは、全て直接、緩めることを言っている。太極拳の技術的要求には、この緩める要求が貫かれている。人によっては緩めることを太極拳の基本功としていて、太極拳の中で緩みを重要視していることが分かる。

7.2.1　緩めることの意味

リラックスしているとは、身心の内外でバランスがとれている状態である。太極拳で緩めるとは、内在の中枢神経システムと外在の筋肉、皮膚、骨節等を緩めることを含んでいる。先ず、内意を緩めるとは、中枢神経システムを緊張させないことである。具体的には、まず、呼吸が穏やかで、思想が明晰、精神が愉快、皮膚の触覚が敏感であること。その次は、全身の筋肉、関節、皮膚及び各器官、内臓等有形の臓器が硬直していないことである。ここでは内外に分けて説明しているが、実際には、内と外、有形と無形の「緩み」は一体であり、相互に作用し合っている。筋肉が緩んでいると、神経システムへの妨害が少なく、精神のリラックスを促進できる。裏を返すと、中枢神経

システムがある部位に対して意識的に緩め、調整していることは、同様にその筋肉の緩みに有利に働いている。従って、太極拳で言う緩めるとは、内と外、有形と無形の両面を含み、即ち、拳論で要求される「心静体松（心を静め、体を緩める）」ことである。

7.2.2 緩める方法

1. 心を静める中に体の緩みを求める

心を静めることと体を緩めることは緊密な関係にあり、分けられない。静とは中枢神経システムが適度の興奮状態にあり、心理活動が穏やかで、思考活動が太極拳の練習に集中している状態である。心を静めることは体を緩めることの前提であり基礎である。

心を静める方法：

（1）站樁で心を静める

站樁を通して、長時間、思想を集中し、心理活動を安定させる。通常、初心者は站樁中、雑念が入り易い。これはよくあることで、慌てる必要はない。「一念で万念に取って代わる」方法で克服することができる。例えば、意念で呼吸を想う、術語を暗記する、自分を内視する等の方法で心を静める能力を鍛える。

（2）動の中に静を求める

これも重要で主要な静める方法である。単純な気功練習と違い、太極拳は運動中、心を静めることを要求する。太極拳運動中、究極的な静を求めるのである。具体的には、同じ動作を反復練習し、その中から静を求める方法や、単独動作の組み合わせ、套路の一段ずつ、套路全体という順番で練習し、静を求める方法がある。

2. 叩く中に緩みを求める

体の各部位を叩いて緩めるのを助ける効果的な練習方法である。二つのやり方がある。

（1）順番に叩く

　頭から足まで、順番に体の部位を叩き、緩める。即ち、頭を叩いて頭を緩める。以下、同様に⇒頸部を叩いて緩める⇒両肩を叩いて緩める⇒両手甲を叩いて緩める⇒背中と腰を叩いて緩める⇒胸と腹を叩いて緩める⇒両寛骨を叩いて緩める⇒両大腿を叩いて緩める⇒両膝を叩いて緩める⇒両下腿を叩いて緩める⇒両足背を叩いて緩める⇒十趾を叩いて緩める。

（2）十部位を緩める

　人体の中で一番緊張しやすい、緩めにくい十部位を順番に叩いて緩める方法である。

　額下の両眉間（印堂のツボ）を叩いて額下両眉間（印堂のツボを）緩める。以下、同様に⇒後頸部を叩いて緩める⇒上下の両唇を叩いて緩める⇒下顎の両側を叩いて緩める⇒両肩を叩いて緩める⇒両肘を叩いて緩める⇒十本指を叩いて緩める⇒胸と背中を叩いて緩める⇒腰と胯を叩いて緩める⇒十趾を叩いて緩める。叩く力は適度でよい。力を入れ過ぎず気持ち良いと感じることを基準とする。

3. 振動の中に緩みを求める

　振動とは、両手首と両踝を震わせることを指す。やり方としては、直立し、片足で支え、両手首と支えていない側の踝を震わせる。足を替えて行う。もう一つの方法は、両踵を引き上げ、床を叩くように震わせ、両腕も震わせる。

　震わせることを通じて人体十二の経脈及び関連する臓腑を鍛え、気を下に降ろし、体を緩め、心を静める。

4. 摩擦の中に緩みを求める

　先ず指を摩擦し、その手で頭、後頸部を摩擦する。ここには督脈がある。足三陽経がここを通り、啞門、風府、脳戸、玉枕等重要なツボがある。これらのツボは下丘脳、延髄、脊骨、自立神経中枢と密切に関係し、脳部全体に影響を与えている。ここを摩擦すれば、こころを静め、緩めることができる。

　指を摩擦した手で尾骶、即ち、尾閭骨と骶骨を摩擦する。督脈と膀胱経が

ここを通る。前後には重要なツボがあり、特に泌尿生殖系の重要なツボがある。尾骶を摩擦すれば、ここの経絡、神経細胞を興奮、鎮静させ、垂体、腎上腺に影響を与え、心を静め、緩める効果がある。太極拳を練習する前に、後頸部と尾骶を摩擦することは緩め、静める良い方法である。

5. 中正の中に緩みを求める

体の中正が保たれ、体の能動筋力と受動筋力が相対的にバランスしていると最大限に活動筋を緩めることができる。体がどちらかに偏ると、必ずその側の筋肉群が過度に緊張し、筋肉全体を緩めることができなくなる。

6. 緩慢の中に緩みを求める

相対的にゆっくり（緩慢）とした練習速度は、運動中に緩める主な手段である。ゆっくり練習すると、意識的に筋力の状態を調整し、本当に緩めたかをチェックする十分な余裕ができ、本当に緩めることができる。

7. 対称の中に緩みを求める

各対称部位の反対の要求を通して関節、筋肉、靭帯を適度に引っ張り、引っ張っている部分と反対側の肢体には緩みを求める。但し、緩め過ぎることにより弾性がなくなり、柔らかくなることを防ぐ必要がある。例えば、頭を虚領にし、気を下に沈める時は、脊柱を対向的に引っ張り、背部の筋肉を相対的に緩め伸ばすことが必要である。

8. 収縮の中に緩みを求める

太極拳の中で緩めるとは、相対的に緩めることである。練習中、必然的に一部の筋肉が体重を支えていて、本当に緩めることは不可能である。この時、収縮している筋肉は緊張しているが、意識的になるべく緩め、気血、勁力の流れを良くし、筋肉の緊張を和らげることにより、中くらい緩めることに努める。

9. 螺旋の中に緩みを求める

腰と脊柱、肩、腕、手首を回すことにより、体全体の筋肉を螺旋状にひね
りまわし、緩めたり、縮めたりして筋肉の弾性を高めながら、筋肉の緩みを
求める。

7.2.3 体を緩める目的

体を緩めることは、筋肉と関節の緊張を和らげ、活動範囲を広げ、気血の
流れを促進し健康を増進する。また、筋肉の弾性を高め、勁力を増強する。

緩める直接的な対象は筋肉、関節、靭帯等である。緩める練習を通じ、筋
肉の伸縮性と血管の弾性を高め、血液循環を促進し、新陳代謝の機能を高め、
健康増進に繋げることができる。

体を緩めることにより、体の各部分の重量を下へ沈め、重心を安定させ、
体重の床に対する作用力を高め、その反発力を更に上へ強く、伝達させるこ
とができる。同時に筋肉の弾性と伸縮性を高め、筋力、勁力を強めることが
できる。

太極拳は、体用兼備の運動である。用とは多くの場合、推手を指している。
推手の過程で相手の力を受け止める受力点を緩めることにより相手の攻撃力
を緩衝し、その攻撃力の作用点を変化させることにより、緩めることによる
太極拳の妙味を体得できる。また、中枢神経システムを緩めて積極的に大脳
皮質を休ませ、大脳皮質の活動能力を高め、過度の興奮を避け、興奮と抑制
を安定的にバランスさせ、各システムの機能を調節することができる。

太極拳を練習する時、目的に合わせて緩めるため、一部の区域を適度に興
奮させると同時に他の区域を抑制することにより、大脳を休息させる。疾患
により大脳皮質で引き起こされる病理的興奮を抑制し、神経中枢の機能を改
善することができるため、神経システムに対して治療、リハビリの効果があ
る。

7.3 内気論

気のことを言うと、憧れを持つ人もいれば、戸惑う人もいる。太極拳に気があると思う人もいれば、それを信じない人もいる。また、太極拳の気をわざと神秘的に思わせる人もいる。

気とは、一体何かを理解するためには、実践の中で科学的に分析し、体験しなければならない。

『太極拳論』には、気を丹田に沈める要求がある。『研手法（二）』には、「莫叫断続一気研（気を断続せず、完全一気に）」と言う。『十三総勢説略』には、「犹須貫串一気（一気に貫く）」「気宜鼓蕩（気は大きく膨らむのが良い）」「由脚而腿，而腰，総須完整一気（脚から腿、腰、完全一気）」と言う。『十三勢行功歌』には「気遍身躯不稍滞（気を全身に巡らせ、少しも滞りなし）」「腹内松浄気騰然（腹内を緩め、空にすれば気は自然に昇る）」。『十三勢行功要解』には、「以心行気（心で気を運ぶ）」「行気如九曲珠（九曲珠の関節に行き渡るように気を運ぶ）」「以気運身（気で体を運ぶ）」「気為旗（気を旗とする）」と言う。『太極拳解』には、「気須斂（気を斂める）」「尚気者無力，養気者純剛（筋肉の力を使う者は無力であり、気を養う者が剛い）」「気宜直養而無害（気を養うことは無害だ）」の言い方がある。『太極拳論要解』の『解曰』には、「気斂入骨（気を骨に斂める）」「気貼背（気を背に貼る）」「全身意，在蓄神，不在気（全身の意は、精神を蓄えることにあり、気になし）」「気如車輪，腰如車軸（気は車輪の如く、腰は車軸の如く）」と言う。『走架打手行功要言』には「欲要神気斂入骨，先要両膊前節有力，両肩松開，気向下沈（気を骨に斂めるためには、両肩を緩め、両腕の前節に力を入れ、気を沈める）」と言う。『五字訣』には三曰に「気斂（気を斂める）」、五曰に「気由脊発（気を脊から発する）」がある。

以上の拳論から、気の多様性と重要性を伺い知ることができる。

7.3.1　内気の定義

　太極拳の気は、一つは動作間の連綿不断の気勢、用勁不断の連続性を言う。例えば、「総須完整一気（全て、完全一気に行う）」の気である。もう一つは外気（呼吸）と内気（本体感）の気であり、後者が我々の論述対象である。

1. 外気——呼吸
　太極拳の動作は、呼吸に合わせる必要があるのか。合わせることができるかについては諸説がある。ただ、呼吸と動作を合わせる方法はいくつかあり、ここで簡単に紹介する（詳細は呼吸論で説明する）。

（1）自然呼吸法
　太極拳練習中、呼吸の問題を考えない、動作のみを想うことである。この呼吸法は初心者、または意のままに太極拳を練習する人に適する。

（2）呼気重視法
　この方法は息を吸う過程を重視しない。息を吐くことのみ、重視する。動作の最後で発力点の時、息を吐く。これは簡単で有効な呼吸法であり、練習目的が異なるすべての人に適する。

（3）完全呼吸法
　厳格に一呼一吸の呼吸法則に従って、動作と完全に合わせる呼吸法である。この呼吸法を、「拳勢呼吸」と言う人もいる。これは動作が相当、熟練した時、使う呼吸法である。少し難しいができないわけでもない。この呼吸法は、息を吐く時と息を吸う時の息の深さ、時間の長短を調整して初めてできることである。呼吸の形式は、主に腹式呼吸の逆式と順式の二種類を採用する。順式の特徴は、息を吐く時、下腹が内側へ凹み、息を吸う時、下腹が外側へ凸（つぼく）むことである。逆式は、順式と反対である。太極拳を練習する時は、主に逆式呼吸を使う。特に攻防時は逆式呼吸法を使う。なぜなら筋肉と神経の緊張と反射効果を活かし、最大限に発力の力度を増大できるからである。

2. 内気──本体感

　内気について、中医の気論で解釈する人もいれば、純粋に気功の視点から解釈する人もいる。実際、太極拳練功中、拳論を現代の知識に結び付けてみると、いわゆる内気は神経に支配された筋肉本体の感覚である。この感覚が、「気」を描写したイメージに近い。気で描写すると、この本体感が更に身近に感じられるからである。従って、先人達は拳論で気を用いて多くのことを解説した。例えば、「以心行気（心で気を運ぶ）」「気為旗（気を旗とする）」「気斂入骨（気を骨に斂める）」等である。ここで言う気は大脳皮質の想いが神経を通して筋肉に伝わった一種の本体感覚であり、気の流れに似ている。この本体感覚は、常に血液の流れ及び筋肉の微かな収縮と付随し、生理測定においては皮膚の温度、皮膚の電位変化として表現される。

7.3.2　内気練習法

1. 外気で内気を引き出す

　肺呼吸、即ち、外界との気体交換を通して、胸・腹・背全体の変化を引き起こし、内気感を引き出す。息を吸う時、胸腔を拡げ、特に前後の胸腔の直径が変化し、背部の筋肉が微かに張り伸び、背中が緊張するような筋肉の本体感覚がある。即ち、「気貼背（気を背に貼る）」の内気が生まれる。また、息を吐いた時は横隔膜の下降に伴い、下腹に充実した本体感を引き起こし、「気沈丹田」の内気感が生まれる。「腹内松浄気騰然（腹内を緩め、空にすれば気は自然に昇る）」という変化が生まれる。

2. 内気の緩慢練習法

　内気は、非常に繊細な本体感覚である。緩慢な運動の中でしか感知できず、速い動作の中ではなかなか感知できない。従って、細心の注意を払いながら緩慢な練習を行い、体の各部位の浅層から深層までの本体感覚を体得しなければならない。その感覚は、筋繊維のように細かく、骨髄に入るほど深いものである。拳論では、「行気如九曲珠，無微不至，気斂入骨（九曲珠の関節に気を運び、繊細なところまで至り、気は骨に入る）」と言う。

　人間は、緊張状態で繊細な本体感覚を失うことがよくある。よって、緊張させ緩め、内気の流れを味わうことは、内気感を引き出す良い方法である。
　多くの練習者は、長く練習してもなかなか掌（てのひら）の内気感を感じない。練習の方法としては、まず掌を力いっぱい開き張り、ふっと緩めるその瞬間の手掌の本体感（存在感）を体験させる。慣れたらわざわざ力を入れなくてもこの本体感を感じることができる。

7.3.3　内気の機能

　内気、意、緩める等の要求は、バラバラのように見えるが、実際にはお互いに密接な関係があり分けられない。そのため、意気の活動だとよく言われている。
　内気の機能と意を用いることは、緩めるという目的の点で、まさに異曲同工であり、内気を誘発して人体の潜在的能力を引き出し、深層筋、毛細血管、末梢神経系の運動を促進するためであり、結果的に両者は同様に健康水準を高め、攻防の能力を高めることである。

7.4 内動論

　内動は、太極拳が内功拳であるという重要な証である。拳家に、「内不動、外不発（内動がなければ、外へ発勁しない）」、更に丹田の内転を要求していることは、内動の重要性を十分に物語っている。

7.4.1 内動の定義

　いわゆる内動とは、内意、内臓、深層筋線維及び体の重心からの、体の内部における運動のことを言う。

1. 内意が動く

太極拳は、動作する前に意が先に動き、後に体が動くことを強調する。これについては「7.1 用意論」（358頁）の中で説明した。

2. 内臓が動く

運動時に、神経システムの調節と筋肉の収縮が胃腸のリズミカルな蠕動を含む内臓の適度で、かつ規則正しい運動を促進させることを言う。

3. 内勁が動く

体の深層筋肉を使って、順次、内側から外側へ力を出し入れする運動である。

7.4.2 内動練習法

1. 丹田を中心とする練習法

丹田とは、おおざっぱに言えば腰と腹の部位である。丹田を中心とした動きと腹式深呼吸を合わせ、腹部の横隔膜の昇降と胸部の肺呼吸を協調させ、胸内と腹内の臓器の規則正しい内臓運動を促進する。

2. 根節催促動練習法

体の近くから外側へ運動する時、肢体の根部を催動させ一節一節、動き出すことを要求する。逆の場合、内側へ吸い込み、収める。即ち、内勁が動く。

例えば、手を腰の間から前へ伸ばす時、先ず体の根節である脚で腰を催動する。腰はまた上半身の根として肩を催動する。肩は腕の根節として肘を催動し、肘は手の根節として手を催動する。この過程は、全て意識が指揮し内に隠れている。外形からはその意図が見えないが、実際には内勁が動いている。手を収める時は、やり方の順番が反対になる。

7.4.3 内動の機能

　健身の観点から見ると、内動は内臓及び深層筋を鍛え、人体の内部を強固にする効果がある。攻防の観点から見ると、内動は練習者の勁力を充足し、勁力を強化する効果がある。また、発力の変化時の内動は、通常、体の内部で行われるため、相手は察することができない。だからこそ、内動は「相手は自分を知らず、自分は相手を知っている。百戦危うからず」を可能にする。

7.5 内勁論

　勁は、太極拳の核心である。全体的に太極拳の各要求を見ると、その終着点は勁である。勁を鍛えることを通じ、健身効果と防身能力を高め、太極拳のその他の機能を実現することができる。拳論の中には、勁に関する直接的な論述が多い。例えば、『太極拳論』には、「由着熟而漸悟懂勁，由懂勁而階及神明（熟練してくると、勁が分かり、レベルが上がり、神明に及ぶ）」「虚領頂勁（意念で首を虚にして、自然のまま保つ）」「懂勁後，愈練愈精（勁が分かれば練習を通じて精進する）」と言う。『十三総勢説略』には「始而意動，既而勁動（最初に意が動き、次いで勁が動く）」と言う。『十三勢行功心解』には「運勁如百錬鋼（勁を運ぶのは鉄を錬磨して鋼にするようなもの）」「蓄勁如張弓，発勁如放箭（勁を蓄えることは弓を張る如く、発勁は矢を放つ如く）」「勁宜曲蓄而有余（曲がって（撓めて）生まれた勁を蓄えれば余裕があり）」と言う。『走架打手行功要言』には「勁起於脚跟，変換在腿。含蓄在胸，運動在両肩，主宰在腰（勁は踵から発し、腿で切り換え、胸に蓄え、両肩が運動し、腰が主宰する）」「勁由内換（勁は体の内部で切り換える）」と言う。他にもあるがここでは省略する。

　太極拳の勁を鍛える過程は、まさに健身の過程であり、攻防の過程である。勁の本質を認識しなければならない。

7.5.1 内勁の定義

　内勁は全く神秘なものではない。内勁も力の一種である。内勁が生まれる物質的基礎は、筋肉の収縮と切り離すことができない。内勁の練習過程及び機能の特徴は、通常の力とは異なるため、内勁と言う。

　いわゆる太極拳の内勁とは、意識の指揮下で、太極拳の一連の特殊な練習形式を通して、神経による筋肉への支配力を十分に動員し、最大限に筋肉の弾性を高めることを基礎とし、体内の高度協調により発出された一種の軽快で、多変な力である。太極拳の内勁は、目が利き、耳が良いように、相手の力の意図が見え、相手の力の虚実を聞き分けられ、また瞬時に巨大な合力（一部は相手から借りた力）を出して相手を倒す。

7.5.2 内勁練習法

1. 用意貫力

　太極拳は、意念を体の各部位に注ぎ、特によく使う発力点に注ぎ、内勁を鍛えるのである。これは内勁を鍛える第一条件である。意念を力に注ぐ時に、意念で想うことが大事である。神経の筋肉を指揮する能力を鍛えるのであり、真実の筋肉の収縮力を鍛えるのではない。形は緩んでいるが、意念は緊張している。

2. 柔緩練勁

　柔らかい、緩慢な動作を主とする練習過程は、実際には長時間にわたり適度に筋肉に力を入れること、即ち、ひねりまわし運動を通じて、筋肉の伸縮性と弾性を高めて「極柔軟、極堅剛」を目指す。これらは内勁を作り出す物質基礎である。

3. 内勁貫通

　内勁は、体の各部位が高度に協調して力を使うことを通じて生まれてくる。その中で重要なのは、体全体の関節は節節貫通することである。即ち、内勁

が下から上へ、内側から外側へ、合力を形成することである。所謂、脚から
腿へ、腿から腰へ、腰から手へ、手から指へ、指で形になることである。発
力の過程を明確にし、整合した勁力を鍛えることは、内勁が生まれる保証と
なる。

4. 快速発勁

　内勁は、永遠に内側にあり外発しないことはない。一定の攻防能力を鍛え
るためには、十分に運動する条件下で適度に内勁を発し、攻防に使う必要が
ある。いずれにしても、これらの練習方法を総合的に使って初めて柔軟、多
変な内勁が鍛えられる。

7.5.3 内勁の機能

　内勁を求める過程は、太極拳の練習を通して良好な健康状態を手に入れる
過程である。例えば、スプリングのような弾性のある勁を鍛えるためには、
先ず緩めることから入る必要がある。緩めること及び相応の身型状態は、ま
さに全身の血液循環を促進する機能の要求である。これらの要求は、間違い
なく健康に良い。攻防の意味において、太極拳は勁を理解する功夫（修練）
である。太極拳にはよく「力不打法，法不打功（「法（攻防の方法）」を分か
らない人が拙力、蛮力で、法のわかる人に勝てない。両方とも攻防の方法が
分かる場合、功力、感覚、機敏さが良い人が勝つ）」のことを言う。ここに
言う功が、他でもなく勁である。従って勁を鍛えることは攻防の核心要素で
あり、攻防の思想からだけではなく、太極拳の拳という本質を掴むことによ
り、太極拳の各機能を体現することができる。

7.6 五弓論

7.6.1 五弓の定義

　伝統太極拳論には、「蓄勁如張弓，発勁如放箭（蓄勁は弓を張る如く、発勁は矢を放つ如く）」「静如山岳，動如江河（静かなること山の如く、動きは川の流れの如く）」「静中触動,動犹静也（静中、触れると動になる。動いても、なお静なり）」等の論述がある。そこから太極拳の「一身備五弓（体に五弓を備える）」の要求が生まれた。静止している時は、弓を張る如く、動いていないように見えるが、実際にはその中に弾性のエネルギーがある。つまり、動こうとしている静の状態であり、一動すれば全身の勁力を一点に集中し、矢のように放つ。これに関して太極拳の各流派は認識が分かれている。身法の要領だと認識している人もいれば、太極拳の整体動作の要求だと言う人もいる。また、推手の要領だと認識している人もいれば、「一身備三弓」でよいと思う人もいる。また、身弓の弓梢の定義についても、武式太極拳と陳式太極拳では少し異なっている。実際には、これらの認識の違いは矛盾ではない。

「一身備五弓」を区分した場合、躯体が一張の弓、両手は二張の弓、両足も二張の弓に喩える。太極拳の観点から、人体の生理構造の特徴に基づいて人体を五張の弓に区分したのである。三張の弓（両手弓、両足弓をまとめて二張の弓とする）に区分するのは、五張の弓を簡略化して実践し易くするためである。実際には、相対的に静止している時の身型の要求であり、また発勁時の身法の変化である。その核心は、五弓具備、五弓合一により肢体の伸長と姿勢の豊満を前提に、体の全体勁、ばね勁を鍛え、「静如山岳,動如江河」「能蓄能發, 滔滔不絶（蓄も発もでき、滔々不絶）」「身似弓身勁如箭（体は弓の如く、勁は矢の如く）」。弓を張る時は、意を以て形に替え、形を求めず、勁を求める。従って、実際に太極拳を練習する時は、発勁の練習等の必要に応じ、新しい弓の形で行っても良い。弓の形式を借りて「弓を張り、矢を放つ」能力を鍛え、古い拳論に拘る必要はない。

　具体的に五弓とは、

(1) 身弓：または主弓と言う。脊椎骨を主体とし、腰（臍の後ろの腰脊の命門のツボ）を弓の把手（握り）とする。陳式太極拳は、唖門のツボ（頸椎の第一節）と尾閭骨を弓梢とする。武式の身弓は、大椎（即ち、第七頸椎であり、唖門のツボの調節度より張りが小さい）と脊骨根の両端を弓梢とする。

(2) 手弓：左右一張ずつ、二張があり、肘を弓の把手とし、手首と首下の鎖骨を弓梢とする。

(3) 足弓：左右一張ずつ、二張があり、武式太極拳では腿弓とも言う。膝を弓の把手とし、寛骨と踵を弓梢とする。

7.6.2 五弓練習法

1. 弓梢を固定し、弓を一杯張る

（1）身弓練習法
　終始、意念を弓の把手に注ぎ、中心を固定して偏りなく、揺れないようにする。腰脊を中心に、背中を膨らませ、広げて脊骨の根で尾閭のツボを前へ収め、丹田を持ち上げるようにする。同時に二つの弓梢は、上で「頭頂項竪（詳細は「2.1 人体各部位に関する太極拳の技術的要求の原理」参照）」とし、下は「腰松臀斂」とする。頸部と丹田は互いに繋がり、吸い合っているようなイメージで、上下対称に弓の弦を張っている感じである。脊柱の動きを調整し、勁を蓄え、吸う能力を強化する。
　発勁の瞬間、命門のツボは後ろへ張り、弓の形が豊満な状況下で、力が脊から離脱するように発勁する。

（2）手弓練習法
　意念を肘関節に注ぎ、肘を沈めながら、心を静め、肘を緩め、方向を定める。

弓梢は必ず固定して前後対称にする。手を緩め、柔軟、軽快に手首を座らせ固定する。意念で鎖骨を固定し、偏りなく、揺れないようにする。鎖骨は両手の方向をコントロールし、鎖骨固定の前提は両手の固定であり、両弓梢を相対的に固定できれば、弓全体が豊満になり発勁直前の蓄勢の状態になる。

(3) 足弓練習法

意念を膝関節に注ぎ、膝関節に力を入れ、前へ微かに突き出す。寛骨を緩め、沈めて後ろへ張り、足の根元を沈め、その勁を上へ翻すと、腰腿の勁が自然に相順相随する。上下、前後、左右相反、反対方向に均一に引っ張り合う。そうすると、踵から発した勁は腰が主宰し、脊背を通って指で形になる。

2. 三弓連合、五弓兼備

五弓は身弓を主とし、手弓、足弓を補助とする。腰を軸とし、上は両腕と連携し、下は両腿が相随する。上下相随すれば、中間は自然に相随する。各動作は五弓兼備であるか、八面へ張った蓄勢になっているか、一動すれば各々五弓兼備、五弓合一になり「勁以曲蓄而有余（曲がって（撓んで）生まれた勁を蓄えれば余裕あり）」の要求を満たしているかチェックする必要がある。実際に練習する時は、三弓相合、即ち、両手弓で一張の大きい手弓とし、両腿弓で一張の大きい腿弓とし、躯体を一張の身弓とする方が分かりやすい。内外の全体勁、掤勁を練習する時は次の点に注意する。

(1) 両腕の関係、手弓の張り

両腕で環抱している時の中心点である夾脊のツボを弓の把手とし、両手を弓梢とする。両手の間は弓弦で繋がれているように相互に呼応し、制約しあう。広背筋は腰椎と上腕骨を繋ぎ、胸大筋は上腕骨と胸骨を一つにし、両肩関節は一本の線で繋がれ、相互に関係し合っている。身弓の腰隙の主宰のもと、内勁は脊背を経て両腕に至り、手指で形を成す。手弓には合力があり、手腕には掤勁がある。「牽動往来気貼背，巻放開合沾粘連随（繋がった動きで往来し、気を背に貼り、巻き放し、開き合わせ、粘着して相随する）」。両腕が意念で繋がれていると、自ずと中から掤勁が生まれ、両手の間は弓のよ

うになり、何時でも矢を放つことができる状態になる。この状態にするためには弾性を鍛える必要がある（図7.1）。

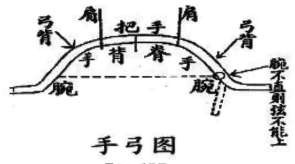

図7.1　手弓図

具体的な要求：

①身を中正にする。手弓の背の両側の彎曲度弾性を等しくする。

②肩を沈める。手弓の背を把手にくっつけ、完全な弓にする。

③肘を垂らす。手弓の弾性を増やし、勁力を把手に伝達する。

④手首を真っ直ぐにする。手弓に弦を張る時、手首を真っ直ぐに（緩め、柔軟な勁力が通れる直度）しないと、弾性を把手に伝達できないからである。

（2）両腿相随、腿（足）弓の張り

　臀部の後ろ両側から下に大腿の外側へ回り込み、膝、下腿、足までの弓形を作る。両足を弓梢とし、両足の間の連線を弓弦とする。両胯間の中心点である襠部の両陰間の会陰のツボを弓の把手とする。両寛骨を対応させ緩め、襠部を丸く開き張り、会陰のツボ付近の筋肉を微かに収め、自然に「圓襠合膝（襠部を丸く開き、膝を合わせる）」「外合内撑（外見は合わせているが内側では張っている）」「吊襠気沉（襠部を吊るし、気を沈める）」の状態になっている。

　会陰のツボが開くと、気は「海底」に沈み、臀部の力は足裏を貫き、両腿弓の掤勁を豊満にし、脛骨筋を堅実、強固にする。五趾で床を掴み、湧泉のツボを虚に、空にする。椿歩が緩まり柔軟になる。下盤が安定し両腿の間が一本の糸で繋がれているようである。片腿の勁が踏み出ると、もう片腿の勁

が必ず追随する。これこそ、内功拳家が基本功を築く重要な一部分である。このようにして、腿部から掤勁が出て、歩法が機敏になる。両腿は両手に比べ、両手と同等の掤勁を出してはならない。両腿が同等な掤勁を出すと、両腿が「双重」の病に陥り、軽快な移動ができなくなる。従って両腿は必ず片方が主で、もう片方を従とし、虚実を明確にし、弓に弦を張らなければならない（図7.2）。

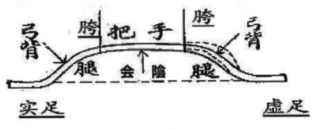

図7.2 腿弓図

具体的な要求:
①襠部を丸く張る。足弓を把手にくっつけ、完全な弓形にする。
②膝を曲げる。足弓の弾性を増し、勁を把手に伝達する。
③歩を軽くする。足弓の弾力を出させる。軽く歩を上げ、沈め降ろすことにより、足の弓を開く。
④脚の虚実を明確にする。両足弓の弾性は、一強一弱である。足弓の虚実を明確にしないと、機敏に動けない。手弓は腰脊の回転で虚実の調整がし易いが、足弓の虚実の調整は簡単ではない。

(3) 含蓄在胸、身弓の張り

　身弓は、命門のツボを把手とする。また、命門の関を把手とする人もいる。命門の関は、命門のツボの位置でも尾閭のツボの位置でもなく、下丹田（臍下一寸五分）前後に平行している腰椎の間にある。
　太極拳では、ここを腰際と言う。ここが勁の中心である。太極拳の練功時は、「縮胯（胯を縮める）、斂臀（臀部を突き出さず内側へ収める）、塌腰（腰

を後ろに落とす）」で生理曲線（「2.1 人体の各部位に関する太極拳の技術的要求の原理」中、腰の部分の［図2.4　通常の脊柱と塌腰（ターヤォ）した脊柱（42頁）］参照）を変え、弓形を増大させることを要求する。命門のツボを微かに後ろへ張り、脊椎骨全体を上下に相対的に真っ直ぐにして、微かに内側へ合わせた弧形にする。こうすれば、丹田の気は自然に背に貼り、上下は相通じて、力を四梢に伝達し、全体一気の全体勁を発揮できる。これは主弓である（この弓梢は大椎か、頸椎第一節かは、発力の大きさによって決まる。下は尾骨である）。主弓が補助弓（腿弓と手弓）をリードする。身弓を上下の弓とし、胸の抵抗力を使い、背で力を張り出す。これはその他の手弓、足弓とは異なる。だからこそ、胸部に含蓄の意を必要とし、それでやっと勁力が脊に伝わり、引き抜く勁が生まれる。いわゆる「含蓄者乃不使凸，不使凹之謂也（合わせて勁を蓄えるものは胸を凸ませず、凹ませない）」である。胸を凹ませば、抵抗力がなくなり、背中も抜けない。背中が抜けないと、身弓に弾性がなく、含蓄とは言えない。身弓は手弓と足弓を繋ぐハブであり、工字形の中堅であり、三弓の中で一番重要である。特に重視しなければならない（図7.3）。

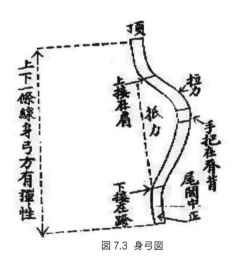

図 7.3　身弓図

具体的な要求：

①頭を虚に上へ吊るされているイメージで身弓の上端を垂直にして基準にすると、手弓が中正になり、足弓が機敏になる。

②背を抜く。脊背を弓の背とする。身弓の把手を相対的に延長し、弾性を
　増強する。
③腰を緩める。身弓の中正を保つ。偏りがあれば、腰を緩めることができ
　ず、五弓合一ができなくなる。
④腹を空にする。身弓の前部を空にして良い弓形を作る。

　ここで特に説明しておきたいのは、弓自体は視覚に訴えた比喩に過ぎない。
決して無理に現実の弓と合わせる必要はない。例えば、弓の把手、弓の弦は
全て静止状態のものを言っている。もし、前へ発力するなら、身弓の弓体を
逆に弓弦と考えなければならない。そうすれば、脊から発勁でき、脊椎の形
の変化の中でこそ、最大限に発勁の効果が得られる。

7.6.3 五弓兼備の効果

1. 五弓合一、掤勁自生

　勁力は、太極拳の核心である。伝統太極拳は、勁力を掤（ポン）、捋（リュ
イ）、擠（ジー）、按（アン）、采（ツァイ）、挒（リェ）、肘（ジョー）、靠
（カォ）の八種類に分けている。八勁中、実際は掤（ポン）が勁力の母であ
り、その他の勁力は掤勁（ポンジン）の方向の変化に過ぎない。外側から内
側へ引く掤勁を捋（リー）、下へ引く掤を按（アン）、内からの合力である前
掤を擠（ジー）、両手を分けた掤の按を采（ツァイ）、掤の後に発勁すること
を挒（リェ）、掤の状態のままで腕を回して発勁することを肘（ジョー）、掤
の状態のままで体を回転して発勁すれば靠（カォ）となる。従って、八門の
勁とはいうものの、全ては掤勁にあると言えよう。掤勁は、主に全身の五弓
兼備の状態から発するものである。弓の形成は体の各関節の角度を適度に変
化させ、筋肉と筋腱を適度に伸ばし、肢体の弾性を増強させる。
　上記三点、十二項目の具体的要求に従って長く練習すれば、掤勁は自ずと
増強され、張りのある掤圓となる。

2. 気血の流れが良くなり、病気の治療と健身の効果がある

五弓兼備になれば、人体の経絡の重要なツボが開き、気血の流れが良くなり、健身と病気治療の効果が得られる。例えば、身弓になれば、腰部が柔軟になり、強靭性も高まる。緩める中で沈める。上の唖門のツボを虚で立て、大椎が微かに膨らみ、上へ引き抜かれるイメージで、気を背に貼る機能がある。また、下は尾閭のツボを前へ送り、内勁を上に翻えし、内勁と内気は脊背を経由して頭頂から下へ、気を下丹田に落とす。このようにすれば任脈と督脈が自然に通じ、周天の気血の流れが良くなり、病気の治療効果と寿命の延長効果が得られる。

7.7 太極推手論

推手は、太極拳に必要不可欠な内容である。従来から太極拳は「体用兼備」と言われており、「体」とは主に套路の練習を指す。「用」とは主に推手を指す。従って太極拳を習う人が推手を習わないと、太極拳を習っていないのに等しいと言われる。

7.7.1 推手の定義

太極推手は、対練（二人の練習）に近い運動形式である，太極八法に従って一定の原則に基づき、二人が素手で練習する形式である。八法とは、八種の勁別の方法を言う。即ち、前述の掤、捋、擠、按、采、挒、肘、靠である。
関連の原則も太極の特色を反映している。即ち、二人は互いに勁を失わず、抵抗せず、粘着して相随する。己を捨てて相手に従う。四両の勁で千斤の重い物をはじき出す。現在、推手は競技推手、教室推手、娯楽推手に分けられている。競技推手は、中国の国家競技種目であり、厳格な規則がある。教室推手は、先生と生徒の間で説明される推手が多い。娯楽推手はその多くが太極拳練習者の間で勁に触れる程度の娯楽的な推手である。

7.7.2 推手練習法

推手の練習法は多い。そして太極拳各流派の推手もそれぞれの特色がある。まず、運動形式別に以下の種類がある。

1. 定歩推手法

片手で、平円、立円、"8" 字折叠、合歩四正手等がある。

2. 活歩推手法

進三退二の四正手、大捋、両歩半乱采花（自由歩）等がある。

7.7.3 推手の機能

健身について言えば、二人が互いに推し合う中でマッサージのような効果があり、練習の楽しさが増える。更に推手を通して太極拳の動作が正しいかチェックすることができる。推手の過程で力のぶつかり合い、勁の喪失、分散、身体の歪み等の問題がある場合、太極拳を練習する中でもチェックし、直す必要がある。従って太極拳の練習は、推手を練習しながら行ったほうが良い。

7.8 虚実論

太極拳では、陰陽の理を重視する。練習する時、一番重視するのが虚実である。即ち、全ての動作で虚実を明確にすることが必要である。

伝統太極拳は、特に虚実を重視する。陳鑫は、「開合, 虚実, 既為拳経（開・合、虚・実こそ、拳の経なり）」「一開一合, 有変有常, 虚実兼到, 忽現忽藏（開があれば合があり、変化があれば常態もある、虚実兼備にて、見えるものと見えないものがある）」「虚中有実, 実中有虚（虚に実があり、実に虚がある）」と言う。『十三勢行功歌』には「変化虚実需留意（虚実の変化に留意すべき）」と言う。『研手法〈二〉』には、「虚実宜分清楚, 一処自有一処虚実, 処処総有一虚一実（虚実を明確にする。身体の各部分には各々虚実があり、つまり

は全身に虚実がある）」と言う。陳複元（陳式太極拳第八代）の『太極拳論』には「太極拳動静瞬間，無不有虚実，倘虚実不分必犯抽脚拔腿之弊，精而求之，則一処自有一処虚実（太極拳の動と静の各瞬間に虚実があり、虚実を分けないと、脚を引かれ、腿を抜かれることになる。精を求めるには全ての動作の虚実を明確すること）」とある。『太極拳術十要』には「太極拳拳術，以分虚実為第一要義（太極拳の拳術は虚実を区分することが第一の要諦なり）」と言う。これらは全て虚実を鮮明にする重要性を十分に物語っている。

7.8.1 虚実の定義

　通常、虚実を言う時、多くの場合、体重を根拠に虚と実のことを言う。実際には虚実の概念はそれだけに留まらない。意識、勁力、気息等も虚実を変化させる要素であり、決して体重だけのことを意味していない。虚実には広い意味があり、陰陽概念の具体化だと言ってよい。ここでは、体の各部位の体重移行と運動を基準に、虚実の問題を論述する。

　体の部位により下肢の虚実（腿を主とする）と上肢の虚実（手を主とする）、上下肢の虚実（手足の協調を主とする）、躯体の虚実（胸と腰を主とする）に分けることができる。

1. 下肢腿の虚実
　通常、体重を多く支える腿は実であり、支えるのが少ない方の腿は虚である。一部の歩型により、そうでない場合もある。例えば、開立歩、正馬歩の時は両腿が平均して体重を支える。但し、上肢の虚に合わせて上虚下実になる（下実、または両沈とも言う）。つまり、全体的に虚実を鮮明に分ける。また、腿が支える重量を軽⇒重への移行、即ち、虚から実への移行過程も扱う。

2. 上肢手の虚実
　手の虚実は、一方では手を伸ばし出す時、起点から終点まで勁が軽⇒重へ、虚から実への虚実の変化、実際には力が変化することを指す。他方では、両手の運動の主従、軽重を言う。しかもこの虚実は変化するものである。

3. 上下肢の手足の虚実

　ここでは、特に上下肢の協調関係を指す。通常、片側の手が実であれば同じ側の足は虚である。虚実を分けることを、拳理では「上下相随分虚実」と言う。この虚実の関係は決して固定ではなく、状況に応じて変化する。

4. 躯体の胸と腰の虚実

　胸と腰の含（合わせる）、沈（沈める）、勁力の変化も虚実を分ける。特に両側の腰眼（腎）の上げ下げの変化も虚実で明確にし、下肢及び全身の運動をリードする。

7.8.2 虚実変化の法則

1. 虚実を明確に

　全ての動作は、重心の移行方向、重心分配の多寡、勁力変化の軽重、運動の主従部位等を明確にして行わなければならない。初心者は、虚実の比率を大きく、100％虚、100％実を主としてよい。徐々に虚実の比率を縮め、虚実を切り替えられるようにする。

2. 虚実の内包

　虚実を区別するだけではなく、虚は実を内包し、実は虚を内包して実が全実ではなく、虚が全虚ではない。例えば、弓歩の場合、前の腿が実であるが100％の体重を支えているわけではない。後ろの腿が虚であるが一部の体重を支えている。また、金鶏独立の場合、片腿を引き上げて虚にするが同じ側の手は実であり、いわゆる虚は実を内包している。

3. 虚実の漸変

　虚実は相互に切り替わり、変化するものである。虚実の相互変化は実足から虚足への変化のように少⇒多に、軽⇒重に漸進的に変化するものであり、突然変化するものではない。

7.8.3 虚実の機能

1. 軽快、機敏、不滞

　虚実の変化を通して、「双重」が避けられる。双重については、諸説がある。主に太極拳または推手の練習中、両手または両足が虚実を区別せず、両方とも実になり、滞ってしまうことを指す。二人で推手をしている時、力のぶつけ合いをしてしまう、また、一人で練習している時、滞って重たいだけになってしまうことを言っている。

　虚実を明確にするためには、重心が偏移して生じた偏心力の法則が決め手になる。時計の振り子と同じように動き出すと、ずっと自動的に動く。動作は、重心の切り替えにリードされ、軽快、機敏に滞りなく運ばれ、太極拳の軽快、機敏、自由自在、連綿不断の特徴を出せるようになる。攻防において、力のぶつけ合いの癖を避けることができる。虚実を明確に把握できると己が分かる。自分の重心はどこにあるのか、勁力の方向と大小を知り、自己をバランスのとれた状態にし、相手の力を受けた時、虚実の変化を通じて相手の力を変化させる。終始、相手に自分の実を把握させず、逆に自分は相手の実を見つけ、相手の動きを知る、即ち、相手の重心と勁力を知り、それらを変化させて相手を倒す。

2. 虚実をバランスよく変化させる

　虚実の変化により、体の各部分で、交替で体重を支えると、体全体はバランスよく鍛えられる。また、全身の筋肉、関節、組織、器官の機能も促進され体を健康にする。

7.9 呼吸論

太極拳の呼吸問題は、太極拳の技術的水準の向上、健身、攻防等の機能に関わる大きな問題である。通常、太極拳は古代の導引・吐納術を吸収したものと思われている。しかし、一体何を吸収したのか。太極拳の呼吸はどのようにすればよいのだろうか。

この問題については諸説あり、観点が分かれている。「自然呼吸」と言う人もいれば「細く、緩（ゆっくり）、深く、均一に呼吸する」と言う人もいる。「開呼合吸（開く時に息を吐き、合わせる時に息を吸う）」と言う人もいれば、「開吸合呼（開く時に息を吸い、合わせる時に息を吐く）」と言う人もいる。「吸気帰丹田（息を吸い、丹田に帰す）」と言う人もいれば、「呼気気沈丹田（息を吐き、気を丹田に沈める）」と言う人もいる。呼吸は動作と合わせることができると言う人もいれば、太極拳の動作は複雑で呼吸と合わせることはできないと言う人もいる。「仁者見仁、智者見智」の『易経』の言葉の通り、各人各様の見解があり、どっちが正しいのか、分からなくなる。

ここでは、真実を求める目的で検討してみたい。幅広く太極拳に関連する先人達の見解をもって参考に供する。

7.9.1 呼吸の定義

紀元前4世紀には呼吸についての論述があった。それは古代導引・吐納術と呼ばれる。老子曰く「専気致柔，能如嬰児乎？（気を集め心身を柔軟にすれば、嬰児のようになれるのだろうか？）」「虚其心，実其腹（心を虚に、腹を実にする）」「綿綿若存，用之不勤（連綿と続けて用いても、励まない）」。荘子の『大宗師』には、「古之真人，……其息深深（古代の道を悟った人の、……その息は深々）」とある。孟子曰く「気以直養而無害（気を直接、養うことは無害だ）」。

呼吸の観点から見ると、これらは全て呼吸の開合が自然であり、息は細く、微かに、連綿不断に行うものであり、腹は実で、胸を広げて深呼吸する。そ

の呼吸は嬰児のように、深く、長く、腹式呼吸を用いる。また、呼吸時は筋肉も関節も柔らかいと言っている。その他の呼吸法、例えば「六気訣」「迎気法」等古代伝統吐納術は、直接、間接を問わず太極拳に吸収され、太極拳の呼吸法となっている。

　現代生理学の観点から呼吸を見ると、呼吸は人体と外界の間の気体交換を指している。呼吸の全過程は、外呼吸、気体転送、内呼吸の三段階に分けられる。外呼吸とは、血液が肺で外界と気体交換をすることを指す。それは肺の通気と肺の換気の二段階になっている。

　伝統中医の経絡・気血理論の観点から呼吸を見ると、人体内部の気の運行は、大周天と小周天があり、特に丹田の機能を強調する。一つは、体内で、気が後ろから前へ、即ち、丹田の気が海底に沈み、さっと尾閭のツボから上へ脊に沿って昇り、玉枕、天霊等のツボを経て額、人中、喉仏、心窩（鳩尾）、臍輪等を経由して丹田に戻る。もう一つは、気が前から後ろへ、即ち、丹田の気が上へ臍輪、心窩、喉仏、人中、脊柱に沿って、さっと尾閭のツボを経て気海の丹田に戻る。伝統的に、これを丹田呼吸と言い、また、人によっては内呼吸、胎息と言う。

　今日、肺呼吸を外呼吸と言い、丹田の呼吸を内呼吸（この内呼吸は、生理学で言う血液と組織液を通じた組織細胞の気体交換を行う内呼吸とは異なる）と言う人もいる。また、もう一つの呼吸法には、「毛穴呼吸」、即ち、体呼吸がある。

　本書では、生理学の知識及び太極拳練功の観点から、太極拳の呼吸は肺の通気過程を外呼吸と呼び、腹部運動と連動して横隔膜と腹筋が参加する腹式呼吸を内呼吸と呼ぶ。これが以下での議論の中心で、体内の気の運動については実証的研究が足りず、その多くが各個人の体験談であるため、ここでは議論の対象としない。

7.9.2 太極拳の主要呼吸方法

1. 自然呼吸法
　太極拳練習中、特に呼吸のことを考えず、動作のみを想うことである。こ

の方法は、特に初心者、または自分の意のままに練習する人に適する。初心者は動作を覚えるのが必死で、呼吸と協調させる余裕がないからである。しかし、最初から呼吸を動作と合わせることを採用する人もいる。各自の状況に応じて決めればよい。

2. 呼気重視法

　この方法は息を吸う過程を重視せず、息を吐くことのみ、重視する。動作の中で発力する時、息を吐く、または、体を沈める時、息を吐く方法である。

　これは、一種の実用的な呼吸法であり、伝統太極拳で採用され鼻で息を吸い、口で吐く。唐代孫思邈の『千金要方』の迎気法から伝わってきた方法に沿えば「以鼻引気, 口呼気, 少微吐之, 不得開口（鼻から息を引き入れ、口から息を吐きだす。吐く時は微かに少しずつ吐きだし、口を開けてはならぬ）」とある。「従口細細吐出尽, 還従鼻細細引入（口から細々と吐きだし、鼻から細々と引き入れる）」、この方法も迎気気法と呼ばれる。陳式の伝統老架は、主にこの呼吸法を採用する。

3. 拳勢呼吸法

　一呼一吸の呼吸法則に従い、動作と完全に合わせる呼吸法である。この方法は動作が熟練した段階から取り入れればよい。少し難しいが、できないわけでもない。呼吸の深さ、回数を調整し、取り入れる。

4. 発声呼吸法

　呼吸と同時に発声する呼吸法である。

（1）潘家禎は、陳発科が太極拳練習時、呼吸を、呵（アー）、哂（シェン）、嘘（シー）、吹（チュイ）等と発声していたと言っている。

（2）李亦畬の『撒放密訣』には「呵（心）、嘻（肝）、呼（脾）、呬（肺）、吹（腎）、嘘（胆）」等がある。

（3）李亦畬の手書き本『打手撒放』には、掤（ポン）、業（イェ）、噫、咳（クー）、呼、吭（ハン）、呵、哈（ハー）の八声がある。

（4）楊澄甫教授は放勁時に、哼（ホン）、哈、咳の三気があり、哼の時に上

を撃つ、哈の時に下を撃つ、咳の時に遠くを撃つと言っていた。

（5）李亦畬の『太極拳譜』抄本には、哈、咳等がある。

　呼吸発声法は、伝統吐納術の影響を受け確立されてきた。個々人の理解が異なり、発音法も違うが、機能は共通である。即ち、

　①内気が順調に流れるのを促す。

　②内勁を全て放出させる。

　③声で相手を威圧する。

　この発声呼吸法は発力推手の攻防に多く使われる。

7.9.3 呼吸の形式及び原則

1. 呼吸形式

　呼吸に参加する筋肉の動きにより、

（1）横膈膜、腹筋活動を主とする呼吸を膈式または腹式呼吸という。

（2）肋間筋、横隔膜、肋骨部の収縮を主とする呼吸運動を肋式または胸式呼吸と言う。太極拳は主に腹式深呼吸法を用いる。

　呼吸と腹部の起伏関係により順式呼吸と逆式呼吸に分ける

（1）順式呼吸：息を吸って腹部を膨らませる。

（2）逆式呼吸：息を吸って腹部を凹ませる。

　太極拳は通常、健身の場合、順式呼吸を用い、攻防や推手の発力時に逆式呼吸を用いる。

2. 呼吸の原則

　呼吸の深さ及び回数については通常、套路を通している時は、呼吸は深く、長く、細く、ゆっくり、均一、悠長で、速くも遅くもない。主に鼻で息を吸い、口で息を吐く。口を大きく開け喘いではならない。

　動作と合わせる時、呼吸は、勁力の出入りを基準にする。一般的に合、虚、

蓄の時に息を吸い、開、実、発の時に息を吐く。つまり、開呼合吸である。勁力を内側から外側へ発する時は、開であり、息を吐く。その呼吸形式の殆どが腹式呼吸である。外側から内側へ勁を収め、蓄積する時は合であり、息を吸う。李亦畲の『五字訣』にあるように「吸為合為蓄, 呼為開為発（息を吸うのは、合、蓄のためであり、息を吐くのは開、発のためである）」。

　開呼合吸と開吸合呼は、実際には矛盾しない。区分の基準が違うだけである。後者は胸郭の拡張を基準にしている。即ち、胸郭を広げて息を吸い、胸郭を合わせて息を吐く。胸郭を広げるのは、息を吸って勁力を蓄積するためである。胸郭を合わせるのは、息を吐いて勁力を発するためである。これらは、事象の両面にほかならない。

7.9.4 呼吸練習法

1. 気を丹田に沈める呼吸法

　ここで、専門的に呼吸練習法を説明する。

　各椿功の練習を通して練習する方法がある。例えば、昇降椿、抱球椿等。ここでは簡単に一種類だけ紹介しよう。

　体は、太極拳の各技術要求に従う。両脚を肩幅にして開立歩で、屈膝圓襠にし、口を軽く閉じ、舌を上顎に当て、鼻で自然に呼吸する。意識に導かれ、全身を緩め、両手を垂らす。そして意念で両手を体の両側から前へゆっくり挙げると同時に鼻でゆっくり息を吸う。この時、横膈膜が自然に上がり、腹部が自然に内側へ収まり、息を吸い終わろうとする時、肛門を引き上げ、手が息を吸うと同時に、肩と同じ高さまで挙げ、気を丹田に到達させる。少し止める。これを一吸という。今度は、反対方向に同じルールで戻し、落とすことを一呼という。

　この過程は逆腹式深呼吸の練習である。伝統の言い方では、気を丹田に沈めると言う。生理学の視点からは、本当に気を丹田に沈めたのではなく、横膈膜の運動を通し、そのように感じた感覚に過ぎない。この動作については楊式太極拳の起勢動作図が参考になる。

2. 動作別の呼吸練習法

　一つか二つの代表的な動作を選んで、呼吸法に合わせて呼吸を練習する。

3. 全套路動作の完全呼吸練習法

　全套路において、全ての動作を呼吸に合わせて練習する。ここでは呼吸と動作の協調を強調する。但し、一呼一吸といった簡単で機械的な協調ではない。動作の開と合のリズムと呼吸の回数は必ずしも一致しないからである。例えば、ゆっくりとした一つの動作過程では、二回呼吸するかも知れない、または一回の長い呼吸に短い呼吸を一回入れるかも知れない。また、一つの動作、いくつかの快い発勁動作は、息を一回吐くだけで完成するかも知れない。従って、全套路の動作と呼吸の協調の中には変化もあり、全てに動作と呼吸の完璧な結合を求めるとは言っても、臨機応変も必要である。

7.9.5 呼吸の効果

　自然で、深く、長く、動作（全部または一部）に合わせた太極拳の呼吸法は、健身上、横隔膜運動を通して内臓を微かに回転させ、マッサージする効果があり、内臓の機能を活発にし、気と血液の循環を改善し、多くの疾患を治療する効果がある。攻防上は、発力の力度を有効に高め、相手を威嚇して勝利に導く効果がある。

第8章

太極拳実用問答——
指導者と練習者のために

8.1 どのように 24 式太極拳をマスターするか

8.1.1 24 式太極拳動作のスピード記憶法

　24 式太極拳の動作はそれほど多くなく、覚え易いが、套路を更に記憶し
やすくするために、もう少し簡単な記憶法を教えよう。

(1) 左右対称の動作を記憶する

　24 式太極拳には、左右対称の動作がいくつかある。例えば、左右野馬分鬃、
左右摟膝拗歩、左右倒巻肱、左右独立下勢、左右穿梭があり、片側の動作を
覚えていれば、これらの動作の反対側の動作をすれば良い。このように対称
的に覚えれば、事半ばにして功が倍する効果が得られる。

(2) 套路の構成特徴で記憶する

　24 式太極拳の套路構成には、鮮明な特徴がある。具体的には八組四段に
分ける。套路は、まず前進（第一段）、そして後退（第二段）、続いて横移動（第
三段）、最後に起勢の位置で前進（第四段）、起勢の位置に戻る。前進の動作
は下肢の連続弓歩が多い。後退は倒巻肱の時だけである。横移動は、雲手を
主とする。このように特徴別に記憶すれば、覚え易い。頭で整理すれば大体
のところが覚えられる。

(3) 縦横比較の中で記憶する

　24 式、または 48 式、あるいはその他の太極拳を習ったことがあれば、
套路の構成、動作法、外形の要求について縦方向と横方向の比較ができる。
その中から同を求め、異を残す。技法の特徴を比較し、動作の順番を記憶す
ることは技術水準を高める良い方法である。

(4) 客観的環境での定位置を記憶する

　初めて套路を習う時は、なるべく練習場所や方位を固定したほうが良い。

固定的な環境の中で客観的に定位置、方位を記憶すれば良い。例えば、起勢の時、窓に向かって立つとかである。

8.1.2 24 式太極拳の教科書はどう選ぶか

　1956 年に旧国家体育委員会が、簡化 24 式太極拳を頒布して以来、1958 年には『太極拳運動』3 冊が出版された。そして 1962 年に人民体育出版社が『太極拳運動』として一冊にまとめて出版した。その後、24 式太極拳の本は何回も再版されたが内容は殆ど変わらなかった。その他に 24 式太極拳の本を書いた方も少なくない。例えば、顧留馨が編著した『簡化太極拳』(1961 年、上海教育出版社)、張其華・呂平が書いた『怎様教好練好簡化太極拳』(1980 年、人民体育出版社)、李徳印が書いた『24 式太極拳教与学』(1997 年、北京体育大学出版社)、呉忠農が書いた『簡化太極拳練勢運気』(1993 年、北京体育大学出版社)、張穎超が書いた『24 式太極拳快速入門不求人』(1997 年、北京体育大学出版社)。この他にも多くの本がある。これらの本は動作の説明がそれぞれ違い、読者を戸惑わせてしまう。その理由は、著者の方々の 24 式太極拳に関する理解の違いがあったからである。学術的な視点からは、百家争鳴の中で事実を以て、太極拳に関する合理的かつ科学的な技術要求を研究すればよい。これも本書の目的である。太極拳技術の本質を身につけ、健康と楽しさを増やせばよい。従って太極拳の関係書籍を何冊か読んで比較していただきたい。それぞれの長所を見つけ、どの本がよいかを決めてから深く研究すればよい。

8.1.3 一回の練習内容はどう決めればよいか

　一回の太極拳授業の基本内容を説明しよう。

　まず、体を温めるウォーミングアップ運動をする。通常、準備運動はいろんな方法を選んで練習して構わない（例えば、ジョギング、体操）。その次は、太極拳の基本功を練習する。通常、先に站椿功をしてから柔功（柔軟性と強靭性の両方に役立つ功）をする。更に太極拳の基本動作を練習する。歩法を

メインに手法の練習もする。最後に、段単位の動作、套路を練習する。二人の練習または数人での練習の場合、練習中、推手の練習を加えてもよい。これらは一回の授業で行う標準的な内容である。実際に練習する時は具体的な状況に応じ、適当に内容を増減してよい。

8.1.4 一つ一つの動作をどのように練習したら上達できるか

1. ある動作を身につけるための基礎

下勢ができるためには、柔功を練習しなければならない。つまり、柔軟性、強靭性の基礎がなければ、この動作を上手に行うことはできない。

2. 外形から内意まで段階的に学び、内意を以て外形を導く

一つの動作を練習、習得するためには、先ず外形から覚える。手足の位置、体の向き、身型の要求等外形を正確にできることが大事である。正確な外形は、内勁を生み出す基礎である。それと同時に絶えず、意念を用い正しい外形を求め、一つの動作の過程を中断せず、自然に、意気揚々と行うことを追求する。

8.1.5 24 式太極拳の套路をどう身につけるか

1. しっかりと基礎を築き、順番に漸進すること

套路の基本単位は、単独の動作である。太極拳の套路の基礎は単独の基本動作と、その基本動作に必要な基本功である。従って、慌てて全套路の練習をする必要はなく、絵に描いたような真似だけの動作は求めない。基本功⇒基本動作⇒動作の組み合わせ⇒段別の練習⇒全套路の練習といった順番で漸進的に練習することを薦める。このように練習すれば基礎がしっかり身につき、練習の効果も顕著である。

2. 基本功と套路を同時に練習し、量と質の両方を求める

　基礎を築くことを強調するが、必ずしも基本功ができないと套路を学習できないとは言っていない。いくつかの基本動作ができたら、套路の順番でいくつかの動作を学習することができる。こうすれば基本功と基本動作を同時に学習することができる。練習も退屈することなく楽しくできる。

　但し、量と質の関係をバランスさせ、主従を区別しなければならない。初心者にとっては、基本動作が主であり、套路が従である。その後、徐々に套路練習の比率を増やしていく。もちろん、同時に基本功の練習がなければならない。こうすれば套路を学習する過程で基本功と套路を同時に学習することができる。当然、学習の質を前提とし、量をコントロールすることが大事である。

8.1.6 套路全体のリズムをどのようにコントロールするか

　24 式太極拳は外見上、均一な速度の運動で、リズムがないと思われがちである。実際には、24 式太極拳は表面上、静かに流れている水のように見えるが、内在的には意と気が大きく膨らむ雄壮波乱な運動である。

　厳格に言えば、外部の四肢運動は、腰と脊柱を軸に回転している過程では、回転の半径、ルートの違いにより全く同じ速度の訳がない。従って、太極拳の套路はリズムがあると言う。一つの動作が完了しようとした時に、意念で力点に勁を注ぎ、気を沈めて行くとともに縮める。次の動作に繋いでいく時に、肢体に明らかな位置転換がなくても緩めるという過渡的な動きがある。このように緩めたり、縮めたりする意と気の運動に拳のリズムが潜んでいる。

8.1.7 套路全体の練習時間はどのぐらいにすればよいか

　太極拳の練習時間は、目的に合わせて選択すればよい。一般的に 24 式太極拳の套路は 4 〜 6 分が適当である。但し、練習の目的に合わせて適切に

変更してもよい。伝統楊式太極拳も快架、慢架の練習法がある。意を練り、気を運ぶ練習をする場合、ゆっくり行い、練習時間を適切に延長してもよい。攻防を主に練習する場合、快架で練習すればよい。

8.1.8 運動量をどのように調整すればよいか

　太極拳の技術的要求に従い、科学的に練習すれば必ず一定の健身、防御の技能を身につけることができる。重要なのは、正しい技術動作と科学的な運動量である。正しい技術動作については、本書の前半で説明した。24式太極拳の套路は簡単で、動作が比較的少なく、套路を一回通しただけでは運動量が足りない。量の蓄積が足りなければ質の変化は程遠い。従ってどのように運動量を高めるかを工夫する必要がある。

　運動量と練習時間の長短及び姿勢の高低とは密接な関係がある。運動量が適度であるかについては、伝統的に「酸加、痛減、麻停（筋肉がだるく凝っている場合、運動量を増やす。筋肉が痛む場合、運動量を減らす。筋肉が痺れる痛みを伴う場合、運動を中止する）」との言い方がある。

　套路を練習した後に、筋肉が膨れだるく凝った感覚がある場合、筋肉の負荷が普段より比較的多かったためである。これは正常な感覚であり、適度に練習量を増やせばよい。もし、関節や筋肉の腫れ、痛みがある場合、動作の間違いにより組織、細胞、腱、靭帯が損傷しているかも知れないので、状況を見て適度に運動量を減らせばよい。痺れる痛みが出た場合、厳しい状況にある恐れが高く、練習後に風に当たった（病気の状態）かも知れない。練習を中止したほうがよい。

　いずれにしても、運動量の適否は、自分の感覚で判断すればよい。練習後、精神が愉快で、体が軽快であれば適度であり、具体的な運動量の調整は、多くの場合、姿勢の高低と套路の多寡でコントロールする。

1. 高架
　立っている状態に近い状態で、体の重心移動は明らかでなく、明確に下降しない。両腿の負担が比較的小さく、運動量が少ない。

2. 中架

練習過程での大腿と下腿の内角が約 120°であり、両腿の負担は中程度であり、運動量も適度である。

3. 低架

練習過程での大腿は床と水平に近く、両腿の負担が大きく、運動量も多い。

いずれにしても、自分の身体の状況に合わせ、自分に適する姿勢をとればよい。一律を要求しない。

8.1.9 太極拳の技術水準をどのようにレベルアップするか

1. 中味の理解と目標の明確

伝統太極拳の拳論では、「理惟一貫……由着熟而漸悟懂勁；由懂勁而階及神明（道理が一貫していて、熟練すれば拳理を悟り、勁が分かる。勁が分かれば技術レベルが一段と向上し、自由自在になる）」と言う。即ち、太極拳の拳理が分かれば、自分が目指す目標を定めることができる。

通常、着熟、懂勁、神明の三段階がある。着熟とは、動作に熟練し、方法が正しく、外形が規定を満たすことを指す。懂勁とは、勁のルート、意、気、勁、形が統一されていて、動作に貫かれていることを指す。神明とは、精密な動作の分化、高度自動化、内外の完全統一段階に達していることを指す。目標を目指して常に努力すれば、必ず技術は高まる。

2. 勤勉に実践し、諸家の長所を吸収

太極拳は、非常に精細な身体運動である。長時間、勤勉に練習しなければその技術内容を悟ることはできない。また、太極拳には多くの内容が含まれていて、哲理が奥深い。勤勉に練習する以外に、諸家の長所を広く取り入れ、各部門の科学理論を吸収し、太極拳に対する理解を深め、技術水準を高めなければならない。

8.1.10 練習の場所、時間、服装は？

拳家には「拳打臥牛之地（牛が横になるところで拳の練習ができる）」の言い方がある。太極拳の練習場所については、特別な要求はない。平らな場所さえあれば練習できる。場所が小さくても、その場で単式動作を練習すればよい。極端に言えば、椅子に座って手法だけを練習してもよい。多くの人が早朝、林の中で練習しているが、本当はそれはよくない。早朝の林は光合成がなく、CO_2 が多く、健康にはよくないからである。練習時間については特に制限はないが、超空腹と超満腹ではなく、精神的に安定している時がよい。服装は大きめでゆったりしたものがよいが、強制ではない。

8.2 24式太極拳をどのように教えればよいか

8.2.1 深く理解し、本質を捉えさせる

太極拳は、通常の簡単な身体運動とは異なり、内容、体得（体で悟る）を重視する。もし、指導者自身が太極拳の特徴、本質を理解し、悟っていなければ、良い指導はできない。おそらく機械的な肢体体操しか教えられない。太極拳の特徴と本質の理解は、太極拳を教える根本である。昔は、体で教えるとよく言われたが、太極拳の多くの技術はまさに学生に先生の体を触らせ、目で先生の体の変化を見させ、やっと体得できる。そのため、太極拳を教える先生に対する要求は非常に高い。先生もしっかり練習して本当の技術を身につけ、教えるための準備をしなければならない。

8.2.2 教え方を身につけ、順を追って上手に導く

先生自身の身体は、体で悟ったことを教える条件の一つに過ぎない。科学的に教える方法も同様に重要である。良い教え方でなければ、学生も覚えるのが難しい。太極拳は、長期にわたって習い、身につけるものであるため、

功を焦ることはない。学生が太極の真意を体で悟るよう指導することが大事である。

8.2.3 個々人の違いを重視して個別に指導

　太極拳練習者は非常に多く、その目的も異なる。このため、具体的状況に応じて、教える方法と手段を選び、技術要求を提示する。例えば、高齢者の練習者に対しては無理に低い姿勢や、足を高く挙げるようには要求しない。また、用語を説明する時も高齢者が理解しやすい用語を採用する。

　太極拳を教える原理を理解した上で、先生自身も絶えず技術水準と理論の知識を高めなければならない。太極拳を愛し、貢献したい気持ちこそ、良い太極拳愛好者を育てるコツである。

あとがき

何のための太極拳なのか？

　太極拳と聞くと、一般の人は「ゆっくりした動きは魚を手探りしているようだ」とか、「年寄りがやってる、あれね！」というイメージを浮かべるだろう。運動というと、「速い、高い、強い」運動を思うであろう。

　実際、太極拳愛好者は、年配者、特に女性が多い。直近の日本の太極拳愛好者の人口は、2014年4月現在150万人。うち女性が70％、男性30％である。「定年を迎えたから、何か運動でも始めようと思って、太極拳を始めた」とか、「若い時のような運動はできないから、太極拳でもやろうと」とか、太極拳をやっている方もやっていない方もそう思われているだろう。しかし、本当にそうであろうか？　太極拳はなぜ「慢、低、柔」を求めているのか？われわれは何故、太極拳をやるのだろうか？

「慢（ゆっくり）」は、生命の知恵である。

　人類は進化の中で、その意識、理性及び想象力が進化し、欲しい物がますます多くなり、また、早く手に入れたくなった。しかし、身体の進化は欲望に追いつかない、生態環境と一致しなくなり、「心と体」のバランスが取れなくなってしまった。近代医学が誕生した頃、人類の平均寿命は30才であったが、今日では80才近くになり、近代医学の進歩により200年間で人類の寿命は約50才延びた。

　また、人間はただ長寿だけではなく、不老不死を望むようになった。近代医学の医療手段及びサプリメントに頼ることが日常茶飯事になっている。しかし、「薬は毒三分」であり、長寿イコール健康ではない。健康でなければ、長寿は、命が延びるとともに、病態も延びることになり、生命の質を低下させている。「生命は運動にあり」ということは現代人の共同認識である。しかし、一般的に運動というと、競技運動の「速い、高い、強い」主流の運動を思い浮かべる。オリンピックで求められる戦いの精神、困難を恐れない精神は、われわれを励まし、健康を促進するが、執拗に名利を追求するため、ドー

ピング剤を使い、無理な訓練による突然死の事例もしばしば起こる。

　こうして見ると、「慢、低、柔」を求める太極拳は、オリンピックのイメージとは鮮明に対照的に映るだろう。従って「速い」という運動が主流である中で、「慢」は、心と身体を協調させ、自然の生理的リズムの中で体を動かし、心を静める。精神を内部に収斂させ、筋肉を伸ばし、血液の流れを良くし、四肢百骨・全身一体となり、内外の鍛錬を通じて寿命を延長させる。

　太極拳運動は、運動の強度から言うと中等であり、通常、太極拳をやる時の心拍数は 98 ～ 179 回／分である。太極拳の知恵は、この心拍数にも反映される。同じ 130 回／分の心拍数の場合、マラソンだと息切れするが、太極拳は静かに運動しているため、息切れすることがない。「精神を安静にしたまま、体だけが動く」、エネルギー節約型の運動だと言えよう。従って、「速い」ということが生活の躍動であるのに対し、「慢」は生命の脈動だと言う人もいる。太極拳の緩慢な練習は、人類進化の中の「速い」病気と相殺する知恵である。

「低（低く）」は、生存の姿勢である。

　人類は、樹から下り狩猟生活を開始し、直立して歩行するヒトとなった。ダーウィンの「進化論」、スペンサーの「適者生存」の理論によれば、人類が樹から下り直立歩行したのは、自然に適するための進化で、この「進化」の中で、直立歩行により両手が解放され、複雑な工具も製作できるようになった。また、直立歩行により低姿勢から高姿勢になり、より遠くを見渡せるようになった。しかし、人類は「進化」を手に入れたと同時に「退化」も引き起こした。体の器官、機能、適応力が正常な状態ではなくなり、異常な状態に置かれることになった。樹をよじ登る体付きから、直立することにより筋肉の負担が大きくなり、骨格構造及び関節組織の変性と変形が生じた。体付きの変化に伴って腹腔と空腔器官も変化し、下垂した。人間は、爬行から歩行するようになり、運動不足となり、多くの病気に悩まされることになる。

　例えば、腰椎の椎間板ヘルニア、脊椎骨折、腰痛、腰部筋肉損傷、半月板損傷、踝損傷、下肢静脈瘤、腸捻転、胃下垂、子宮下垂、蟹股、骨盤変形、股関節骨折、メニエール病、パーキンソン症候群等。人類の進化過程におい

て人体の健康に与えた影響は全方位的なものである。進化中に「器官の性状変更、不適応症、需要と能力の不一致が生じた」。これらの「進化病」は人類の健康を脅かす原因となっていった。

　太極拳は、より「低い」姿勢を求める。「海底針」、「単鞭下勢」等の動作はなるべく地面に近づけるようにする。それは、体の関節の一端を緩めた「低い姿勢」で、体の重心を水が流れるように「低いところ」へ流し込み、新しい平衡を作る。そして、さらに「低いところ」を緩め、その「低いところ」へ流れて行く。また、「白鶴亮翅」「高探馬」「蹬脚」の姿勢は高くするが、無理に高くするのではなく、「対向して伸長」するのであり、高い姿勢があれば低い姿勢もあり、高低を循環させることにより、高い姿勢の張力を緩和し、低い姿勢では微妙な限界に到る。「低姿勢・高品質」の生存状態を目指している。

「柔（柔らかく）」は、生活の態度である。

　太極拳は、老子の「人は生まれた時、柔弱であり、死ぬ時は堅く強い」「この世で一番柔らかい物が、一番堅いものを制す」「柔弱は剛強を制す」という「柔」の思想を遵守している。「体を引き伸ばし柔らかくする」ことにより、四肢百骨及び経絡を滞りなく、体を水のように柔らかくする。一方、筋肉隆々を目指し、器械で筋肉を鍛え、局部の筋肉の塊のみができると、筋肉が硬くなり、伸縮性が悪くなり、体全体のバランスが崩れ、機能は逆に低下する。「柔」は、体を鍛える時の良い処方箋であり、また、生活態度そのものである。「柔」とは、対抗せず、ぶつからないことであり、己を捨てて相手に従う。曲がりも伸ばしも追従する。このことは同様に人間関係にも適用できる。人との付き合い、自然との付き合いの中で、悪人や不可抗力の災害に遭い、悩むことがあれば、孟子曰く「人を愛しても相手が自分を親しまないときは、仁愛に帰れ。人を治めようとしても治められなければ、知恵を使え。人に礼を尽くしても相手に通じないときは、敬に戻れ」「行って得ざる者は、皆諸れ、己に反って見直せ」のようにする。「柔」を以て困難を克服する。報復せず、愚痴を言わず、逃げずに、積極的に困難に立ち向かう。問題と付き合い、衝突を避ける。和を以て皆と付き合えば、快闊で豊かな人生が手に入る。

太極拳は、心身のバランスを目指す全体運動を趣旨とする。過度に筋肉を引っ張らない、局部の肢体と関節の運動をしない。姿勢及び体の重心を低くし、肢体が対向力で柔らかく、ゆっくり運動する中で筋肉と骨を伸ばし、内在的意識と肢体運動の統一、上肢と下肢の連携・相随、筋肉の伸縮と重心の移動の一致を求める。そして運動中は、意識、呼吸、外形の協調を図り、人間の自然状態を求める。充分に重力を利用して動力にし、体を地球の引力から無理に離脱させない。大地と一体になり、融合して空気中を泳ぎ、宇宙で散歩しているように足をゆっくり運び、人体の生理的リズムを合致させ、心身と外界とでバランスの取れた運動を行うようになる。

「慢、低、柔」の太極拳は、進化中に先走っている「心」を体と協調させると共に、速い動作と即効性のある運動によって生じた病を相殺し、人類の落ち着いた立身のために知恵と方法を教えてくれている。

　中国国内で再版3回、21刷の本書は、新型コロナ期間中に孔暁霞氏と坂元勇君が日本語に翻訳してくれた。孔暁霞氏は長年、私が太極拳を指導する時の通訳として私の教育理念及び方法を熟知している。私の教え子でもある坂元勇君は太極拳の愛好家として長年、各種の太極拳を実践し、本書を活用しながら翻訳に取り組んだ。本書の翻訳にあたり、両氏は文献を調べ、一字一句、一文一図も丁寧に確認した。本書にはまだ不足している箇所が数多くあると思う。読者の皆様からの御意見、御感想をお待ち申し上げる次第である。

　私は、七大陸二十数カ国で太極拳を教えている。中でも、日本の太極拳愛好家の謙虚さ、真剣さは深い感銘と感動を与えてくれた。しかし、一方で、多くの太極拳愛好家は毎日練習し、多くのことを学んでいるにも関わらず、太極拳の奥義を知らずにいる方もおられることを極めて残念に思っている。全ての太極拳愛好家が太極拳のことを本当に心で理解でき、体で悟り、日々吟味し、精進し、生涯、太極拳を楽しめることを心より願って止まない。

武冬

2020 年 7 月 26 日

北京にて

413

訳者あとがき

　約 20 年間、毎年、武冬先生の太極拳や太極拳纏糸功の講義の通訳を務めてきました。その度に、武冬先生が講義した太極拳の精髄、神髄に感動させられ今日に至っています。

「太極拳はただの外形を学ぶべきではない。外形に留まると、ただの体操になってしまう」といつも武冬先生から教わっています。中国伝統文化の自然観、哲学及び中医学の思想が豊富に含まれる太極拳は、数百年間にわたり、先人達が研鑽を重ね、中国の文化、文明として沈殿し、とても奥深いものとなりました。また 2020 年 12 月 17 日、太極拳はユネスコの世界無形文化遺産に承認されました。

　本著、『24 式太極拳精髄』は、太極拳の入門書であるとともに、世界無形文化遺産に相応しい太極拳の醍醐味を理解するテキストでもあります。

　日本には、武冬先生のファンがたくさんいます。武冬先生の本を日本語に翻訳して日本の太極拳愛好者の役に立ちたいと考えました。しかし、日本語が母国語ではなく、専門用語には自信がない私に、坂元勇氏からの「一緒にやりましょう」との一言で、翻訳作業に取り掛かり、『24 式太極拳精髄』を完成し、日貿出版社より刊行することに至りました。

　実は、本書より先に、武冬先生から『太極纏糸功』の書き立ての中国語の原稿をいただき、翻訳を授権され、坂元勇氏と共同作業で翻訳しました。その中には、太極拳の基本、基礎である「松」「沈」「勁」が詳しく書かれ、また、纏糸功の二人の練習図解は、太極拳の「拳」としての攻防の方法及び意味の理解に役立つように工夫されています。この『太極纏糸功』も太極拳の奥深さを理解する一冊であります。中国での出版に先立って日本語版を出版する予定です。

　武冬先生の『太極纏糸功』講義は、テキストがなかったため、講習に参加した皆様が真剣にメモし、録画して講義が終わった後も、復習、研究する姿が脳裡に焼き付きました。

　いままでテキストがないことで困っていた太極拳愛好者にとって朗報となるはずです。

最後に、中国で 21 刷の『24 式太極拳精髄』の日本語版の出版にあたり、太極拳のこと、武冬先生のことをよく理解してくださった日貿出版社の下村敦夫様から多大なご理解とご支援をいただきました。この場を借りて厚く御礼申し上げます。

　本書をご愛読いただき、また、この本を通じて太極拳のことをより深くご理解いただけることを切に願ってやみません。

孔　暁霞

2021 年元日

本書は、2010年11月に発刊された『24式太極拳入門与提高［第3版］』を
日本語に翻訳・出版したものです。

専門家を目指す人に贈る
24式太極拳精髄

●定価はカバーに表示してあります

2021年5月15日　初版発行

著　者　　武冬
（ウー　ドン）

発行者　　川内 長成

発行所　　株式会社日貿出版社
東京都文京区本郷 5-2-2　〒 113-0033
電話　（03）5805-3303（代表）
FAX　（03）5805-3307
振替　00180-3-18495

翻訳　坂元　勇、孔　暁霞
印刷　株式会社シナノ パブリッシング プレス
© 2021 by Wu Dong・Kong Xiaoxia・Sakamoto Isamu ／ Printed in Japan
落丁・乱丁本はお取り替え致します

ISBN978-4-8170-6037-2　　http://www.nichibou.co.jp/